보이지 않는 힘,
세상을 지배하는 알고리즘

보이지 않는 힘

세상을
지배하는
알고리즘

IT트렌드연구회 지음

SYMPOSIA

보이지 않는 힘, 세상을 지배하는 알고리즘

초판 1쇄 인쇄 2019년 12월 20일
초판 1쇄 발행 2019년 12월 30일

지은이 IT트렌드연구회
펴낸이 서덕일
펴낸곳 심포지아

출판등록 2014.12.24 (제2014-73호)
주소 경기도 파주시 회동길 366 3층(10881)
전화 (02)499-1281~2 **팩스** (02)499-1283
전자우편 info@moonyelim.com

값 18,000원
ISBN 979-11-954456-9-1 (03320)

SF영화의 고전으로 손꼽히는 스탠리 큐브릭 감독의 영화 〈2001: 스페이스 오디세이〉는 유인원의 등장과 함께 시작된다. 튼튼하게 생긴 뼈다귀에 조심조심 관심을 보이던 그는 어린아이가 하는 것처럼 그 뼈다귀를 생각 없이 휘둘러본다. 휘두를 때마다 주변의 다른 뼈들이 자잘하게 부서지는 모습에 그는 흥미를 보인다. 그의 동작은 점점 더 커지고 거칠어지며 끝내 포효한다. 감독은 5분이 넘는 긴 시간을 할애할 정도로 괴이하게 보이는 유인원들의 행동 변화를 꽤 비중 있게 다루고 있다.

유인원 손에 들려 있던 뼈다귀는 전에 없던 강력한 도구의 출현을 암시한다. 최초의 도구를 사용하면서 예전과는 비교할 수 없을 정도로 사냥이 수월해졌고, 사냥을 잘하는 개체일수록 권력의 중심에 설 수 있었다. 갑자기 허공에 던져진 뼈다귀가 우주 공간의 우주선으로 오버랩 되면서 인간의 도구가 어떻게 진화했는지를 영화적으로 보여주고 있다. 여기에 리하르트 슈트라우스의 장엄한 〈차라투스트라는 이렇게 말했다〉 서곡이 배경에 깔리면서 영화에 대한 강렬한 인상이 더욱 더해진다.

알고리즘은 4차 산업혁명 시대를 이끄는 강력한 도구다. 알고리즘이 없는 PC도 스마트폰도 인공지능도 자율자동차도 무용지물이다. 2016년 알파고와 인간의 바둑 대결을 보면서 독자들은 어떤 생각이 들었을지 궁금하다. 인공지능이 인간을 대체할 수도 있겠다는 섬뜩한 생각이 들었을 수도 있고, 그것을 잘 활용하면 우리 인간의 능력이 더욱 강화되지 않을까 하는 기대감도 있었을 것이다. 어쨌든 인공지능과 인간의 경계가 점점 사라진다는 걸 실감하게 된다.

디지털 세계의 기초는 하드웨어, 네트워크, 알고리즘이다. 사람으로 치면 각각 골격계, 신경계, 뇌와 같다. 뇌에 해당하는 알고리즘은 하루가 다르게 똑똑한 인식능력을 갖춰가면서 전혀 새로운 차원으로 발전하고 있다. 특히 알고리즘과 빅데이터의 결합은 스스로 인식하고, 알아서 분석하고, 인간처럼 대화하도록 진화하고 있다. 사람의 직접적인 명령 없이도 알고리즘과 알고리즘이 서로 데이터를 교류하면서 함께 일하는 날이 그리 멀지 않은 듯하다. 오늘도 알고리즘의 숨 가쁜 진화는 계속되고 있다.

알고리즘이 인간은 가질 수 없는 수준의 집중력과 지구력을 가진 것은 분명하다. 이런 특징은 인간의 의료 활동을 돕고, 산업을 혁신하며, 개인 생활의 변화를 촉진하는 데 명백한 도움이 되고 있다. 반면 자칫하면 사생활의 보호막이 무력화되는 동시에 우리가 주의를 게을리 하면 개인이라는 존재는 알고리즘에 의해 분석 당하는 존재로 전락할 수도 있다. 이렇듯 알고리즘이 우리 생활에서 점점 많은 부분을 잠식하고 있지만, 그 이면에는 우리가 잘 모르는 사실들이 많다. 아니 모른다는 것조차 모르는 것들이 많다. 미국의 여러 주 법원에서 사용되고 있던 구속 여부 추천 알고리즘이 인종을 차별하고 있었다는 황당한 사실을 어떻게 받아들여야 할까. 브레이크 파열과 같은 위기의 순간에 자율자동차의 알고리즘이 어떤 선택을 하도록 설계되었는지는 대부분 사람의 관심 밖의 일이지 않을까.

대부분의 알고리즘 서적은 프로그래밍 기법, 즉 코딩(coding)을 다루고 있다. 코딩을 쉽게 이야기하면 컴퓨터가 이해할 수 있는 명령을 만드는 행위이다. 물론 코딩을 잘하는 것도 중요하다. 하지만 그것만 가지고 이야기한다면 전문적인 프로그래머를 꿈꾸는 사람들만 알고 있어도 된다. 그 사람들이 우리 생활을 윤택하게 해 주면 될 텐데 왜 우리가 알고리즘을 이해해야 할까. 그것은 코딩만 가지고는 알고리즘의 진정한 중요성과 의미를 이해하거나 드러낼 수 없기 때문이다. 알고리즘이 갖는 사회 문화적 가치는 논의에서 실종된다. 알고리즘의 본질을 모르고 사용만 한다는 것은 일종의 '맹신'일 수도 있다.

　　이 책에서 다루는 알고리즘에 대한 시각은 다르다. 우리는 이 책을 통해 알고리즘에 대한 통찰을 나누려고 한다. 대학교수, 연구원, 벤처 사업가, 작가, 영화감독, IT 컨설턴트, 공무원 등 각계의 전문가들이 모여 알고리즘이 무엇이고 가까운 미래는 어떻게 변할까를 고민하면서 정리한 산물이다. 아예 집필 초기부터 소재를 정하지 않고 무작정 토론을 시작했다. 단지 알고리즘에 대해 너무 어렵거나 기술적이지 않고, 그러면서도 이해하고 공감할 수 있는 글을 쓰자는 데에는 마음이 통했다. 그렇게 해서 11명이 중지를 모으게 되었다.

　　이 책은 알고리즘의 과거, 현재, 미래를 논하고 있다. 어렴풋하게 먼 과거에서 알고리즘의 기원을 유추해 보고, 여러 가지 국면에 영향을 미친 다양한 변화를 독자들이 스스로 감지할 수 있도록 도와주는 것을 목표로 삼고 있다. 예를 들면 질문의 구조는 이렇다. 4차 산업혁명의 핵심도구인 알고리즘이 1차 산업인 농업을 바꿀 수 없을까, 알고리즘이 사회문제 해결에 도움이 될까 아니면 오히려 갈등 증가의 기폭제가 될까, 과연 노동의 미래에 알고리즘은 어떤 역할을 할까, 아직은 자연의 경이로운 아름다움을 이해하지 못하는 알고리즘이 창작의 영역에 들어서면 어떤 일들이 벌어질까 등.

〈세상을 지배하는 알고리즘〉은 그동안 잘 몰랐던 알고리즘에 대한 깨알 같은 재미난 지식을 이야기해주는 책이라고 말하고 싶다. 다양한 영역을 자유롭게 넘나들며 독자들의 지적 호기심을 충족시켜 줄수 있을 것이다. 그래서 알고리즘에 대한 좋은 시각도 걱정스러운 시각도 나름 균형 있게 취급하려고 노력했다. 알고리즘에 대한 이해가 11명이 서루 다른 상황에서 각자의 지관과 경험이 오히려 지각의 폭을 넓혀 주었다. 이질적인 듯 했지만 각자의 전문 분야에서 알고리즘을 매개로 자유롭게 원고를 썼고 그렇게 한 권의 책이 되었다.

IT트렌드연구회 저자 대표 조주행

2. 알고리즘, 그 기원의 탐색

4. 알고리즘의 위험과 올바른 활용

4-1 알고리즘의 위험

5. 알고리즘 너머, 미지의 영역을 찾아서

ONE

세상의 바꾸는
알고리즘

보이지 않는 힘, 알고리즘

우리는 알고리즘에 포획된 세상에 살고 있다. 스마트폰 알람 소리에 강제로 눈을 뜨고, 내비게이션이 없으면 원하는 곳을 찾아갈 수도 없다. 메신저 알고리즘을 쓰지 않으면 대화가 어색하다. 주문처리 알고리즘, 택시호출 알고리즘, 주식매매 알고리즘, 게임 알고리즘, 사진편집 알고리즘, 가계부 알고리즘 등 일상을 알고리즘과 함께 한다.

대통령을 뽑는 선거에도 알고리즘이 있다. 예를 들면, 다수결(승자독식) 알고리즘, 보르다의 점수방식 알고리즘, 콩도르세의 양자대결(결선제) 알고리즘 등을 들 수 있다. '게일-섀플리 알고리즘'은 수학적인 사고를 통해 선호도가 높은 이성과 결혼하는 방법을 알려준다. 생명체의 메커니즘을 생생히 구현한 '성장 모델' 알고리즘은 인공생명을 창조하고 성장시킨다. 우리가 잘 아는 음식의 달인들은 나름대로의 비법인 알고리즘을 가지고 있다. 휴리스틱(어림셈법)처럼 보이지만 반복되고 숙달되면서 계량화된 경험이다.

우리는 주로 호의적이고 도움을 주는 알고리즘들을 만나왔다. 하지만, 해킹 알고리즘처럼 웅크리고 있다가 특정 상황이 되면 피해를 주는 적대적인 알고리즘도 있다. 이제는 알고리즘을 만들어주는 알고리즘도 등장했다. 곧, 알고리즘을 감시하는 알고리즘이 나올 것 같다.

이렇게 헤아릴 수도 없이 많고 그 쓰임새도 무궁무진하다. 거의 모든 것이 알고리즘이다. 세상을 너무 편협하게 알고리즘만으로 본다고 지적할 수 있겠지만, 편협한 시각을 쉽게 떨쳐내기 어려울 만큼 알고리즘은 우리 생활 깊숙이 스며들어 있다.

사람이 만든 알고리즘만 있는 게 아니다. 까마귀는 물에 잠겨 있는 실린더 속 먹이를 돌을 집어넣어 꺼내 먹는다. 돌을 집어넣고 부리 끝으로 먹이 높이를 확인한다. 부리가 닿지 않으면 돌을 추가한다. 부리 끝이 먹이에 닿을 때까지 이 과정을 반복한다. 영국 캠브리지대 심리학과 연구팀이 확인한 결과다. 입력─측정─결과로 이어지는 피드백 프로세스를 확인할 수 있다. 내재된 알고리즘이 그렇게 행동하는 것을 돕고 있다. 개미는 페로몬 반응 알고리즘을 사용해 먼 곳에서도 길을 찾는다. 벌은 꽃의 위치를 동료들에게 전달하는 댄스 메커니즘을 가지고 있다. 모두 진화를 통해 습득한 자연의 알고리즘이다. 진화 자체가 생물학적 세계의 강력한 알고리즘이다.

알고리즘은 흔히 문제를 해결하는 방법이라고 한다. 일정한 순서대로 풀어나가면 해답에 도달하는 방법이다. 하지만 알고리즘이 무엇인지 정의하는 게 그렇게 간단하지 않다. 왜냐하면 해답의 효용성에 편향이 존재할 수 있기 때문이다. 알고리즘은 추상적이지 않고 실체적이다. 그러나 알고리즘에는 설계자의 복잡한 가치관이 반영되고 다분히 사회적, 정치적 함의가 담긴다. 문제 해결에는 단 하나의 방법만이 존재하는 것은 아니다. 다양한 대안이 공존한다.

알고리즘 세상에서 사는 법

그동안 우리는 정답이 있는 문제, 다시 말해 닫힌 질문에 답을 주는 알고리즘에 익숙하다. 이런 알고리즘들은 엄밀한 논리와 정교한 계산방식을 요구한다. 입력이 동일하면 결과 또한 동일하다. 기계론적 세계관 속의 알고리즘이다.

한편 정답이 없는 열린 질문에 답을 찾는 알고리즘들이 등장하고 있다. 인공지능 알고리즘이 대표적이다. 이런 종류의 알고리즘은 정답을 알 수 없는 문제를 확률적으로 해결한다. 입력이 동일해도 결과가 다를 수 있다. "오늘 날씨 어때?"라는 질문에 "오늘 비가 올 확률은 70%입니다. 우산을 들고 가세요."라는 식이다. 이런 방식은 복잡계 세상에서는 대단히 강력하다. 왜냐하면 자연, 사회, 인간은 수많은 요소가 상호 작용하는 예측불가의 복잡계 시스템이기 때문이다.

앞으로 살펴보겠지만 결정론적 알고리즘이든 확률론적 알고리즘이든 전문가가 아니면 알고리즘의 본질을 이해하기 어렵다. 아니 요즘은 솔직히 전문가도 파헤치기 어렵다. 어마어마한 분량의 소스코드는 인간의 감시를 벗어난 지 오래다. 비전문가인 일반인들은 알고리즘을 단순히 소비만 할 뿐 내포된 작동 원리에는 관심이 없다. 원하던 의도가 충족되면 그만이라는 위험한 생각이다. 알고리즘은 사람의 노력과 오류를 줄여준다. 알고리즘을 통해 많은 해결책을 얻을 수 있다. 그러는 사이에 알고리즘에 대한 의존도는 나날이 높아지고 있다. 인간의 삶을 닮아가다 보니 알고리즘은 무척이나 복잡해졌다. 그에 비해 알고리즘 투명성은 제자리걸음이다. 당신이 구입할 자율주행자동차는 사고 상황에서 어떤 윤리적 선택을 할까?

2015년 MIT 테크놀로지 리뷰에는 '자율주행차가 누군가를 죽이도록 설계되어야 하는 이유(Why Self-Driving Cars Must be Programmed to Kill)'라는 논문이 실렸다. 이 논문은 자율주행차가 피할 수 없는 사고를 맞닥뜨린, 이른바 '트롤리 딜레마Trolley dilemma' 상황을 가정하고 있다. 브레이크가 파열되어 속도를 줄일 수 없다. 직진하면 임산부를, 좌회전하면 어린이를, 우회전하면 자신이 죽을 수밖에 없는 상황이다. 과연 당신의 알고리즘은 어떤 선택을 할까? 알고리즘의 '속'을 알기는 점점 어려워진다. 알고리즘은 엄청난 사회적 이익을 가져다 줄 수 있는 잠재력이 있지만 그 이상의 해를 입힐 가능성도 있다.

2017년 미국 위스콘신 주 대법원은 인공지능 알고리즘 '콤파스COMPAS'를 활용해 피고인에게 중형을 선고한 지방법원의 판결이 타당하다고 인정했다. 그러나 이 양형 알고리즘의 '속'은 기업비밀이라는 이유로 철저히 숨겨져 있다. 알고리즘에 인간의 편견이 녹아 들어갈 소지가 충분히 있음에도 말이다. 알고리즘을 알아야 한다. 알고리즘 세상이 가져올 변화를 이해하고, 이를 현명하게 소비할 만큼의 지식은 기본적으로 갖춰야 하며 알고리즘이 가져오는 세상의 변화를 이해하기 위해서는 이러한 알고리즘 세상을 가능하게 하는 기술에 대해 먼저 살펴볼 필요가 있다.

우리는 지난 30년간 컴퓨터와 인터넷 기술이 가져온 정보화 혁명을 경험하였다. 최근에는 알고리즘, 인공지능 등을 필두로 하는 지능화 혁명, 흔히 말하는 4차 산업혁명이 진행되고 있다고 한다. 그렇다면 정보화 혁명과 지능화 혁명은 어떻게 다른 것일까? 우선 이 질문에 대해 알아보도록 하자.

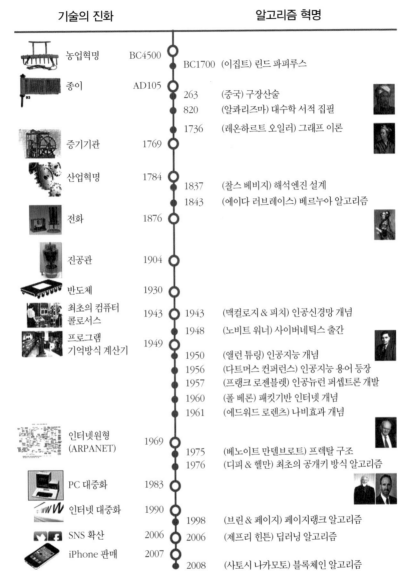

기술의 진화		알고리즘 혁명	
농업혁명	BC4500		
		BC1700	(이집트) 린드 파피루스
종이	AD105		
		263	(중국) 구장산술
		820	(알콰리즈마) 대수학 서적 집필
		1736	(레온하르트 오일러) 그래프 이론
증기기관	1769		
산업혁명	1784		
		1837	(찰스 베비지) 해석엔진 설계
		1843	(에이다 러브레이스) 베르누아 알고리즘
전화	1876		
진공관	1904		
반도체	1930		
최초의 컴퓨터 콜로서스	1943	1943	(맥컬로지 & 피치) 인공신경망 개념
		1948	(노비트 워너) 사이버네틱스 출간
프로그램 기억방식 계산기	1949		
		1950	(앨런 튜링) 인공지능 개념
		1956	(다트머스 컨퍼런스) 인공지능 용어 등장
		1957	(프랭크 로젠블렛) 인공뉴런 퍼셉트론 개발
		1960	(폴 베론) 패킷기반 인터넷 개념
		1961	(에드워드 로렌츠) 나비효과 개념
인터넷원형 (ARPANET)	1969		
		1975	(베노이트 만델브로트) 프렉탈 구조
		1976	(디피 & 헬만) 최초의 공개키 방식 알고리즘
PC 대중화	1983		
인터넷 대중화	1990		
		1998	(브린 & 페이지) 페이지랭크 알고리즘
SNS 확산	2006	2006	(제프리 힌튼) 딥러닝 알고리즘
iPhone 판매	2007		
		2008	(사토시 나카모토) 블록체인 알고리즘

▲ 기술진화와 알고리즘 혁명

정보기술? 지능정보기술?

요즘 언론이나 정부, 연구기관 등에서 4차 산업혁명을 거론하며 그 기반기술로 지능정보기술이란 용어를 자주 사용하고 있다. 앞으로의 미래를 만든다는 지능정보기술이란 과연 무엇을 말하는 것일까?

4차 산업혁명의 기반이 된다는 지능정보기술에 대해 이해하려면, 우선 정보기술이 무엇인지 알아야 한다. 정보기술은 전자 데이터의 생성, 처리, 저장, 유통의 모든 과정에 사용되는 기술 수단을 총체적으로 표현하는 개념이다. 정보기술의 발전은 크게 컴퓨터 기술의 발전과 네트워크 기술의 발전으로 구성된다. 컴퓨터는 1946년 진공관 회로로 구성된 전자식 숫자 적분 및 계산기 애니악 ENIAC: Electronic Numerical Integrator And Computer[1]이 처음 등장한 이후 전자적인 연산처리를 위해 사용되었고, 대형 컴퓨터를 중심으로 발전하였다. 이후 반도체 집적회로의 성능이 18개월마다 2배씩 증가한다는 무어의 법칙에 따라 컴퓨터의 연산능력이 기하급수적으로 개선되었고, 1980년대 이후 개인용 컴퓨터를 중심으로 정보처리 능력이 혁신적으로 개선되었다. 네트워크 기술은 1969년 미국 국방성의 연구 프로젝트로 탄생된 인터넷을 기반으로 1994년대부터 폭발적으로 확산되면서, 정보전달 능력을 획기적으로 개선하고, 새로운 사이버 세상을 창조하였다. 지난 반세기 동안 정보기술은 컴퓨터, 인터넷 등을 활용하여 새로운 정보재(디지털 데이터)를 만들어 내고, 유통·활용시킴으로서 업무처리 및 의사소통 능력을 개선해왔다.

ITAA	• 정보기술(IT)은 컴퓨터를 바탕으로 한 정보체계, 특히 응용소프트웨어와 컴퓨터 하드웨어에 연구, 설계, 개발, 적용, 지원, 관리하는 것
Gartner	• 정보기술(IT)란 소프트웨어, 하드웨어, 통신기술 등 관련서비스를 포함한 모든 정보처리 기술의 스펙트럼에 대한 일반적인 용어 • 비즈니스를 위하여 데이터를 생산하지 못하는 무용의 기술들은 통상적으로 IT에 포함되지 않음
Encyclopedia	• 정보기술(IT)란 하드웨어, 소프트웨어, 네트워크 및 통신, 인터넷, e-비즈니스 등을 포함하는 지식정보화 산업의 도구

　　최근 대두되고 있는 지능정보기술이란 쉽게 말해 정보기술에 지능을 더한 것이라고 할 수 있다. 즉, 지금까지의 정보기술이 컴퓨터, 인터넷 등을 통해 0과 1로 이루어진 디지털 정보(데이터)를 만들기 위한 기술이었다면, 지능정보기술은 이렇게 만들어진 정보데이터가 스스로 사고할 수 있도록 지능을 불어넣는 기술이라고 할 수 있다.

정보기술에 지능을 불어 넣다

정보기술의 경우, 정보가 만들어지기 위한 전 단계, 즉 컴퓨터, 시스템, DB 등 하드웨어 부문이 중요했다면, 지능정보기술은 정보가 만들어진 다음단계의 기술로, 정보가 스스로 생각하는 방식(알고리즘)을 만들어 내는 소프트웨어적 사고가 중요하다.

정보기술: 정보를 만들어내는 기술

컴퓨터(시스템, DB 등)
인터넷 | 정보

인간의 의사결정을 돕기 위해
디지털화된 정보(데이터)를 만들어내는
기술로 단위 정보자체로는 의미가 없으며
인간의 사고-해석-판단이 중요

지능정보기술: 정보가 지능을 갖게 하는 기술

정보 + 지능 | 인공지능(알고리즘)
지능형 SW

정보가 스스로 사고할 수 있도록
지능을 부여하는 기술로, 인간을 넘어
기계 스스로 사고-해석-판단

▲ 정보기술 vs 지능정보기술

　　정보기술과 지능정보 기술의 가장 큰 차이점 중 하나는 스스로 문제의 개선이 가능한지 여부이다. 정보기술은 설정한 과업을 더욱 신속·정확하고 편리하게 처리할 수 있게 도와줄 수는 있지만, 사람이 정한 방식 자체의 문제점을 개선할 수 있는 여지는 없었다. 인간이 정한 논리적, 확률적 모델을 바탕으로 효율적으로 업무를 처리하는 것이 정보기술의 영역이라고 할 수 있다.

반면, 지능정보기술은 '스스로 생각하는(사고) 능력'을 바탕으로, 기존의 과업을 학습을 통해 지속적으로 개선해 나갈 수 있다. 즉 스스로, 인지-학습-사고-행동할 수 있도록 지원하는 기술이라고 할 수 있다.

▼ 지능정보기술의 사고 프로세스

- 인지(Sense) : IoT 등을 통해 사물이 가진 정보를 실시간으로 센싱하고 축적
- 학습 및 사고(Learning & Thinking) : 축적된 데이터를 기반으로 사고할 수 있는 알고리즘을 만들고 학습을 통해 정교화
- 행동(Action) : 알고리즘을 통해 분석된 결과를 실제 현실세계에 적용

예를 들어 기존에 냉장고의 경우 인간이 설정한 온도에 맞춰 식품을 신선하게 유지하는데 활용됐다면, 지능정보기술이 적용된 스마트 냉장고는 센싱을 통해 사용자의 생활패턴이나 취향을 분석하여 알아서 식품 등을 주문하고 식단을 준비할 수 있다.

또한 정보기술 기반의 인터넷 뱅킹의 경우 오프라인 상의 은행 업무를 사이버에서 신속하고 편리하게 처리할 수 있게 도와준다면, 지능정보기술 기반의 로보-어드바이저 robo-advisor 는 데이터를 토대로 투자자의 성향과 시장상황을 분석하여 스스로 자산을 운용할 수 있다. 요약하자면 지능정보기술은 정보기술에 지능을 불어넣는 기술로, 항시 학습-사고를 통해 끊임없이 혁신하는 특성을 지니며, 이를 통해 제품, 서비스, 과업을 지속적으로 개선해 나갈 수 있다.

즉, 지금까지 정보기술은 데이터를 처리하고 분석하여 인간이 의사결정을 하는데 도움을 주었다면, 지능정보기술은 시스템 자체가 스스로 사고하고 결정할 수 있게 하는 것을 말한다.

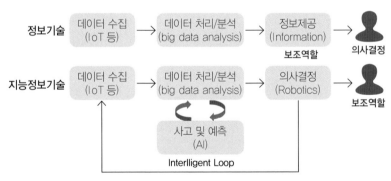

▲ 정보기술과 지능정보 기술의 처리 프로세스 차이

지능정보기술의 핵심 요소 : 알고리즘, 데이터

정보기술이 컴퓨터와 인터넷을 핵심으로 하는 반면, 지능정보기술은
데이터와 알고리즘을 핵심으로 한다. 알고리즘이란 어떤 문제를 해결
하기 위한 절차나 방법을 의미하며 자연어, 수학공식, 순서도, 컴퓨터
프로그래밍 등으로 표현될 수 있다. 과거에는 알고리즘을 만들기 위해
인간이 일일이 문제를 정의하고 논리적 절차를 설정했다면, 최근에는
방대한 데이터를 스스로 학습하고 모델링하는 딥러닝[2] 기술이 일반화
되고 있다. 딥러닝은 사물이나 데이터를 군집화 Clustering 하거나 분류
Classification 하는데 사용되는 일종의 기술적인 방법론으로 심층신경망
Deep Neural Network 을 활용한 기계학습을 말한다.[3]

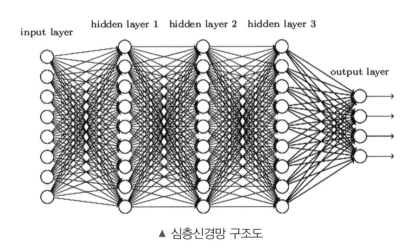

▲ 심층신경망 구조도

이세돌 9단과의 대결에서 이긴 인공지능 '알파고'도 이러한 딥러
닝 기술을 이용했다. 이러한 딥러닝 deep learning 기술은 방대한 데이터

가 기반이 되어야 한다. 얼마나 많은 데이터를 학습하느냐에 따라 알고리즘의 성능이 바뀔 수 있는 만큼 데이터의 중요성은 더욱 커지고 있다. 데이터는 기본적으로 사용자단에서 만들어진다. 엄청나게 큰 기업데이터베이스는 물론, 개개인이 가진 스마트폰, 물류센터 카트에 삽입된 아주 작은 칩에서도 데이터는 실시간으로 생성된다. 따라서 얼마나 많은 사용자가 있느냐가 데이터의 양을 결정하는 중요한 요소이다.

예를 들어 스마트폰에서 만들어지는 데이터를 분석해서, 사용자의 생활습관을 분석해 주는 서비스가 있다고 하자. 스마트폰의 알람정보, 전화 사용량, 데이터 사용량, 데이터 사용시간 등 모든 것을 분석하여 바람직한 생활패턴을 제시하는 이 서비스는 크게 인기를 모아 엄청난 사용자를 모으게 됐다. 이렇게 모인 데이터는 학습을 통해 더욱 정교한 알고리즘을 구성하게 되고, 결과적으로 더 좋은 서비스를 제공하게 되어 더 많은 사용자를 불러 모으게 된다. 더 많은 사용자는 더 많은 데이터를 의미하고 결과적으로 더 좋은 알고리즘과 서비스로 연

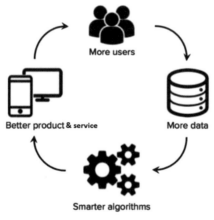

▲ 인텔리전트 룹 Intelligent Loop

결되어 더 많은 사용자를 모으게 된다. 이러한 연결고리(인텔리전트 룹)는 지능정보기술의 특징이라고 할 수 있다.

이러한 특징 때문에 기업들은 더 빨리, 더 많은 데이터를 확보하기 위해 혈안이 되어 있다. 구글은 '룬'이라는 열기구를 띄워 밀림, 사막 같은 오지에서 인터넷 서비스를 제공하는 계획을 추진 중이다. 모든 사람들에게 인터넷을 제공한다는 좋은 목적도 있겠지만, 핵심은 데이터이다. 더 이상 선진국에서는 고객을 창출하는 것이 한계에 다다른 만큼, 새로운 고객을 통해 개인데이터를 확보한다는 것이다. 아마존, 구글은 물론 네이버, 카카오 등 국내 기업들도 데이터 확보를 위한 관문으로 음성인식 비서 서비스를 추진 중이다. 마이크로소프트는 세계 최초로 해저에 데이터센터를 설치해 방대한 데이터를 가장 빠르게 모은다는 전략이다.

영국의 경제지 이코노미스트는 "데이터가 과거 원유처럼 성장과 변화의 원천이 됐다"고 평가한다. 산업화 시대에 원유를 정제해 석유와 아스팔트부터 화학, 의약품까지 다양한 제품을 만들었듯이, 앞으로는 기업들이 데이터를 활용해 새로운 알고리즘과 서비스를 무궁무진하게 만들어낼 수 있다는 것이다.

지능정보기술의 기반 : 네트워크와 컴퓨팅 파워

네트워크와 컴퓨팅 파워의 무한확장도 알고리즘 세상을 가속화 시키는 주요요소이다. 1991년 개발된 2세대 무선통신인 GSM은 초당 100킬로비트에 불과했으나, 2010년 개발된 4세대 LTE 방식의 네트워크는 초당 8메가 비트의 속도로 통신이 가능하다. 최근 서비스를 시작한 5G의 속도는 LTE의 최대 20배에 달한다. 5G 기술은 단순히 속도가 빠른 것 뿐 아니라 한꺼번에 많은 기기를 연결할 수 있기 때문에 수많은 기기를 연결해야 하는 IoT, 방대한 데이터 트래픽이 생기는 가상현실 VR: Virtual Reality · 증강현실 AR : Augmented Reality 등을 위해서도 필수적이다. 자율주행차 역시 5G가 없으면 상용화가 불가능하다. 5G 환경에서의 인공지능은 방대한 양의 데이터를 신속하게 주고 받을 수 있다. 이를 통해 학습을 기듭히면서 더 복잡하고 똑똑하게 진화할 수 있는 것이다.

▲ 이동통신기술의 발전[4]

컴퓨팅 파워의 무한확장도 기폭제 역할을 하고 있다. 1965년 고든 무어 Gordon Moore 는 앞서 언급한 '무어의 법칙'을 발표했다. 무어의 법칙이 제시된 이래 지난 수십년간 기하급수적인 반도체 집적도 향상과 가격 하락을 통해 현재 우리는 무한에 가까운 컴퓨팅 파워를 활용할 수 있게 됐다. 과거 컴퓨터 알고리즘은 닫힌 문제(정답이 있는 문제)를 해결하는데 활용되었다. 하지만, 최근에는 열린 문제(정답이 없는 문제)에 대한 정답을 찾기 위한 시도가 이루어지고 있다. 이렇게 열린 문제의 정답을 풀기 위해서는 막대한 컴퓨팅 파워가 필요하다. 최근 인기를 얻고 있는 음성인식 비서 서비스를 생각해보자. 인공지능 비서의 원리는 기계학습(머신러닝)과 인공신경망(딥러닝)을 활용하는 다른 인공지능과 동일하다. 여기에 인간의 말을 듣고 이해할 수 있는 자연어 처리 기술이 더해진다. 이렇게 기계학습과 인공신경망, 자연어 처리를 동시에 구현하기 위해서는 막대한 컴퓨팅 파워가 필요하다.

정리하면, 알고리즘 세상이 가속화되는 이면에는 딥러닝 방법론의 등장, 엄청나게 증가한 데이터, 이를 신속하게 주고 받을 수 있는 네트워크 기술의 발전과 우수해진 컴퓨팅 파워가 큰 역할을 하고 있다고 하겠다.

지능정보기술이 적용된 다양한 사례들

자율주행 자동차

최근까지 자율주행 기술은 고가의 특화센서와 자동차 산업의 전문성을 가진 소수의 대기업만 구현할 수 있는 분야였다. 하지만 최근 빅데이터와 딥러닝 기술로 인해 이러한 장벽이 허물어지고 있다. 딥러닝 기술을 이용한 자율주행 기술은 실리콘밸리를 중심으로 빠르게 출현하고 있다.[5] 지금까지의 자율주행 기술이 자동차 전문가들에 의한 규칙기반 방식Rule based approach 였다면, 최근 진행되고 있는 자율주행 기술은 인간이 주행을 반복하며 운전을 익히는 방식과 비슷한 딥러닝 방식으로 자율주행 기술을 구현한다. 이제 자율주행 자동차 산업 내 경쟁의 핵심은 인공지능 역량과 주행 데이터의 확보가 될 것이다. 최근 구글의 웨이모가 운전자나 보조 탑승자가 없는 자율주행차 운행허가를 받았다. 자율주행 택시 서비스도 공식 상용화 한다. 이러한 웨이모의 놀라운 성장 이면에는 급속하게 증가한 주행거리 데이터가 있다. 웨이모가 처음 300만 마일을 주행하는데는 8년이 걸렸는데, 최근에는 300만 마일을 5개월 만에 주행했다. 현재 웨이모가 보유한 자율주행차는 수천 대에 이르며, 향후 8만 대 이상으로 확대한다는 방침이다. 쌓여가는 데이터는 웨이모의 알고리즘을 더욱 정교화 하고 있는 것이다. 반면 한국의 자율주행 기술이 갈 길은 멀기만 하다. 현재 우리나라에서 일반도로를 달릴 수 있는 자율주행차는 52대에 불과하며, 이들의 누적 주행거리도 20만 km에 불과하다. 방대한 주행 데이터를 이미 확보한 구글을 따라잡기는 쉽지 않을 것으로 보인다.

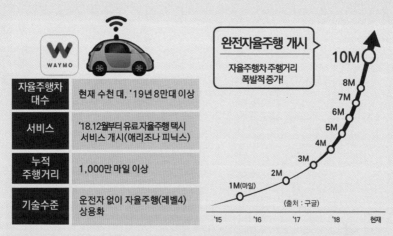

자율주행차 대수	현재 수천 대, '19년 8만대 이상
서비스	'18.12월부터 유료자율주행 택시 서비스 개시(애리조나 피닉스)
누적 주행거리	1,000만 마일 이상
기술수준	운전자 없이 자율주행(레벨4) 상용화

▲ 구글 웨이모의 진화[6]

인공지능 얼굴인식 시스템

페이스북은 자신의 사진이 업로드되거나, 누군가 자신의 사진을 프로필로 올릴 경우 알람을 해준다. 그 수많은 사진들 중에 어떻게 내 얼굴을 찾아내서 이런 서비스를 해주는 것일까? 여기에도 딥러닝 기반의 얼굴인식 기술이 활용된다. 기존의 머신러닝이 미리 정의된 특징을 분석해 예측의 기반으로 삼는 반면, 딥러닝은 자가 학습을 통해 개별적인 특징 자체를 식별해 낼 수 있다. 사진에 있는 사람 얼굴들을 식별하고자 할 때 코, 눈동자 등과 같은 개별적인 특징을 제공할 필요없이 사진 전체를 제공하면 이를 검토해 여러 특징을 이해함으로써 사진 내용을 독자적으로 예측하는 것이다. 페이스북은 정확한 얼굴분석을 위해 동물의 중추신경계를 모방해 만든 신경망 분석을 활용하였다.

딥페이스의 정확도는 97.25%로 인간의 평균 눈 정확도 97.53%에 가까운 수치다. 구글의 페이스넷 Face Net 은 99.96%로 거의 100%에 가까운 인식률을 자랑한다.

중국의 딥러닝 기반 얼굴인식 기술의 발전도 놀랍기만 하다. 거대한 인구를 가진 중국은 더 많은 데이터를 더 빨리 수집해 알고리즘 업그리드에 속도를 낼 수 있다. 5만 명의 관중이 모인 콘서트장에서 경제범죄로 수배 중이던 남성을 얼굴인식 기술도 체포한 사례는 이미 유명하다. 중국은 사회 전반에 얼굴인식 시스템을 광범위하게 적용하고 있는 대표적인 국가이다. 중국에서는 얼굴이 곧 신분증이다. 항저우 KFC, 알리바바 식료품점 '헤마' 등 일부 상점은 이미 안면인식 결제를 지원하고 있다. 베이징의 텐탄공원에는 공중화장실의 휴지를 낭비하는 것을 막기 위해 안면인식 기능이 있는 휴지 걸이가 사용되고 있다. 실시간으로 행인을 탐지하고 분석하는 인공지능 감시 카메라도 넘쳐난다. 상하이 공안국은 얼굴인식 시스템을 기반으로 빨간불에도 건널목을 건너는 사람을 적발하는 시스템을 도입했다. 중국정부는 사람들이 직장과 공공장소에서 어떻게 행동하는지 면밀히 감시해 2020년까지 모든 시민의 '사회적 신용 등급'을 매기겠단 계획까지 세웠다. 안면인식 기술 확대가 초래할 수 있는 전방위 감시체제가 영화속 이야기가 아니라 현실화 될 수 있다는 우려감이 커지고 있다.

▲ 중국의 얼굴인식 공안 시스템[7]

인공지능 스피커

최근 인공지능 스피커가 모든 IT기업들의 관심을 받고 있다. 애플, 마이크로소프트, 구글, 아마존은 물론 국내 기업들도 인공지능 스피커 서비스를 내놓고 있다. 인공지능 스피커는 인간의 말을 이해하고 각종 편의 서비스를 제공하는 음성인식 비서 서비스를 말한다. 누구나 한번은 스마트폰을 통해 "시리 Siri"나 "빅스비 Bixby"를 불러본 경험이 있을 것이다. 인공지능 스피커도 머신러닝과 딥러닝을 활용한다. 클라우드 데이터센터 속에 인공신경망을 적용한 기본 인공지능 모델을 설치한 후 머신러닝과 딥러닝 기법을 이용하여 처리 능력과 범위를 확대시켜 나가는 것이다. 특히 딥러닝으로 기계가 수십만 개의 인간의 일상언어를 빠르게 학습할 수 있었던 것이 최근 인공지능 스피커가 급격히 발전한 이유다. 아직까지 음성인식 스피커들은 날씨정보 제공, 검색 기능, 특정 앱 연동 서비스, 사물인터넷 제어, 개인 일정 관리 등 간단한 업무만 수행하고 있다. 하지만 앞으로는 교육, 육아, 자동차 등 모든 분야에 인공지능 스피커가 적용될 것으로 보고 있다.

영화 'HER'의 운영체제 사만다는 인공지능 비서를 넘어 인간과 감정을 교류하고, 인간의 사고와 경험을 이해하는 친구로서의 인공지능 스피커의 미래를 보여준다. 과연 인공지능 스피커가 어디까지 진화할지 궁금하다.

사물은 물론 세상과 상호작용하는 알고리즘

오늘날 알고리즘의 효용 가치가 높아진 가장 큰 이유 중의 하나는 양질의 데이터를 확보하기 쉬운 환경에 기인한다. 알고리즘을 적용해 만족할 만한 결과를 이끌어내려면 데이터의 질과 양적인 측면에서 충분히 가치 있어야 하는데, 과거보다 상대적으로 정확하면서도 진실되며 정제하기 쉬운 형태의 데이터를 쉽게 수집할 수 있어 유리하다. 일상의 상당 부분은 인터넷과 연결해 이루어진다.

2007년 애플이 아이폰을 세상에 내놓은 이후로 급격히 대중화된 스마트폰은 오프라인 중심의 생활을 온라인으로 크게 확장시켰다. 스마트폰 안에서 이루어지는 활동은 물론이고 오프라인조차 모션 센서, 자이로 센서, 가속 센서, 근접 센서, 조도 센서 등 작고 기민하게 작동하는 센서가 일일이 기록하며 알게 모르게 데이터를 축적한다.

우리는 온라인에서도 많은 시간을 보낸다. 가까운 지인과의 의사소통, 정보 습득, 여가 활동, 상품 검색 및 쇼핑, 금융 생활, 사진과 동영상 촬영, 일정 관리 등 일상의 거의 모든 부분이 온라인에서 이루어진다. 게다가 이제는 사물들까지도 와이파이 등으로 연결해 제어한다. 시간대 별로 무슨 활동을 했고, 어디에 있었으며, 무슨 생각을 하고 있는지 우리의 일거수일투족이 자동으로 기록된다. 더욱이 이렇게 모은 방대한 빅 데이터 Big Data 를 저장하고 처리할 수 있는 시스템 또한 속속 구축되고 있다. 인터넷을 통해 사물과 연결하는 사물인터넷, 항상 인터넷에 접속할 수 있는 네트워크는 과거에는 쉽게 얻을 수 없었던 생생한 데이터를 축적할 수 있는 기반이 된다. 비로소 데이터를 기반으로 작동하는 알고리즘이 빛을 발할 수 있는 환경이 마련된 것이다.

데이터의 가치와 알고리즘의 역할을 쉽게 이해하기 위해 종이책과 전자책을 비교해 알아보자. 고대 이집트에서 파피루스 줄기 위에 문자를 기록한 것으로부터 유래한 종이책은 수천 년 동안 인류에게 선조의 귀중한 지식과 지혜를 후대에 남겨주며 지금까지도 사랑받고 있는 매체이다. 이러한 종이책 중심의 출판 시장에서도 충분하지는 않지만 데이터를 확보할 수 있다. 어느 지역에서 어떤 책을 얼마나 많이 판매했는지 알 수 있고, 면밀하게 조사한 것은 아니지만 지역별로 어느 연령대의 독자가 해당 책을 주로 구매했는지에 대한 데이터를 확보할 수 있다. 하지만 이런 자료는 마케팅 전략을 수립하거나 신상품을 기획하는 데 결정적인 도움을 주지는 못한다. 하지만 인터넷을 통해 판매하고, 전자적인 방식으로 책을 읽는 전자책은 판매량 외에도 다양한 정보를 알 수 있다는 점에서 출판사에 더욱 양질의 정보를 제공한다. 기존과 같은 책 판매량이나 판매지역에 대한 정보에서 구매자의 성별과 나이, 과거의 구매 이력 등을 알 수 있다. 더 나아가 어느 시간대에 책을 읽는지, 북마크를 얼마나 많이 했는지, 완독하는 데 몇 시간이 걸렸는지, 어떤 키워드로 검색하는지 등 매우 상세한 정보를 실시간으로 제공한다. 이러한 생생한 독서 현황 정보는 사람들의 독서 행위를 이해하는 기초적인 정보를 제공하며, 책을 만들고 유통할 때 무엇을 개선해야 하는지 힌트를 주며 출판 비즈니스 전략을 수립하고, 전반적으로 재검토하는 데 기여한다.

데이터를 기반으로 운영하는 상점

미국의 전자상거래 업체인 아마존은 2018년 9월 26일, 뉴욕의 소호 지역에 온라인의 베스트셀러만 판매하는 매장을 열었다. 아마존 4-스타 Amazon 4-star 는 말 그대로 5점 만점에 평점 4점 이상을 받은 상품만 판매하는 상점이다. 즉, 고객 반응이 좋은 인기상품이거나 사람들의 주목을 받고 있는 신상품을 주로 취급한다. 생활가전, 주방용품, 장난감, 책, 게임 등 온라인에서 유명한 상품들이 진열되며, 이 밖에도 가장 많이 구매 희망 목록에 담긴 상품만 모아둔 코너, 뉴요커들이 가장 좋아하는 제품만 모아 놓은 코너 등을 운영한다. 또한 각 제품 앞에는 온라인 소비자의 구매 후기를 카드 형식으로 제공해 온라인 쇼핑 경험을 그대로 옮겨온 듯한 느낌을 준다. 만약 아마존닷컴의 유료 회원제 서비스인 프라임에 가입되어 있다면 오프라인에서도 온라인과 똑 같이 할인된 가격으로 제품을 구매할 수 있다.

전 세계에서 가장 큰 온라인 쇼핑몰 중의 하나인 아마존은 원래 같은 상품을 구매한 사람들이 선택한 다른 제품을 노출하는 간단한 알고리즘으로 유명세를 타기 시작했다. 이와 비슷하게 구글 역시 수많은 정보 가운데 '무엇을 어떤 순서로 배열할 것인가'에 대한 기준을 정하기 위해 자주 인용되는 것을 선택한다는 페이지랭크 PageRank 알고리즘을 통해 검색엔진의 기준으로 자리 잡았다. 오랫동안 누구나 느꼈던 호기심을 알고리즘으로 구현함으로써 사람의 노력을 덜 들이고도 훨씬 효과적인 서비스를 구축할 수 있었던 것이다.

한동안 체험형 매장에 힘을 쏟았던 미국의 스포츠 의류 기업인 나이키 역시 최근 데이터 분석 기업인 조디악 Zodiac 을 인수하는 등 직접 소비자를 공략하는 전략 Consumer Direct Offense 을 펼치면서 동시에 전사적인 디지털 트랜스포메이션 Digital Transformation 계획을 가속화하는 과정에 있다. 실제로 2018년 7월 12일, 로스앤젤레스의 멜로즈 거리에 새로 문을 연 매장은 회원제 프로그램인 나이키플러스 NikePlus 에서 획득한 고객 데이터와 인근 지역의 매출 동향 데이터를 결합해 2주 단위로 제품을 교체하는 등 데이터를 바탕으로 관리한다. 이 지역의 고객들은 달리기와 농구를 좋아하고, 경쟁심리가 비교적 강하다는 사실에 근거해 최신 제품을 빠르게 구매할 수 있는 스니커 바 Sneaker Bar 와 신발 자동판매기 나이키플러스 언락 박스 NikePlus Unlock Box 그리고 신발을 착용해볼 수 있는 나이키 트라이얼 존 Nike Trial Zone 등을 마련했다. 또한 지역의 데이터를 기반으로 운영하는 매장인 만큼 외관 역시 로스앤젤레스의 석양을 표현한 지역 출신의 예술가가 그린 작품으로 꾸몄다.

아무리 좋은 데이터를 수집한다고 하더라도 그것을 제대로 활용할 수 없다면 무용지물일 것이다. 우리는 이미 데이터가 무작정 좋은 성과로 이어지지 않는다는 것을 경험했다. 불과 20여 년 전에 CRM Customer Relationship Management 열풍이 그 대표적인 사례 중 하나이다. 1990년 대를 거치며 전 직원이 컴퓨터를 사용해 업무를 처리하고, 한층 원활하게 인터넷을 사용할 수 있는 환경이 마련되자, 직원 간의 의사소통 방법이 개선돼 정보 교류가 활발해지며 대내외적으로 경영 시스템의 전산화가 더욱 촉진됐다. 이에 자신감을 얻은 기업들이 다음 단계로 데이터를 활용해 고객 충성도를 제고하고, 판매 실적을 높이려는 시도를 했다. 그러나 기업이 확보한 고객 데이터는 생각보다 부정확했으며, 데이터로부터 어떤 방법으로 유의미한 통찰을 발굴해낼 수 있는지에 대한 노하우도 부족했다. 그 중에서도 가장 큰 문제는 고객의 욕구보다는 기업의 필요에 의해 목표를 세우고 빠른 성과를 기대하는 분위기 때문에 고객 관계를 개선하겠다는 궁극적인 목표를 달성하지 못했다. 바로 고객과의 관계는 기업의 구성원과 달리 통제 범위를 벗어나므로 섬세하게 접근하고, 장기적인 관점에서 바라봐야 한다는 특수성을 고려하지 못했기 때문에 겪은 시행착오였다. 데이터를 통해 갑자기 거대한 성취를 이루겠다는 비현실적인 목표를 세우기보다는 실용적인 관점을 갖고 유연하게 사고한다. 처음부터 완벽하게 완성되는 알고리즘이 아니라 사용자와 상호작용하면서 계속 변화하는 데이터에 적응해 스스로 진화하는 알고리즘이 세상을 바꿀 수 있다.

기업과 고객의 관계를 변화시키는 알고리즘

시시각각으로 변화하는 시장 상황과 사용자의 욕구에 따라 유기적으로 적응하는 데이터 기반의 비즈니스가 확산되면서 전반적인 비즈니스 환경은 물론 기업과 고객이 소통하는 방법이 근본적으로 달라진다. 구체적인 예로는 오랫동안 변화가 거의 없었던 진열대의 모습까지도 바꾼다. 미국의 리테일 기술 개발사인 클로버리프Cloverleaf는 2017년 1월 15일, 뉴욕에서 열린 전국소매협회 콘퍼런스National Retail Federation Conference에서 상품을 판매하는 현장에서 데이터를 수집하는 한편, 실시간으로 광고 마케팅을 전개하는 스마트 선반인 셀프포인트ShelfPoint를 소개했다. 각종 센서를 내장한 LCD 디스플레이는 클라우드 플랫폼의 소프트웨어와 연동해 사용자 데이터를 수집하고 분석한다. 예를 들면 제품이나 광고를 응시하는 고객의 표정을 살펴서 감정 상태를 파악하고 관심 정도를 유추해 맞춤 광고를 내보낸다. 스마트 선반이 고객의 나이, 성별, 인종과 같은 인구통계학적인 데이터를 포함해 고객이 제품 앞에서 머물렀던 시간을 측정해 마케팅 프로모션에 활용하는 것이다. 실제로 프록터 앤드 갬블Procter & Gamble과 함께 실험한 결과, 기존보다 40%나 판매량이 증가했다고 한다.

온라인에서는 고객이 상품에 대한 대략적인 정보를 검색하고 상세한 후기를 찾아보고, 가격을 비교해 마침내 주문하기까지 전 과정을 인터넷 로그 기록으로 남기기 때문에 맞춤 광고를 게재하거나 함께 구매하면 좋을 상품을 추천하기에 유리하다. 하지만 오프라인에서는 고객의 구매 의사 결정 과정을 파악하기가 힘들어서 판매 경험과 기술을 갖춘 숙련된 직원의 역량에 의존하거나 본인의 생각을 밝히기를 꺼려하는 고객들을 속절없이 떠나보낼 수밖에 없었다. 사실상 매대는 상품과 소비자가 직접 만나는 중요한 공간이지만 지금까지는 고작해야 판매 중인 상품을 진열하고, 상품명과 가격 그리고 할인 내용 등을 알려 주는 게 전부였다. 하지만, 사물인터넷 기술을 적용한 스마트 선반은 오프라인에서도 온라인처럼 무의식적인 상호작용을 통해 고객에 대한 정보를 얻고 고객의 구매 의사 결정에 개입한다. 더 나아가 평범한 매대가 사용자를 알아보고 반응하는 지능적인 솔루션으로 거듭나며 고객이 궁금해 하는 상품의 장점이나 사용 방법을 안내하거나 마감 시간에는 저절로 할인 가격을 제시하며 능동적인 판매원의 역할을 수행한다.

　데이터를 기반으로 작동하는 알고리즘이 그동안 수동으로 작업했던 내용을 단순화하고 복잡한 선택 과정을 간편하게 만들어 준다. 시간대나 특별한 행사 또는 동시에 쇼핑하는 고객의 수 등에 따라서 가격표가 유동적으로 표시되는 스마트 선반이 직원들이 일일이 작업해야 했던 업무량을 대폭 줄여주고, 효율적인 마케팅 활동까지 지원한다.

일대일 상호작용으로 창출하는 부가 가치

개별 사용자에 맞춰 유기적으로 작동하는 알고리즘은 기업과 고객과의 관계를 더욱 가깝게 만들어준다. 특히, 기업에서 고객과 직접적인 의사소통 기회를 넓히기 위해 알고리즘을 활용한다. 이제는 주변에서 흔히 접할 수 있게 된 인공지능 챗봇을 통해서도 알고리즘의 효과를 생생하게 체험할 수 있다. 인공지능 챗봇은 사람에게 익숙한 채팅이라는 형식을 빌어 사람이 사용하는 자연어로 편안하게 의사소통하며 친근하게 상호작용한다. 언뜻 보기에는 평범한 문자 메시지를 주고받는 것 같지만 이 와중에도 대화 상대의 욕구를 정밀하게 파악하고, 상대가 먼저 요구하기도 전에 적합한 서비스를 바로 제공해주기 위해 알고리즘이 작동한다. 다양한 문화와 언어를 사용하는 수많은 고객을 빠르게 응대하기 위해 많은 수의 직원을 고용하는 것은 사실상 불가능하다. 하지만 고객과 상품에 대한 방대한 지식을 가지고 있는 인공지능 챗봇은 기업을 대표해 언제든지 고객의 요구에 바로 응대하며 고객을 위해 헌신할 수 있다.

　　미국의 화장품 브랜드인 커버벌 Covergirl 이 유명한 댄서이자 모델이며 방송인인 칼라니 힐리커 Kalani Hilliker 와 함께 만든 칼라니봇 KalaniBot 은 알고리즘을 마케팅에 활용하는 흥미로운 모습을 보여준다.

10대들에게 인기가 많은 칼라니 힐리커는 이전까지 커버걸에서 제공하는 화장품을 사용하고 인스타그램에 등록하는 마케팅을 진행해 왔다. 그런데 2016년 말, 인플루언서 Influencer 마케팅 플랫폼인 더 앰플리파이 The Amplify 와 인공지능 챗봇을 개발하는 오토맷 Automat 과 함께 그의 대화 스타일을 모방한 인공지능 챗봇을 발표했다. 유명인이 실제로 운영하는 SNS 계정을 학습해 독특한 말투나 표현 방식을 분석해 유명인을 닮은 또 하나의 인격을 만든 것이다. 이렇게 만들어진 인공지능 챗봇은 10대들의 메시징 앱인 킥 Kik 에서 자신이 칼라니 힐리커를 모델로 만들어졌다는 것을 밝히고 신상품이나 세일 정보 등을 제공하며 활동했다. 그 결과, 짧은 기간 동안 칼라니 힐러커가 직접 등록한 게시글보다 약 14배 정도 더 많은 반응이 이어졌는데, 그 중 91%는 긍정적인 감정을 느꼈다고 한다. 한편, 칼라니봇이 제공한 쿠폰은 51%가 클릭했다. 이처럼 유명인들이 화장품 모델로만 활동하는 것이 아니라 알고리즘으로 자신의 분신을 만들어 더 많은 사람들과 상호작용하는 행태도 나타난다.

　　최근 모바일 쇼핑의 비중이 높아지면서 모바일 기기를 이용한 쌍방향적인 의사소통이 매우 중요한 마케팅 채널로 급부상하고 있다. 더나아가 아예 사람 직원이 전혀 없는 무인 상점까지도 등장하고 있기 때문에 고객과 세련되게 관계하면서 동시에 부드럽게 판촉 활동을 수행할 수 있는 알고리즘 기술이 더욱 각광받는다. 기업마다 개인에 대한 종합적인 정보를 바탕으로 현명한 소비 생활은 물론, 소비자의 감성적인 측면까지 고려해 맞춤 서비스하기 위해 노력한다.
기업이 확보한 더 많은 고객 데이터는 고객들의 행동을 이해하고, 그것을 바탕으로 고객의 잠재된 욕구까지도 알아내는 데 있어 기본적인 정보를 제공한다. 또한, 고객과 더 친밀하게 상호작용하며 고객 만족도를 향상할 수 있는 기회를 마련해주며 지금까지 정적이었던 기업과 고객 간의 관계를 변화시킨다. 오늘날 기업들은 글로벌한 경쟁 환경에 놓여 있기 때문에 시장을 세분화하여 타깃층을 공략하는 과거의 방식이 들어맞지 않는다. 이제는 국적이나 인종 등 서로 다른 문화적 배경을 가진 사람들의 선호와 취향에 부합하는 상품을 생산하고 판매해야 하기 때문이다. 또한 시시각각으로 변화하는 고객들의 까다로운 입맛에 맞추는 것은 매우 어려운 과제이다. 이러한 상황에서 고객과 더욱 친밀하게 상호작용하며 고객들의 마음을 사로잡기 위해 알고리즘을 이용한다. 이에 따라 앞으로는 얼마나 많은 양의 정확한 고객 데이터를 가지고 있느냐 그리고 이로부터 가치 있는 무언가를 만들어낼 수 있는 능력이 있느냐에 따라 비즈니스의 성패가 좌우될 것이다.

알고리즘으로 다양해진 사용자 경험

데이터를 제대로 활용하는 알고리즘의 존재는 사람들이 제품을 선택하는 과정은 물론 제품을 사용하는 경험까지도 완전히 바꾼다. 요즘처럼 치열한 경쟁 상황에서는 신규 고객을 유치하는 것보다 기존 고객과 장기적으로 관계하는 방법을 연구하는 편이 훨씬 효율적이다. 따라서 사용자와 가깝게 소통하며 더욱 맞춤화 된 서비스를 제공할 필요가 있는데, 이 문제를 알고리즘으로 해결한다. 고객을 응대할 줄 아는 능숙한 장사꾼이 단골고객을 알아보고 얼굴만 보고도 속마음을 알아차려 필요한 서비스를 제공하던 과정을 알고리즘이 대신한다.

일례로 사용자의 음악 취향을 바탕으로 부품을 추천하는 헤드폰은 개인화된 상품을 구매하는 과정을 재설계함으로써 새로운 구매 프로세스를 제안한다. 덴마크에서 오디오를 디자인하고 있는 AIAIAI는 사용자가 헤드폰을 구성하는 이어패드, 헤드밴드, 케이블 등을 조합해 사용하는 헤드폰을 판매 중이다. 그런데 이러한 다양한 선택권은 헤드폰의 디자인만이 아니라 소리에도 영향을 준다. 소리는 만드는 구성 요소들이 각기 다른 음색을 내므로 나의 입맛에 따라 헤드폰을 마음 대로 선택할 수 있다는 장점이 있는 반면에 자신의 음악 취향을 정확하게 이해한 상태에서 그에 맞는 부품을 선택할 줄 알아야 한다는 문제가 있다. 더군다나 헤드폰은 직접 들어 보기 전까지는 완성된 제품이 어떤 소리를 들려줄지 짐작조차 할 수 없다는 점에서 고민을 안겨 준다. 그래서 사용자가 즐겨 듣는 음악에 따라 헤드폰의 구성 요소를 선택해주는 알고리즘을 개발했다. 맞춤 헤드폰을 주문하기 전에 음악 스트리밍 서비스인 스포티파이Spotify 에 로그인하면, 음악 분석 서비스를 제공하는 무드에이전트Moodagent 의 기술을 이용해 고객의 음악 취향에 대한 데이터를 분석한다. 그리고 고객이 선호하는 음악의 장르를 더 잘 표현할 수 있는 부품을 자동으로 선택해주는 서비스를 제공한 것이다.

고객 데이터와 결합한 알고리즘은 지극히 평범한 제품들의 사용자 경험을 획기적으로 증강시킨다. 다양한 정보들을 결합해 사람이 서비스하는 것보다 더욱 품질 좋은 서비스를 실현한다. 고도의 맞춤화된 서비스를 제공하는 것은 물론, 오래 사용하면 할수록 더욱 정교해진다. 그리고 이것은 곧 상품의 경쟁력이 된다. 미래에는 별도의 비용이나 노력을 들여야만 서비스 받을 수 있던 내용을 알고리즘으로 간편하게 이용한다. 얼마지나지 않아 데이터와 알고리즘을 충분히 활용하지 않는 상품과 서비스는 재미없고 지루하다는 편견조차 발생한다. 그리고 사용자에 맞춰 정밀하게 수행하는 알고리즘은 상품이나 서비스에 대한 소비자의 신뢰도를 높인다.

유형의 물건을 생산하든 무형의 서비스를 제공하든 모든 분야의 기업들이 데이터 기반의 알고리즘을 이용해 비즈니스를 혁신하려는 움직임이 나타난다. 온라인과 오프라인에서 벌어지는 고객들의 모든 행위를 면밀히 관찰함으로써 방대한 양의 고객 데이터베이스를 확보한다. 이렇게 구축한 데이터를 기반으로 개개인에 맞는 마케팅 전략을 펼치고 차별화된 서비스를 제공하며, 더 나아가서는 장기적으로 신뢰 관계를 형성하는 기회를 포착한다. 즉, 모든 기입이 네이터를 기반으로 지속 가능한 비즈니스를 실현한다. 자동화된 알고리즘을 이용해 사용자 경험을 한층 업그레이드 하는가 하면, 기업과 고객 모두에게 이익이 되는 부가 가치를 창출한다. 그리고 고객과 상품에 대한 더 많은 데이터를 수집할수록 개인화된 서비스를 제공할 수 있는 기반을 마련하며 경쟁자보다 더 나은 고품질의 서비스를 제공하게 된다.

알고리즘 때문에 사라지는 물리 인터페이스

언제든지 어디에서나 컴퓨팅한다는 유비쿼터스 컴퓨팅 Ubiquitous Computing 개념을 처음 제안한 전 제록스Xerox 의 연구원인 마크 와이저 Mark Weiser는 일찍이 "가장 심오한 기술은 사라지는 것이다. The most profound technologies are those that disappear."라고 말한 바 있다. 실제로 스스로 사용자를 인식하고 사용자가 처한 환경과 상황에 따른 맥락을 이해하는 알고리즘이야 말로 복잡하고 번거로운 물리 인터페이스를 사라지게 만든다. 더 정확하게 표현하자면, 물리 인터페이스가 완전히 없어진다하기 보다 알고리즘이 기존의 인터페이스를 상당 부분 보완해 사용자에게 가장 적합한 소통 방법을 자동으로 적용한다. 일일이 헤아릴 수 없이 많은 사물이 인터넷과 연결되고, 영리해지고 있다 보니 제품이 제공하는 서비스의 양은 풍부해지고 질은 높아지고 있지만, 이것을 관리하는 것이 또 다른 스트레스를 유발한다. 예를 들면, 전등 하나를 관리하려고 해도 스마트폰 앱을 내려 받아 특정 조건을 설정하고, 동작, 음성 등 새로운 인터페이스를 학습해서 조작해야 하는 문제가 발생한다. 이와 같은 똑똑한 사물과 더욱 편안한 관계를 맺기 위해 알고리즘을 활용한다.

알고리즘을 적용한 사물은 사람이 명령하지 않아도 사용자가 원하는 시점에 사용자의 의도대로 알아서 작동하기 때문에 인터페이스를 새로 익힐 필요가 없다. 또, 별도의 입력 절차가 없으므로 의식하지 않는 사이에 자동으로 실행된다. 알고리즘이 사용 맥락을 종합적으로 분석해 사용자의 숨은 의도까지 예측하고 사용자의 특성과 환경에 맞는 결과물을 내놓기 때문에 물 흐르듯이 자연스럽게 상호작용하는 것이다. 쉬운 예로, 실내 온도를 관리하는 3세대 네스트 써모스탯Nest Thermostat 부터는 기기와 사용자 간의 거리 정보를 바탕으로 알아서 정보를 제공해 준다. 사용자가 기기와 멀리 떨어져 있으면 현재의 온도를 큰 숫자로 보여주고, 가까이 다가가면 상세한 세부 내용을 보여준다. 사람들은 궁금한 내용이 있으면 본능적으로 가까이에 다가가서 무슨 내용인지 확인한다. 이러한 사람들의 무의식적인 습관을 인터페이스에 적용하기에 사용자는 화면에 노출할 내용을 선택할 필요가 없다. 이런 식으로 실시간 데이터와 알고리즘을 결합하면 사용자가 무언가를 조작하고 그것에 대해 신경 쓸 필요 없이 그저 편하게 서비스를 이용하기만 하면 된다. 실시간 데이터를 적용한 알고리즘이 지능적으로 끊김 없는 서비스를 제공하기 때문에 이전처럼 기계에 명령하거나 지시하는 과정이 사라진다.

1 - 3 알고리즘으로 완성하는 초개인화 혁명

누구나 나만의 제품을 갖고 싶어한다. 나의 체형과 어울리는 의류, 내 발에 맞는 신발 등 나의 취향을 반영한 디자인, 내가 필요로 하는 기능, 내가 원하는 수준의 서비스를 원한다. 하지만 이러한 제품을 마음 놓고 구매하고 이용할 수 있는 사람은 많지 않다. 사실 대규모의 기계 제조 시설이 들어서기 전까지 대부분의 사람들은 수작업으로 생산한 제품을 사용했다. 그러나 현대에 이르러서는 이러한 서비스는 많은 비용을 치를 수 있는 부자들의 것이라는 인식이 널리 퍼져 있다. 다만 최근에는 사물인터넷, 3D 프린팅, 인공지능 등 첨단 기술들이 발전함에 따라 소수만 누릴 수 있었던 개인화 서비스를 비교적 적은 비용과 노력만으로 이용할 수 있는 환경이 마련되고 있어서 사람들의 주목을 끌고 있다.

가령 양복을 한 벌 산다고 상상해보자. 누구나 자신만의 선호하는 양복 디자인이 있을 것이다. 키가 작은 편이라면 슬림한 핏에 엉덩이를 반쯤 가리는 기장을 원한다. 양복의 색깔이나 무늬를 결정할 때는 현재 가지고 있는 넥타이의 색깔과 얼마나 어울리는지 따져 본다. 물론 개인적으로 체크 무늬를 좋아하지 않는다든지 스포티한 느낌을 중시한다던지 하는 취향이 있을 수 있다. 이렇게 양복 한 벌을 살 때에도 저마다 다른 기준이 적용된다. 그리고 백화점, 아울렛 혹은 온라인 쇼핑몰을 방문해서 이러한 조건에 부합하는 제품을 찾지만 내 입맛에 딱 맞는 제품을 찾기란 쉽지 않다. 어느 부분은 마음에 드는데, 다른 것들이 마음에 들지 않아서 망설이는가 하면, 아주 마음에 드는 상품을 발견했지만 이번에는 가격이 너무 비싸서 구매를 포기한다. 매장에는 최신 유행을 반영한 각양각색의 상품들이 있지만 '풍요 속의 빈곤'이라고 할 수 있을 정도로 나의 조건에 완벽하게 들어맞는 상품을 만나기란 매우 어렵다.

신체 치수를 재고, 재단사의 전문적인 식견을 더해 고객이 요구하는 개인적인 기준을 최대한 반영한 맞춤 양복을 주문해 입지 않는 한 대부분의 사람들은 공장에서 균일하게 생산한 제품을 이용할 수밖에 없다. 경쟁이 치열한 시장에서 기업 입장에서는 개인화 서비스를 제공함으로써 고객 만족도를 향상시키는 것이 최선이지만 너무나 많은 자원과 시간 등이 소요되므로 대부분 평균적인 제품을 생산한 뒤, 색깔이나 크기 등 몇 가지 옵션을 제공하는 것으로 만족할 수밖에 없다. 결국 고객은 개인화 욕구를 일정 부분 포기하는 대신에 더 저렴하게 상품을 구매할 수 있고, 기업은 부가 가치는 낮지만 더 많은 매출을 발생시키는 것으로 타협하는 것이다.

시간이 갈수록 커지는 개인화에 대한 욕구

최근 업계의 화두는 제4차 산업혁명이다. 첨단 기술을 바탕으로 물리적인 세계와 가상 세계를 결합해 유연한 구조의 제조 프로세스를 도입함으로써 고객이 원하는 다양한 품종의 상품을 빠르게 만들어 공급하는 세상이 곧 도래한다는 것이다. 그리고 이 새로운 시대에 대중이 피

부로 느낄 수 있는 가장 핵심적인 가치 중의 하나는 바로 개인화이다. 실제로 표적 시장의 크기는 갈수록 작아지며 시장이 파편화되는 현상이 가속화되고 있으며, 한 사람 한 사람의 개인적인 욕구를 충족시키는 초개인화Hyper-Personalization는 시대적 화두이다.

오늘날 개인은 과거처럼 그야말로 혼자만을 의미하지 않는다. 비록 엄격하게 말하면 혼자라고 하더라도 인터넷으로 항상 연결돼 있기 때문에 언제든지 집단화 할 수 있는 역량을 갖춘 힘있는 개인이라고 할 수 있다. 한 마디로 말해, 개인의 의견이 담은 소셜 미디어 속의 한 마디로 세상에 큰 반향을 불러일으킬 수 있을 정도로 개인의 힘이 커졌다.

몇 해 전, 글로벌 브랜드 컨설팅 회사인 인터브랜드Interbrand는 브랜딩의 진화를 설명하면서 평범한 개인이 부상하는 미래를 비교적 명쾌하게 정리한 바 있다. 이들이 설명하는 브랜딩의 첫 번째 단계는 정체성의 시대Age of Identity이다. 상품의 소유권을 증명하고, 신뢰와 품질을 표시하는 인식 수단으로 브랜드를 사용한다. 이어 경제적인 측면에서 브랜드를 소중한 자산으로 인식하고, 비용과 투자라는 관점에서 브랜드를 체계적으로 관리하는 가치의 시대Age of Value가 왔다고 설명한다. 그리고 사용자에게 만족스럽고 차별화된 사용자 경험을 선사하며 긍정적인 브랜드 이미지를 구축하는 경험의 시대Age of Experience를 거쳐, 개인을 중심으로 하는 생태계를 형성해 맞춤화된 상품과 서비스를 공급하며 진정성을 기반으로 다가가는 당신의 시대Age of You로 나아간다는 주장이다. 즉, 기업이 제공하는 한정된 선택지에서 상품을 선택하던 시대에서 많은 상품 가운데 사용자에게 적합한 상품을 선별하고 추천하는 시대를 넘어 이제는 사용자를 종합적으로 이해하고 기업이

사용자에게 적응하는 시대로 변화한다.

　　오늘날의 소비자들은 더 이상 개인의 욕구를 억눌러야 할 필요성을 느끼지 못한다. 과거보다 훨씬 당당하게 자신의 요구 조건을 피력하는가 하면 기업이 자신이 원하는 제품을 만들어 주기를 기다리기보다는 스스로 대안을 찾는다. 이를테면 국내에서 마음에 드는 상품을 찾을 수 없다면 해외 쇼핑몰에서 아직까지 수입되지 않은 상품을 직접 구매한다. 이마저도 충분히 만족스럽지 않다면 기성품을 구매해서 입맛에 맞게 개조하거나 아예 처음부터 자신의 입맛대로 제품을 만들어 낸다. 이때, 개인이 물건을 만들기 위해 필요한 기술과 도구를 완벽하게 갖추지 않아도 괜찮다. 지식이 부족하면 커뮤니티를 통해 사람들에게 도움을 요청하고, 능력 있는 개인이나 기업에 의뢰하면 된다. 3D 모델링 작업을 거쳐 개인용 3D 프린터로 출력하거나 각종 전문 기기를 보유하고 있는 공방을 이용해 사용할 물건을 만들어내기도 한다. 이러한 상황에서는 기업 역시 대중의 욕구를 무시하기 어렵다. 오히려 개인화 서비스가 고객의 선택을 받기 위한 필요충분조건이 된다. 앞으로는 더 작은 크기의 틈새시장을 개척하는 것에서 나아가 개인 단위로 갈수록 세분되는 시장에서 사용자를 제대로 이해하고, 적정한 수준의 개인화 서비스를 제공하는 제품을 만들어낼 수 있는 능력을 갖추는 기업들이 경쟁에서 살아남을 것이다. 바야흐로 개인화된 사용자 경험을 얼마나 잘 구현할 수 있느냐가 기업의 핵심적인 경쟁력으로 부상하는 것이다.

초개인화 경험을 위한 개인 데이터

한 사람 한 사람의 욕구를 만족시키는 초개인화 서비스는 결국 개인에 대한 모든 정보가 담겨 있는 데이터베이스에 기반한다. 고객을 파악할 수 있는 자료가 많으면 많을수록 더욱 만족스러운 개인화된 서비스를 이용할 수 있다. 이때, 개인 데이터란 개개인을 구분하는 나이, 성별, 국적 등의 인구통계학적인 정보는 물론이고 키, 몸무게, 피부 색깔과 같은 각종 신체 데이터, 거주지의 위치, 날씨 등과 관련된 생활환경 데이터 그리고 습관, 취향, 성격 등 개인의 개성이 드러나는 데이터, 주소록, 팔로워 등 개인의 사회적인 관계를 알 수 있는 데이터 등을 포함한다. 또, 개인이 소유하고 있는 물건이나 스스로 생성한 글, 사진, 동영상 등의 저작물 등도 개인을 파악하는 데 유용한 정보원이 된다.

사람들의 개인화에 대한 욕구가 증가하는 것과 비례해 개인에 대한 통합 데이터베이스를 구축하고 체계적으로 관리할 필요성 또한 증가한다. 이에 따라 앞으로는 남들과 같은 서비스가 아니라 나에 맞는 서비스를 이용하기 위해 더욱 적극적으로 개인 정보를 관리하기 시작할 것이다. 즉, 개인 데이터를 관리하는 전문 대행업체가 등장한다. 돈을 거래하는 은행이 고객의 자산을 더 많이 불릴 수 있는 방법을 안내해주는 대가로 수수료를 받는 것처럼 개인 데이터를 해킹의 위협 없이 안전하게 관리할 뿐만 아니라 나의 데이터를 제공할 만한 가치가 있는 서비스를 중개하며 수수료를 받는 신종 사업이 활성화된다. 그리고 개인들은 나에게 특화된 서비스를 제공받기 위해 자신의 데이터 중 일부에 접근할 수 있는 권한을 기업에 부여하고, 기업은 이것을 취합해 분석함으로써 완성도 있는 개인화 서비스를 구현한다.

실제로 기업이나 개발자들에게 블록체인Blockchain 시스템을 구축할 수 있는 도구를 제공하는 미국의 IBM은 2018년 9월 6일, 휴−머니티와 협력 관계를 체결하고, 개인이 스스로 자신의 데이터를 관리하는 서비스인 #마이31을 발표한 바 있다. 개인이 주도권을 갖고 어떤 환경에서 데이터를 유통하고 누구와 데이터를 공유할 것인지에 대해 결정할 수 있는데, 현재는 의료 분야에서 시도하고 있다. 이곳에서는 개인의 데이터를 일종의 자산으로 규정하고 여러 명의 컴퓨팅 자원을 활용해 신뢰성을 확보하는 블록체인 기술을 이용해 데이터를 자주적으로 관리하는 방법을 제안한다.

효율적으로 개인화 서비스를 구현하는 알고리즘

누구에게나 똑같이 제공하는 평균적인 서비스가 아니라 나의 상황을 고려해 나에게 맞춰주는 서비스여야만 믿을 수 있고 만족도가 높을 수밖에 없다. 결국 기업에게 사용자의 데이터를 얼마나 확보하고, 그것을 잘 활용할 수 있는 알고리즘 기술을 갖고 있느냐가 매우 중요해진다. 적시에 사용자에게 최적화된 서비스를 제공하는 것은 물론, 겉으로 보이는 데이터 이면에 감춰져 있는 개인의 숨겨진 욕구를 발굴해 맞춤 서비스함으로써 시간이 흐를수록 시장에 대한 지배력을 강화한다.

예를 들면, 건강과 관련된 상품은 개인화 서비스가 절실한 영역 중의 하나이다. 사람마다 체질이 다르고, 알레르기 반응도 다르게 나타난다. 똑같은 약을 먹더라도 누군가에게는 효과가 있지만 또 다른

이에게는 전혀 도움이 되지 않는다. 더욱 난감한 것은 지난번에는 잘 들었던 것이 이번에는 소용이 없는 경우가 있다는 점이다. 더군다나 건강 관리 측면에서는 식이요법, 생활 습관, 운동, 치료 등을 각기 독립적으로 생각할 수 없다. 건강이 나빠져서 문제가 될 때에는 이 모든 것이 영향을 미치지만 무엇이 원인이라고 지목하기는 애매한 경우가 너무나 많기 때문이다.

미국의 신생기업인 케어/오브 Care/of 는 2017년 7월부터 알고리즘을 이용해 개인에게 맞춤화한 비타민 구독 서비스를 제공하고 있다. 사람마다 신체 조건이나 생활 방식이 달라서 필수적으로 섭취해야 하는 비타민의 종류도 다르다. 하지만 보통은 성별이나 나이 대에 맞는 제품을 추천받아 복용하는 경우가 많으며 비타민을 복용하는 과정에서 과연 그것이 얼마나 효과가 있는지도 알기 어렵다. 그래서 개인의 라이프스타일과 함께 다이어트나 면역력 강화와 같은 개인의 목표 등에 대한 간단한 설문 조사 결과를 알고리즘으로 분석해 매달 개인화된 비타민을 배달해주는 서비스를 시작했다. 앱으로 비타민을 섭취할 시간을 규칙적으로 관리해주며, 현재 먹고 있는 비타민이 건강에 비치는 영향에 대한 상세한 정보도 함께 알려 준다.

이처럼 사용자가 원하는 순간에 바로 제공하는 맞춤화된 서비스는 기업이 나의 말에 귀를 기울이고, 나를 대우해준다는 느낌을 준다. 이것은 풍요로운 성장 과정 속에서 자신의 영향력을 높게 평가하고, 나의 힘으로 세상을 바꿀 수 있다는 믿음을 가진 젊은 세대들에게 매우 중요한 소구점 중의 하나이다. 사실 산업화 이후, 개인 맞춤화된 서비스는 소수의 사람만 경험할 수 있는 사치에 가까웠다. 일부만이 특별한 대접을 받으며 자신을 위한 제품을 제공받는 호사를 누릴 수 있었다. 그런데 알고리즘은 상대적으로 저렴한 비용으로도 이와 유사한 서비스를 제공해준다. 지금까지 개인의 욕구는 비용이 많이 들고 비효율적이라는 이유 때문에 종종 무시돼 왔지만 알고리즘은 완벽한 개인화는 아닐지라도 이전보다는 훨씬 진보된 수준의 개인화 서비스를 훨씬 효과적으로 실현해주는 수단이 된다. 이것은 심지어 공공 서비스 영역에서도 마찬가지다.

영국의 런던교통공사 Transport for London 와 내비게이션 앱 개발사인 시티매퍼 Citymapper 는 2017년 5월 9일과 10일 양일에 걸쳐 승객들의 요구에 따라 유연하게 운영하는 스마트 버스, CMX1를 시범 운행했다. 일반 버스의 절반 정도 크기인 스마트 버스의 각 좌석에는 모바일 기기를 충전할 수 있는 USB 포트가 있으며, 대형 디스플레이에서는 현재 위치가 어디쯤이고 다음 도착지까지는 얼마나 걸리는지 알려준다. 운전석에도 마찬가지로 태블릿이 장책돼 있어서 현재 위치, 버스 정류장 간의 거리와 소요 시간, 이동 경로, 탑승객의 수 등의 정보를 제공한다. 무엇보다도 알고리즘이 자동으로 노선을 결정해 탄력적으로 운행하겠다는 계획이 눈길을 끈다. 즉, 실시간 교통 상황, 탑승객의 수요 등 각종 데이터를 활용해 현실성 있는 대중교통 서비스를 제공하겠다는 것이다. 대중교통은 다수의 편의를 골고루 배려해야 하므로 공공의 이익을 우선하며 개인의 사정을 들어 주지 않는다. 그래서 사전 조사 결과를 바탕으로 한 번 경로가 결정되면 좀처럼 바뀌지 않는다.

하지만 알고리즘을 이용하면 유동적인 교통 상황에 맞춰 편리한 이동 서비스를 제공할 수 있다. 고객 역시 택시만큼은 아니지만 어느 정도 개인화된 서비스를 버스 요금 정도로 편하게 이용할 수 있어서 좋다. 손님이 뜸한 밤중이나 교외 지역에 거주하는 사람들이 대중교통을 이

용하기 쉽지 않은데, 이러한 시스템을 적용하면 탑승객 위주의 대중교
통이 구축되어 편리하다.

개인의 정체성을 반영하는 제품과 서비스

알고리즘은 마치 나를 잘 알고 있었던 것처럼 맞춤 서비스를 구현할
때 가장 크게 위력을 발휘한다. 급기야 개인의 욕구와 동기화되며 상
품이나 서비스가 나를 대변하는 분신인 것처럼 느껴지기까지 한다. 사
람들은 상품에서 자신과 비슷한 부분을 찾아 자신을 닮은 듯한 제품을
구매하기를 원한다. 바로 상품을 통해 자신의 사고방식과 신념을 드러
내는 것이다. 개인화 알고리즘은 바로 이 상품이야말로 당신 그 자체
라는 것을 증명하는 장치가 된다. 그래서 이러한 상품을 만나면 왜 이
제껏 몰라봤나 싶을 정도로 반가운 마음이 든다.

　　지난 몇 년 간 업계의 가장 큰 화두 중의 하나는 사용자 경험이었
다. 기업마다 단순히 브랜드 자체를 알리는 것을 넘어서 브랜드 정체
성을 분명하게 드러내면서도 사용자의 뇌리에 오래 기억될 수 있는 인
상적인 사용자 경험을 제공하기 위해 애썼다. 그런데 브랜드를 통해
느끼는 경험의 양상은 사람마다 매우 다양해서 애초에 의도한 대로 반
드시 피드백 되지 않는다는 점 때문에 어떻게 사용자 경험을 정의하고
구현할 것인가에 대한 고민이 많았다. 이 문제를 해결하는 방법 가운
데 하나가 바로 개인적인 사용자 경험을 완성하는 것이다.

　　기업이 사용자 집단을 예측해 분류하고 준비해서 제공하는 사용
자 경험이 아니라 고객 한 사람 한 사람이 각자 다르게 기대하는 사용

자 경험을 실현하는 것에 초점을 맞춘다. 앞으로 점점 더 많은 사람들이 개인의 정체성과 브랜드 정체성이 일치하느냐 혹은 개인이 추구하는 가치와 같은 지향점을 가지고 있느냐를 중요한 선택 기준으로 삼을 것이다. 따라서 개인적인 욕구를 만족시킬 수 있는 사용자 경험을 우선적으로 연구할 필요가 있다.

브라질의 TAM 항공TAM Airlines은 인터넷으로 항공권을 예약할 때, 페이스북 계정을 로그인하면 사용자의 계정에서 사진이나 '좋아요'를 표시한 콘텐츠 등을 분석해 개인화된 기내 잡지를 만들어주는 프로모션을 진행한 바 있다. 고객이 SNS에 등록한 프로필 사진과 계정명을 활용해 표지를 제작했고, 개인적인 취미나 관심사 또는 내 생일에 벌어진 사건 등 나와 관련된 내용을 실었다. 장시간 여행을 떠나야 하는 비행기나 기차 안에는 보통 여행 잡지가 비치돼 있다. 하지만 어느 시간대에 누가 탑승하든 똑같은 내용의 잡지를 제공한다. 비록 일회성 이벤트이기는 했지만, 개인을 위해 제작한 여행 잡지는 여행 시작부터 사용자를 기분 좋게 만들어주고, 평생 소장하고 싶은 특별한 아이템이 된다.

사용자를 참여시키는 개인화 서비스

개인화 서비스를 구현하는 것은 균일한 상품을 생산하는 것보다 확실히 더 많은 자원과 노력이 들어가는 것은 사실이지만 더 쉽게 자료를 수집할 수 있는 방법과 그것을 정확하게 분석해낼 수 있는 알고리즘 덕분에 생각보다 효율적으로 개인화 서비스를 구현해낼 수 있다. 게다가 이러한 개인화 서비스가 가져다주는 효익은 명백하다. 즉, 상품이 제공하는 사용자 경험을 한 차원 업그레이드하며 고객 만족도를 향상하고, 매출을 확대하며 고객 관계를 더욱 견고하게 유지하는 데 이바지한다. 그리고 상품을 선택할 때 주도권을 갖고, 내가 원하는 상품을 갖기 위해 제조 과정까지 참여하려는 사용자들의 움직임을 지원한다. 이러한 사용자의 욕구에 부응하고자 최근 기업들은 개인화 서비스를 아예 제조 공정에 추가하고 있다.

미국의 신생기업인 이피톰Epytom 은 최근, 인공지능 챗봇이 사용자와 상담한 내용을 바탕으로 맞춤 드레스를 제작해 15일 만에 배송하는 시스템을 구축해 백만 달러의 자금을 조달받았다. 메종 미Maison Me 에 방문해 인공지능 챗봇과 요구 사항에 대해 상담하면 알고리즘이 이 내용을 바탕으로 맞춤형 드레스를 스케치한다. 그 후 사용자가 스케치의 세부적인 사항을 조정하고 승인하면 드레스를 디자인하는 것이다. 이렇게 완성한 드레스는 재봉사와 화상통화로 의사소통하며 섬세하게 수정하는 단계를 거쳐 새 옷을 만들어준다. 기본적인 내용을 상담하는 초기 단계와 대략적인 스케치는 인공지능 챗봇이 담당하고, 이를 바탕으로 정확하게 맞춤 제작하는 업무는 전문가가 참여해 개인을 위한 의상을 완성한다. 알고리즘을 이용한 개인화는 사용자와 기업 모두의 시간과 노력 대폭 경감시켜줄 뿐만 아니라 결과적으로 불필요하게 많은 옷을 생산해 대규모의 쓰레기를 양산하는 현재의 의류 산업 구조를 근본적으로 재편할 수 있는 기회가 된다.

한편, 영국 런던 기반의 맥주 제조사인 인텔리전트X는 서비스 분야에서 많이 활용하는 인공지능 챗봇을 제조 프로세스에 추가해 특정 고객에게 최적화된 맛을 선사하는 맥주를 개발했다. 페이스북 메신저를 통해 인공지능 챗봇과 질의응답을 주고받는데, 1점부터 10점까지 점수를 매기거나 예 혹은 아니오로 대답하고, 여러 선택지 가운데 선택하는 방식으로 대화를 진행한다. 그 다음 알고리즘이 사용자의 답변을 분석한 내용을 반영한 맥주 레시피를 양조장에 전달하면 특정한 사용자를 위해 인공지능이 특별하게 양조한 맥주를 완성하는 것이다. 회사는 이 서비스를 위해 기계 학습Machine Learning 개발사인 인텔리전트 레이저Intelligent Layer와 크리에이티브 에이전시인 10x와 협업했다.

기업과 사용자 모두에게 이로운 기술

개인적으로 맞춰주기를 기대하지만 그만큼 비용을 지불할 능력이나 동기가 부족한 사람들에게 일정 수준의 개인화 서비스는 편리하고 저렴하며 만족스러운 소비 생활을 가능하게 해 준다. 또한, 사용자 데이터와 결합한 알고리즘은 지극히 평범한 제품의 사용자 경험을 획기적으로 증강시킨다. 다양한 정보들을 결합해 사람이 서비스하는 것보다 더욱 품질 좋은 서비스를 실현하기도 한다. 고도의 맞춤화된 서비스를 비교적 손쉽게 구현하는 것은 물론, 오래 사용하면 할수록 서비스의 내용이 더욱 정교해진다.

　　브라질의 피나코테카 드 상파울루 박물관Pinacoteca de Sã o Paulo 이 2017년 4월 5일부터 6월 5일까지 진행한 인공지능 가이드 서비스는 박물관 경험을 대폭 업그레이드한 사례이다. 6개월 동안 예술 작품과 관련된 책, 신문, 인터뷰 등을 학습한 IBM의 인공지능, 왓슨Watson 이 개인화된 예술작품 감상 경험을 선사한다. 관람객은 박물관으로부터 헤드폰과 앱을 내장한 스마트폰을 제공받아 질의응답이 가능하다고 표시된 작품을 감상하면서 왓슨에게 궁금한 내용을 물어볼 수 있다. 예를 들면, 1934년에 그린 커피 농장에 서 있는 남자에 대한 그림을 보며 당시에 축구가 인기있었냐고 물으면, 왓슨이 그때에도 축구가 유행했지만 그림 속의 남자와 같은 가난한 노동자들은 쉽게 즐길 수 없었다고 답변한다. 사전에 녹음한 작품 설명을 앵무새처럼 반복하는 오디오 가이드가 아니라 인공지능이 사용자와 동행하면서 사용자가 궁금해하는 내용에 즉시 응답해준다. 박물관에서는 모든 사용자를 위한 가이드를 고용하기 힘들고, 개인들은 작품에 대해 어렵게 생각해서 박물관을 가려고 하지 않는 현실을 한꺼번에 해결한다. 알고리즘이 박물관을 어렵게 생각하는 사람들이 좀 더 편안한 마음으로 박물관을 이용할 수 있도록 돕고, 박물관은 알고리즘 덕분에 더 많은 관람객을 확보하며 안정적으로 운영한다.

오늘날 사용자들은 인터넷 세상에서 방황하며, 다양한 상품 속에서 혼란스러워하는 경우가 많다. 기존에 사용하던 제품 역시 하자가 있다기보다는 유행이 바뀌고 생각이 달라져서 새로운 물건을 산다. 여기에다가 개인의 행복을 극대화할 수 있는 상품을 구매하는 것을 일종의 투자라고 생각하기 때문에 내가 추구하는 가치와 일치하기만 하다면 망설임 없이 지갑을 연다. 이러한 사용자들의 행태에 따라 실시간으로 변하는 개인의 기호에 맞춰 유연하게 대응한다. 그리고 시간이 흐르면 흐를수록 개인을 더 많이 이해할 수 있는 알고리즘으로 인해 고객 만족도가 향상된다. 나에 대해 이미 많이 알고 있기 때문에 일일이 다시 설명하거나 상세하게 지시하지 않아도 되니, 굳이 다른 서비스로 갈아탈 이유가 없기 때문이다. 다만, 시간의 흐름에 따라 계속 변화하는 사용자 욕구에 적절하게 대응할 수 있어야 장기적으로 관계를 이어 나갈 수 있을 것이다.

반면에 사용자 입장에서는 기업이 지나치게 나를 잘 알고 있어서 두렵다거나 프라이버시가 걱정되는 차원을 넘어서, 알고리즘으로 실현하는 개인화 과정에서 내가 몰랐던 나를 발견하고, 한결 안심하고 서비스를 이용할 수 있는 장점을 더 크게 느낀다. 알고리즘은 사용자가 허용한 범위 안에서 개인 데이터를 사용해 사용자가 기대하는 바를 실현하는 편안한 기술을 추구하기 때문에 근본적으로 모든 통제권이 사용자에게 있다. 고객의 허락을 받아 휴대폰을 이용한 건강 관리 시스템을 구축해 서비스하고, 나와 직접적으로 관계 있는 것에만 관심이 있는 사람들의 행태를 반영해 맞춤형 광고 프로모션을 진행함으로써 호감도를 증대시킨다. 이렇게 일상생활 가운데 데이터를 수집하고 그것을 분석하는 알고리즘을 적용하면 일부러 의식해서 건강을 관리하거나 광고를 회피하는 수고 없이 편안하게 각종 서비스를 이용할 수 있다. 개인 데이터를 지능적으로 처리하는 알고리즘을 통해 물리적으로 실현하기 어려웠던 초개인화 된 서비스를 이용하며 더 편리하고 쾌적한 생활환경을 영위한다.

1 - 4 알고리즘 시대의 노동공식

인간은 노동하는 존재인가?

그동안 우리는 인간의 삶에서 노동과 노동생산물을 제거하면 생활이 불가능하다는 가정 아래 살아왔다. 인간은 노동하는 존재로, 노동을 통해 생존을 이어가고 그 과정에서 자아를 실현해 나간다는 가정이다. 인간과 동물의 차이점은 많지만 그 중에서도 가장 중요한 차이점 중 하나가 바로 노동이다. 인간은 노동을 통해서 자신의 본질을 실현하고, 이 과정에서 생산된 대상 속에서 자신을 의식하고 확인하다. 따라서 노동은 단순한 생계 수단뿐 아니라 인간의 본질을 실현하고 이를 확인하는 수단이라는 것이다.

그러나 4차 산업혁명의 발전은 노동 없는 생산을 가능하게 하고 있다. 기계가 인간의 노동을 대체하고, 인간보다 높은 생산성을 토대로 생산물을 만들어내고 있다. 이미 우리는 산업시대 기계화와 90년대 이후 빠르게 진행된 정보화를 통해 노동대체를 경험했다. 우리가 가장 우려하는 것은 기계가 인간의 본질인 노동을 완전히 대체하는 것이지만, 다행히 인간들은 새로운 노동을 탄생시키면서 이러한 문제들을 해결해 왔다.

산업화와 정보화는 노동의 파괴와 함께 새로운 상품과 서비스에 대한 수요를 증가시켜 그로 인한 새로운 직업과 기업, 산업의 창조로 이어지는 자본화 효과를 만들어냈다. 지금까지는 정보기술의 진보가 자본화의 효과로 더욱 크게 나타나면서 전체적인 고용 시장은 확대되어 왔다고 할 수 있다. 인간은 놀라운 적응력과 창조력으로 자본효과를 통해 파괴효과를 대체해 온 것이다.

하지만 지능정보기술의 발전으로 일어나는 노동의 파괴와 창조가 어떻게 진행될지는 아무도 쉽게 예측하기 어렵다. 퓨리서치 PewResearch 가 1,896명의 전문가를 대상으로 인터뷰한 결과 52%는 지능정보기술에 의한 일자리 변화가 긍정적일 것이라고 분석하고, 48%는 부정적으로 답변했다. 근소한 차이로 긍정적 평가가 높았지만 그만큼 예측이 어렵다는 이야기일 수 있다.

늘어나는가? 줄어드는가?

알고리즘과 인공지능으로 대변되는 4차 산업혁명이 고용에 미치는 영향에 대해서는 다양한 견해가 존재한다. 많은 연구자들은 여러 데이터들을 분석하고 종합하여 다양한 시나리오를 제시하고 있지만, 크게 구분하자면 지금까지의 역사에 비추어 결론적으로 일자리가 줄어들지는 않을 것이라는 의견과, 이번에는 다를 것이라는 의견으로 대분된다. 고용 유지 및 증가론을 펼치는 사람들의 주장은 자동화로 인해 고용이 감소해도 전체 경제가 성장하면 고용은 증가할 수밖에 없다는 것이다.

1978년 독일의 《Der Spiege》지는 'The Computer revolution : Progress creats unemployment' 라는 칼럼을 통해 컴퓨터의 등장이 2000년대까지 대부분의 직업을 대체할 것이라고 전망했다. 하지만 영

국의 실업률은 2000년대까지 6% 대에 머물고 있고, 고용률에도 큰 변화가 없었다. 컴퓨터 및 인터넷의 발전은 새로운 산업을 만들어 냈고, 이러한 산업에서 새로운 일자리가 등장하면서 일자리 대체를 보완해 왔다는 것이다. 미국의 경우 디지털 경제의 성장은 막대한 부와 일자리를 창출해 냈다.

　반면, 단순한 인간의 노동력 및 반복적 기능만을 대체해왔던 기계가 이제는 인간의 두뇌까지 대체하면서 지금까지와는 다른 결과가 나타날 것이라는 의견도 있다. 그동안 인간만이 할 수 있다고 여겨졌던 창작의 영역까지 기술이 침투하고 있고, 기술의 발전 속도와 고용대체 속도가 너무나 빨라 지금까지와는 그 파급효과가 비교도 되지 않는다는 이야기다. 이미 알고리즘과 인공지능은 고임금 전문직의 업무를 위

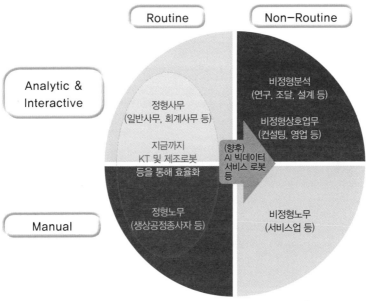

▲ 지능정보기술 도입에 따른 고용대체 변화[8]

협하고 있다. AI를 이용한 암 진단, 법률 지원, 자동회계 프로그램 등은 현장에서 활발히 사용되고 있다. 홍콩의 '딥 날리지' 벤처캐피털은 생명과학 벤처기업을 대상으로 한 전문분석 AI를 투자 이사회 임원으로 임명하고, 사람과 같은 1표를 주기도 했다.

과거와 달리 중급 노동력을 대체하면서 일자리의 양극화를 초래할 것이라는 우려도 크다. MIT의 에릭 브린욜프 교수는 최근 불평등의 증대를 가져온 주된 원인이 기술의 발전이라고 분석한바 있다. 실질적으로 미국의 경우 정보화가 진행된 지난 80년대 이후 중간계층 가구와 고소득 계층 가구의 소득 격차가 더 커졌다. 이는 첨단 기술의 도입으로 자본과 노동의 수익분배가 바뀐 것을 의미한다. 한국도 예외는 아니다. LG경제연구원의 보고서에 의하면 국내 취업자의 43%가 인공지능으로 대체 가능성이 큰 고위험군에 종사하는 것으로 나타났다. 직군별로 보면 사무직, 판매직, 기계조작직 등으로 전형적인 중산층의 일자리가 위협받을 것으로 분석됐다. 월 소득 100만원~300만원 구간에 전체 고위험군 취업자의 63%가 집중된 것이다. 반면 이보다 소득이 낮거나 높으면 고위험군 비중이 작아졌다. 사회 전반에 알고리즘과 인공지능에 대한 공포감이 팽배할 수밖에 없는 이유다.

일자리가 줄어들지 많아질지 예측할 수는 없지만, 일자리가 현재와는 다른 모습일 것이라는 것만은 단언할 수 있다. 다보스 포럼 보고서는 7세 이하의 어린이 65%는 기존에 없는 새로운 직업을 갖게 될 것이며, 이들 직업은 화이트칼라나 블루칼라가 아닌 '뉴칼라 New Collar'로 정의될 것이라고 말했다. 세상은 빠르게 변화하고 있다. 거부하거나 부정한다고 해서, 변화의 흐름을 막을 수는 없다. 물론 미래의 충격을 완화시키기 위해 미리 예측하고 준비하는 과정은 매우 중요하다.

하지만, 오지도 않은 미래를 걱정하며 현재를 소모해서는 안 된다. 이제는 소모적인 논쟁을 떠나 개인, 기업, 정부 차원에서 어떻게 능동적으로 미래를 만들어 갈 수 있을지에 대해 이야기해보자.

양보다 질! 고용을 바라보는 시각을 바꾸자

제2의 기계시대에서 에릭 브린욜프슨은 컴퓨터가 인간의 지적 능력의 한계를 극복하고 인류를 새로운 영역으로 끌어들이려고 하고 있다고 말한다. 우리는 이제 인공지능과 공존하는 세상을 살아가고 있는 것이다. 좀 더 긍정적인 측면에서 본다면, 인간과 기계의 공존은 많은 혜택을 가져올 수 있다. 인간과 기계와의 관계 재정립을 통해 인간의 신체적, 인지적 능력은 제고하고, 지능정보기술에 기반한 창의적 아이디어를 통해 기술에 의한 노동파괴 효과를 대체한다면 더 적은 시간 일하면서 더 많이 벌고, 인생을 즐길 수 있는 양질의 일자리 창출이 가능하다.

WEF가 27개국 총 2천 450개 기업을 대상으로 조사한 결과에 따르면 지능정보기술에 의해 전반적으로 필수 직종의 근무조건이 개선될 것으로 보고 있다. 이로 인해 직업과 생활의 균형이 개선되고, 유연근무가 중요한 요소로 자리 잡을 것이라는 전망이다.

우리보다 빨리 고령화 사회를 맞은 일본은 고령자들이 신체적, 물리적 제약을 딛고 함께 일할 수 있도록 지원하기 위해 새로운 기술을 적극 도입하려고 하고 있다. 고령자에 대한 정책적 시각도 보호와 지원측면에서 스스로 자립하여 능동적으로 생활할 수 있는 파워 고령자 지원으로 변화되고 있다. 예를 들어 노동을 대체하는 것이 아니라 지원하는 경로화 기술 Laber Saving Technology 의 개발을 들 수 있다. 이 기술은 노동으로 인한 부담이나 피로를 경감시켜 쉽고 즐겁게 일할 수 있는 지원자로서의 기술의 역할을 강조한다. 또한 유연한 취업과 안정된 노동력을 공급할 수 있도록, 복수의 고령자와 젊은이 등이 각자 전문분야를 융합하여 가상의 완벽한 노동자를 합성하는 '모자이크 Mosaic 형 근로모델'에 대한 연구도 추진 중이다.

만일 우리가 일자리의 양에만 집착한다면 일자리의 질은 일정부분 포기할 수밖에 없게 된다. 함께 고통을 나누어 일자리를 늘리는 것이 맞는 것인지, 혁신을 가속화하여 성장률을 높이고 일자리의 질을 높이는 것이 맞는 것인지는 각자의 선택에 달렸다. 정책 철학의 기준을 어디에 두는지는 향후 정책 방향을 결정하는 중요한 요소가 된다. 한 가지 고려해야 할 요소는 한국의 고령화 속도가 매우 빠르다는 점이다. 현재의 일자리 부족에만 집착하면 향후 벌어질 노동력 부족 현상에 대응할 수 없다.

소프트뱅크의 손정희 회장은 어느 인터뷰에서 이렇게 말했다고 한다. "혼란스러울 때는 멀리 보라, 눈 앞 만 보면 멀미가 난다. 장기적인 관점을 가져야 한다. 앞날이 잘 안보일 때는 더 먼 곳을 바라보라. 수백 킬로 앞은 물결이 잔잔하고 평온하다."

알고리즘 세상에서 살아남는 법

우리는 알고리즘과 인공지능이 일자리를 소멸시킬 것인지, 아니면 새로운 일자리를 창출해 낼 수 있을 것인지에 대한 양극단적인 전망에만 집중해 왔다. 하지만, 우리가 더 집중해야 하는 것은 기술의 발전으로 변화될 일터에 어떻게 적응하고, 어떻게 준비해야 하는가이다.

우선 개인 입장에서 어떤 준비가 필요할지 생각해보자. 앞으로 우리는 좋던 싫던 간에 기술과 협업하며 업무를 수행해 가야 한다. 인간과 기계가 한 팀이 된 조직은 지금의 조직의 모습과는 많이 다를 것이며, 조직이 인간에게 바라는 역량 및 역할도 현재와는 많이 다를 수 있다.

첫 번째로 필요한 역량 중 하나는 '지속적으로 학습Learning ablility' 하는 능력이다. 미국의 노동 통계국에 따르면 오늘날 학생은 38세가 될 때까지 8~10번 정도 직업을 바꾸게 될 것이고 이들 중 상당수는 프리랜서로 활동하게 될 것이라고 전망했다. 또한 미래 노동자가 가지게 될 직업이나 직무는 현재 우리가 생각하고 연구하는 것과는 크게 달라질 것이다. 따라서 변화하는 환경 속에서 끊임없이 배우고, 이를 업무에 적용하는 역량은 더욱 중요해진다. 하지만 한국은 전통적인 산업시대 교육 강국이다. 우리나라의 경우 10대에 학습량이 집중되고 고교 졸업 이후에는 학습량이 현저하게 줄어드는 특징을 보인다. PIAAC 의 조사결과에 따르면 한국 성인의 문해력은 20대 초반에 최고점을 찍고 이후 급속한 기울기로 하락한다. 성인의 평생학습 참여율도 OCED 18개국 중 12위로 낮은 수준이다. 인공지능과 공존하기 위해서라도 평생에 걸친 재교육과 미선별 훈련이 필수적인데, 전 세계에서 4차 산업혁명을 가장 크게 부르짖고 있는 대한민국의 교육은 여전이 산업시대에 머물러 있는 것이다.

두 번째로 인간만이 가지고 있는 '인간성hamanity'를 더욱 키워야 한다. 사회적 관계를 맺거나 정서적 교감을 나누고, 상대방과 공감하고 보살피는 인간만의 감성을 키워야 한다는 것이다. 미래학자 제레미

리프킨Jeremy Rifkin은 "대부분의 직업이 인공지능으로 대체되는 시대에 인간들은 AI는 할 수 없는, 지금보다 더 인간적인 일에 몰두해야 한다"고 조언한다. 제레미 리프킨 뿐만 아니라 대부분의 미래학자들이 4차 사업혁명시대에는 기계를 능가할 수 있는 인간의 품성 및 인성 계발이 중요하다고 강조한다.

마지막으로 기술 및 기계를 이해하고, 조율할 수 있는 능력이 필요하다. 미국의 미래연구소(IFTF: Institute for the future)는 '신기술이 2030 사회와 업무에 미치는 영향Emerging Technologies' impact on Society & work in 2030' 보고서에서 사람은 디지털 자원의 지휘자 역할을 해야 한다고 말한다. 이는 단순히 기술을 조정하는 것이 아니라 개인의 수요에 맞게 조율하는 것을 의미한다. 패턴과 관계로부터 기계의 의도를 추론하고, 이에 따라 자원을 활성화하거나 비활성화 할 수 있는 것이 디지털 조정자의 특징이다. 지능정보기술을 잘 이해하고 활용하는 사람은 기계로부터 얻을 수 있는 정보화 사람의 지혜를 결합하여 보다 효율적인 대안을 도출할 수 있다. 또한 개인이 디지털 자원을 자유롭게 조율·조정할 수 있으면, 일과 가정의 양립 등 개인에게 주어진 책임을 수행하는데도 도움이 된다.

국가나 사회 측면에서 준비할 부분도 있다. 4차 산업혁명시대에는 더 이상 안정적인 일자리가 존재하지 않을 수 있다. 일자리가 줄어들고, 늘어나고의 문제를 떠나 한 직장에서 평생을 근무하는 종신근로 형태는 이제 더 이상 찾아볼 수 없을지 모른다. 노동의 유연화는 거스를 수 없는 흐름이 될 것이다. 사회 구성원들의 고용 불안은 고조될 수 밖에 없는 이유다.

정부의 이러한 사회의 불안을 해소하고, 역동적 노동 시장을 만들어 내야 한다. 기업이 끊임없이 새로운 영역의 사업과 비즈니스를 만들어 갈 수 있도록 지원해야 하고, 개인이 새로운 직무전환과 기술 습득을 위해 배울 수 있는 교육의 장도 마련해야 한다.

하지만 무엇보다 중요한 것은 노동 유연성이 불안전성으로 이어지지 않도록 사회적 안전망을 탄탄히 하는 것이다. 그동안 많은 연구를 통해 노동환경의 유연성을 확보하는 선제 조건이 사회적 안전망이라는 것을 우리는 확인할 수 있었다. 덴마크의 유연안전성 Flexicurity 이 좋은 사례이다. 덴마크는 기업에는 자율성을 부여하고, 근로자에게는 사회 안전망을 지원하는 절묘한 제도적 균형을 통해 기업의 혁신과 고성장을 지속하는 동시에 사회 안정을 유지할 수 있도록 만들었다. 반면 한국은 덴마크와는 정반대로, 노동시장의 경직성은 높고 안전망은 취약한 것으로 나타났다. 노동시장의 경직성을 나타내는 고용법제화 지수는 노르웨이, 핀란드 등 고용보호가 강한 북유럽 국가정도로 엄격하지만 반대로 근로자의 경제적 안정, 실업시 임금보전, 취업지원 등의 노동정책비율을 매우 낮은 수준이다.

다가오는 4차 산업혁명시대의 노동 변화에 대비하기 위해서는 우선 실업과 직무상실에 대한 불안을 줄이기 위한 정책적 고민이 필요하다. 요즘 많이 거론되는 기본소득이나 로봇세 등도 생각해볼 수 있다. 기본소득은 재산이나 근로여부, 더 나아가 근로 의사 여부와 상관없이 사회의 모든 구성원에게 균등하게 지급되는 소득을 말한다. 이미 핀란드, 알레스카, 캐나다, 우간다 등 기본소득 시행을 준비하거나 시범 실시하고 있는 곳도 있다. 물론 각 국의 노동시장 구조 및 복지재원, 사회적 수용성 등에는 차이가 있는 만큼 일괄적인 적용은 어려울 수 있겠지만, 사회안전망의 새로운 대안으로 고민해볼 수 있다. 로봇세란 사람이 하는 일을 로봇으로 대체하는 경우, 로봇이 생산하는 경제적 가치에 대해 로봇을 소유한 사람이나 기업에게 부과되는 세금을 말한다. 로봇세는 마이크로소프트 창업자 빌게이츠의 주장으로 시작됐다. 빌 게이츠는 "연봉 5만 달러를 받는 노동자는 자신의 연봉에 비례하는 소득세와 건강보험료를 낸다. 로봇도 마찬가지다. 만약 로봇인간이 5만 달러 어치 일을 하면 그에 상응하는 각종 세금을 내야한다"라고 주장했다. 빌 게이츠는 고도의 자동화로 일자리를 잃은 사람들의 재교육이나 보호가 필요한 노인과 아이들을 보살피는데 로봇세가 기여할 수 있다고 말한다.

기본소득이 됐던, 로봇세가 됐던 간에 사회적 신뢰 회복을 위한 사회 안전망 확보가 알고리즘 세상을 만들기 위한 중요한 목표라는 것에는 이견이 없을 것이다.

　변화는 누구에게나 두려울 수밖에 없다. 하지만 거부한다고 변화의 흐름을 거스를 수는 없다. 피할 수 없다면 능동적으로 받아들이는 것이 현명하다. 우선은 우리 사회 전체의 혁신역량을 크게 키워야 한다. 혁신역량이 커지면, 기업이 성장하고, 기업이 성장하면 좋은 일자리가 만들어 진다. 하지만 현실은 녹녹치 않다. 기득권의 이기주의와 정치권의 포퓰리즘, 공무원의 편의주의 등이 결합하여 현재는 한 발작도 꼼작 못하는 상태에 와 있다. 사회적 신뢰가 없는 것도 큰 이유일 것이다. 사회적 신뢰를 기반으로 혁신이 활성화 될 수 있도록 사회구성원 모두가 노력해야 할 것이다.

1 - 5 사회혁신 알고리즘의 변화

사회 진보의 알고리즘은 무엇인가?

어느 직장인의 이야기를 해보자. 이 친구는 그리 높은 급여를 받는 상황은 아니다. 그러나 주말에는 괜찮은 맛집을 찾아가기도 하고 1년에 한 두 번은 제주도 여행을 가려고 조금씩 돈을 모으기도 한다. 그런 모습을 보고 주변의 어른들은 벌이에 비해 지출이 너무 많은 것이 아니냐는 이야기를 하기도 하는데, 그 후배는 미래의 큰 무엇이 아니라 당장의 소소하지만 확실한 행복을 중요한 가치로 여기고 있다는 답변을 하곤 했다.

소위 요즘 유행하는 '소확행(작지만 확실한 행복)'이라는 것의 한 예시이다. 이는 한 개인의 평범한 이야기이지만, 이런 개인들의 행동양식 변화가 모이면 결국 사회의 변화로 이해된다. 지금 20~30대인 밀레니엄 세대는 이런 종류의 다소 새로운 사고방식과 생활패턴을 가지고 있다. 우리의 사회는 점점 미래에 얻을 큰 대가와 보상을 위하여 과중한 업무를 하며 수입의 대부분을 저축하기보다는 지금의 작은 확정된 행복을 누리는 것으로 사회의 행복 추구 방정식을 만들어 간다고 설명할 수 있다.

어느 사회나 더 나아지는 것, 즉 진보를 목표하고 노력한다. 다만 그 사회의 진보가 구체적으로 무엇을 달성하고자 하는지와 어떠한 변수가 그 진보의 경로로 추정 혹은 추구되는지에 따라 다양한 차이와 변화가 발생한다. 이를 단편적으로 반영하는 것이 앞에서 언급한 개인들의 유행과 행동양식 및 문화적 흐름이다. 그리고 이 변화가 좀 더 사회 운영의 알고리즘에 영향을 미치기 시작하면 기초적으로는 정부의 역할에 대한 정의, 나아가 정책의 결정, 규제의 결정 등에 큰 영향을 미치기 시작한다. 예를 들어서 우리나라도 1989년에서야 소득의 증가에 맞추어 더욱 만족스러운 삶과 사업 발전의 추구를 바탕으로 세계여행 자율화가 시작되었다. 20년 전까지는 흔했던 고아원은 이제 위탁가정에서 소수의 인원을 육아하는 그룹홈 방식으로 변경되었다. 2004년 하반기부터는 주 5일제가 시행되기도 했다. 이런 변화들은 단순히 하나의 트렌드가 흘러가는 모양으로 설명하기보다는 사회가 바뀌고 사회가 추구해야할 것들이 변화하면서 생기는 행복 추구의 알고리즘이 단계적으로 진보하는 과정이 반영된 것이라고 이해할 수 있다.

과거에 공리주의자 제러미 벤담Jeremy Bentham은 개인의 쾌락과 집단 전체의 쾌락이 조화되어야 한다는 의미의 '최대 다수의 최대 행복'이라는 말을 했다. 실제로 이러한 사고방식은 다수의 사회에서 여러가지 한계들이 보완되면서 그럴듯하게 받아들여지고 활용되고 있다. 그런데 새천년개발목표MDGs, Millennium Development Goals부터 최근의 지속가능개발목표SDGs, Sustainable Development Goals까지 모두 사회의 진보를 기반으로 행복의 극대화와 사회문제의 해결을 통해 현재와 목표간의 차이GAP를 줄여나가는 것을 목표한다. 결과적으로는 기존의 목적함수를 다른 차원으로 수정하기 시작했다. 굳이 말하자면 '최소 소수의 최소 고통'이라는 새로운 함수가 도입되었다고 할 수 있다.

행복의 극대화에서 고통의 최소화라는 변화는 단순히 어떻게 노력을 경주해야 하는가에 대한 이야기가 아니라, 우리가 해결하려는 집단적이고 사회적인 목표인 진보의 좌표 자체를 다른 차원으로 바꾸어 버린다. 단순히 조금 더 낫게, 조금 더 규모 있는 수준이 아니라 우리는 어떤 새로운 고차원적인 알고리즘을 각자의 사회에 탑재하고 풀어나가며 동시에 지속적으로 개선하는 중요한 순간에 놓인 것은 아닐까 생각을 해보게 된다. 여러 불분명한 와중에도 대단히 명확하게 사회의 진보는 단순히 긍정적 요소를 쌓아가는 것뿐만 아니라 부정적 요소, 즉 사회 문제를 해결해가는 데에 또 다른 노력을 명시적으로 요구하게 된다. 너무 커서 한눈에는 잘 들어오지 않는 사회의 진보를 잘게 쪼개어 생각해 보면, 그 안에는 개별적이지만 총체적으로 얽혀 있는 다양한 사회문제들이 있을 것이고, 우리의 진보는 그 문제들을 지속적이고 담대하게 해결하는 과정일 것이다.

　　만약 범죄율이 높은 도시에서 범죄율을 낮추기 위해서 우리는 무엇을 할 수 있을까? 다양한 방법이 있을 것이다. 법의 적용을 더 강하게 하자는 경우도 있겠고, 처벌을 강화하자는 주장도 있겠다. 인식개선 캠페인을 많이 하자고 할 수도 있고, 어렸을 때부터 교육을 개편해야 할지도 모른다. 또한 교도소 내에서 교화를 강화하는 프로그램들을 진행하거나, 경찰들을 더 많이 배치하여 억제력을 키울 수도 있다. 이런 방안들은 공통적으로 이미 범죄를 줄이기 위하여 정부가 혹은 일부는 비영리조직 등이 실행하고 있는 정책과 사회 서비스들이다. 그런데 누군가가 초범에게 취업을 시켜주면 된다고, 우리가 초범들에게 일을 훈련시켜서 그들을 고용함으로써 범죄율을 낮추겠다고 나선다면 이 사회문제의 해결은 어떤 국면을 맞이하게 될까?

이것은 뒤에서도 반복하여 논의하겠지만 단순히 새로운 아이디어가 생각난 것과는 판이하게 다른 차원의 접근이다. 첫 번째로는 사회문제의 연결고리를 끊는 포인트가 특히 정책이 닿기 어려울 정도로 구체적이고 어떤 면에서는 미묘하게 불확실한 면이 있다. 기존의 비영리조직이 진행하기에는 고용을 하여 사업을 하는 일들을 직접 감당하기에 정체성상 어울리지 않는다.

실제로 이는 1970년대부터 나타나기 시작하여 현대 사회의 사회혁신에 완전히 새로운 변수로 자리 잡은 사회적 기업의 모델을 가상적으로 제시한 예이다. 어떤 개선의 방식들은 발전하다가 갑작스런 차원단위의 점프를 낳이하는 경우가 있다. 굳이 토마스 쿤Thomas Kuhn 의 '과학혁명의 구조'를 빌리지 않더라도 혁명 혹은 혁신이라고 할만 한 것들은 그렇게 축적된 에너지가 완전히 다른 차원으로 그 해결의 방정식을 뒤틀어내며 나타난다.[9] 사회적 기업은 사회문제 해결이 그렇게 혁신된 흐름 중 하나이다. 사회문제를 비즈니스로 해결하겠다는 발상자체가 그렇지 않은가? 사회문제를 해결하려는 사회라는 집단적 노력은 이 사회적 기업이라는 도구를 맞이하면서 완전히 다른 문제 풀이에 들어가게 되었다. 탐스슈즈가 여러가지 비판에도 불구하고 어찌되었건 8만 6천 켤레의 신발을 기부금 모집도 없이 전 세계의 빈곤 아동들에게 나눠주는데 성공했다.[10] 이런 도구가 있는 사회의 사회문제 해결 알고리즘이 기존의 솔루션을 도출하는 과정보다 훨씬 더 나은 결과를 가져온다는 것은 당연하지 않은가.

물론 기존의 사회문제를 해결한다는 안정된 알고리즘 안에서 효과가 좋았던 변수들을 조금씩 개선하고 투입을 늘려가며 원하는 목표를 달성하려는 노력도 중요하다. 그래서 여전히 정부와 비영리 조직들이 그리고 개인 활동가들이 각자의 역할과 그 효과성을 제고할 필요가 있다. 그러나 그보다 앞서 언급하였던 목적 함수 자체의 큰 변화가 일어나는 지금 시점에서는 중요한 새로운 변수를 도입하거나 완전히 다른 수준의 변수간 연계성을 확보하는 등의 혁신을 고려하는 것이 사회적으로 고려되어 마땅하다는 점을 강조하고자 한다.

특히, 그 동안 사회 진보의 변수로 고려하기 어려웠던 비즈니스 그 자체가 새로운 핵심 변수로 전격 등장하고 있다는 점에서 우리는 변화를 인식하고 완전히 새로운 이해를 시작하여만 한다.

베어베터라는 사회적 기업의 예시를 살펴보자. 장애인 혹은 그 가족의 소득은 전체 평균에 비하여 낮은 것이 사실이다. 이런 상황을 해결하기 위해서 정부는 소득에 대한 보조를 하거나, 장애인에게 들어가는 생활이나 치료 비용을 감소시켜줄 수 있는 방안을 마련하기도 한다. 또는 대규모의 인원을 고용한 사업장은 인원 비율로 장애인을 고용하도록 하고 만약 미달할 경우 부담금을 내도록 하기도 하는 등 다양한 방법으로 장애인 혹은 그 가족의 소득 증대와 자립에 대한 정책을 진행하고 있다. 비영리조직들도 이러한 문제에 장애인들 작업장에서 만든 제품을 팔거나 여러 후원금으로 그 가정의 비용을 일부 절감할 수 있는 방안들을 실행해왔다. 그런데 베어베터는 약 220명의 발달장애인을 고용하되, 그 발달장애인이 수행할 수 있는 업무들로 직무설계를 하고 적절히 기계로 일부 프로세스를 대체를 하는 등 비즈니스 혁신을 통하여 안정적으로 사업체를 운영하고 있다. 이런 사회적 기업은 누군가의 지원과 희생으로 유지되는 솔루션이 아니다. 현재 주어진 정책 안에서 지속가능한 방안을 혁신을 통하여 만들어내는 완전히 새로운 종류의 해결책을 제시하는 것이다. 이제 사회는 장애인의 소득

증대와 자립이라는 문제 해결에 있어서 그간과 다른 차원의 변수를 고려할 수 있게 되었다고 할 수 있다.

우리가 맞이하는 사회의 문제들도 매우 복잡하게 얽혀 있고 그 해결이 난해하지만, 동시에 우리는 이렇게 고도화된 새로운 차원의 사회문제 해결의 솔루션도 가지고 있다는 사실이 결국에는 그 알고리즘의 끝이 긍정적일 것이라는 희망을 가지게 하는 것이다.

알고리즘을 이해하고 풀어내는 것이 사회진보의 핵심이다

우리 부모님 세대는 대기업들의 성장과 전체 국가 경제의 성장으로 다양한 문제들이 해결될 것이라고 믿었고 실제로 꽤 많은 기초 문제들은 해결되었다. 빈곤의 극복과 의료, 교육 등 복지의 다양한 부분들이 그 결과의 영향으로 이룩된 것이 사실이다. 그러나 이제는 성장하고 그 여분으로 따로따로 사회문제를 해결하는 것이 아니라 성장과 사회문제가 융합된 하나의 통합적인 알고리즘을 풀기 시작해야 한다.

사실 선진국의 사회문제는 해결하기가 점점 어려워지고 있다. 여러가지 이유가 있지만, 지금 우리가 마주하고 있는 문제들은 이미 정부와 비영리와 기타 여러 개인들의 노력에도 불구하고 남아있는 잔여 문제이기 때문이다. 쉽게 해결될 문제들은 대부분 처리되었다. 지금 남아있는 것은 상당히 난이도가 높다고 보는 것이 옳다. 더불어 선진국일수록 사회문제와 다른 사회문제에 연관도가 복잡하고 또 높은 경우가 많다. 한가지 예를 들어보자. 몇 년 전에 한국의 가장 심각한 사회문제 중 하나인 청소년 자살과 관련된 문제를 해결하려면 '어떻게 해야하는가'라는 세미나에 참석한 적이 있다. 그 때 한 교수님의 발표에서는 청소년 자살을 해결하기 위해서는 왕따문제, 과도한 학업경쟁 문제, 부모와의 소통단절 문제 등을 해결해야 한다고 적시하였다. 여기에서 난감한 것은 결국 이런 이해 수준에서는 우리는 사회문제를 해결하기 위하여 다른 사회문제를 늘어놓기만 하는 순환구조에서 벗어날 수 없기 때문이다.

그렇기 때문에 전 세계가 어느때 보다 사회혁신에 대한 요구를 높이고 있다. 그간 사회문제는 문제를 해결하려는 실제적 방법론이 충분히 발전하지 않은, 여전히 마음과 가슴의 영역에 머물러 있었을 수 있다. 최근에는 과거와는 다른 방법과 다른 관점으로 전략적이고 과학적으로 문제를 바라보고 해결하려는 사람과 조직들이 늘어나고 있다. 또한 이에는 새로운 변수인 사회문제와 비즈니스의 결합지점에 존재하는 임팩트비즈니스 영역을 잘 활용할 필요가 있다. 이 변수의 등장은 어찌보면 전세계의 사회혁신에 대한 열망과 노력의 결과이고, 반대로는 이 변수 덕에 열망과 노력이 더 빛을 발하고 있는 지도 모른다. 그러나 명확한 것은 이런 변화와 새로운 변수를 포함하여 사회문제의 알고리즘을 더 뛰어나게 설계하고 그 추진을 제대로 실행하는 사회야 말로 현대 사회에서 꿈꾸는 사회 진보에 한 걸음 더 다가갈 것이다.

사회적 문제 해결과 파트너십

사회문제를 해결하기 위한 협업은 당연히 기존에도 있었다. 그러나 이는 거래에 가까웠고 대부분 협업을 통한 규모 키우기를 목표했다. 그러나 최근 주목받는 협업이라는 것은 다양한 성격과 심지어 서로 다른 목적에 기반한 조직에서도 사회문제 해결을 위한 협력과 파트너십이 등장한다는 점이다. 기존에는 사회문제 해결에 뛰어난 소수의 조직에 자원을 몰아줘서, 혹은 잘 하는 조직이 다른 기능들도 탑재하여서 더 잘하도록 해야 한다는 개념이었다. 그러나 최근에는 그러한 관점으로 접근하기에는 사회문제 해결이 너무나 복잡하고 어려워졌다. 개별 조직이 가진 자원정도로는 예전처럼 쉽게 해결하기 어렵다.

말하자면 우리에게 필요한 것은 어벤져스의 협력이 아니라 오션스 일레븐의 협력이라는 것이다. 어벤져스를 볼때마다 필자는 이런 생각을 했다. 굳이 헐크, 토르, 아이언맨 등등이 다 필연적으로 있어야 될까? 사실 그 싸움을 승리로 이끌기 위해서는 6명의 개별 영웅을 대신해 토르가 6명이 있어도 대체로 그 문제들을 해결할 수 있는 것은 아닐까? 영웅물 영화를 이런 진지한 생각은 어울리지 않을지 모르지만 깊이 생각해보면 그들 중 일부는 너무나 강력해서 충분히 그럴 수 있다는 결론에 이르게 된다. 그러나 오션스 일레븐은 어떤가? 오션과 그 친구들은 큰 돈을 훔치기 위해서 작당을 한다. 이때 오션과 그 친구들은 각자 맡은 역할이 완전히 다르다. 몸이 날렵한 사람은 전산망 해킹을 할 줄 모른다. 당연히 그 반대로도 적용이 되지 않는다. 때문에 곡예와 같은 몸집으로 보안망을 벗어날 때에는 서커스를 하던 날렵한 사람이 전산망을 통과할 때는 해커가 필요한 것이다. 서로가 따로 떨어져 있을 때에는 그 일을 할 수 없지만 서로가 함께 존재하고 적극적으로 협력한다면 진짜 그 문제를 해결할 수 있다.

예를 들어 보자. 미국에서도 금융 위기 직후에 청년 고용율이 떨어지기 시작하였다. 그 고용을 높이기 위해서 유명한 연구조직인 아스

펜Aspen Institute에서는 십만 이니셔티브라100K initiative라는 것을 만들어서 십 수개의 기업과 몇 개의 지방정부를 참여시켜서 말 그대로 10만 명의 일자리를 만드는 작업에 도전했다. 청년들의 열정을 불러일으키고 준비해야하는 것들 것 교육하고 그 결과로 배출된 청년들을 여러 포지션에서 고용할 수 있고 채용의 고민을 가진 스타벅스, 페덱스 등의 다양한 기업들이 참여하여 그 일들을 이루어 냈다. 만약 이 일을 각 기업에게 억지로 해낸다면 불필요한 고용이 과다하게 일어나 사업의 비효율이 커지게 되고, 개별 기업의 교육과 선발 비용이 중첩되어 비용이 낭비될 수 있다. 그러나 100K는 공동 행사와 사전 교육들이 기업이 결국에는 큰 손해 없이 상호 목적한 바를 달성할 수 있는 기회를 만들었다.

좀 더 구체적인 예시를 들어보자. 유럽의 거대한 화학회사인 BASF는 방글라데시에 진출하고자 했다. 방글라데시는 개발도상국이지만 큰 인구를 가지고 있었고 잠재적인 시장으로서 가치가 있다고 생각하였다. 그래서 현지의 영양불균형 완화에 기여할 수 있는 비타민을 아동과 청소년 중심으로 제공하는 사회공헌 활동을 하려고 했다. 그리고 그 파트너로 방글라데시의 가장 큰 사회적 기업 그룹이자 그 중 은행부문이 노벨평화상을 받은 첫 기업이 되었던 그라민 그룹과 논의를 하게 된다. 그리고 그라민 그룹은 영양제도 매우 좋은 기여이지만 다른 종류의 기여는 어떤지 제안을 하게 된다. BASF는 모기가 닿았을 때 곧 죽게 되는 살충제를 가지고 있었으나 유럽에서는 그다지 쓸모있는 제품으로 가치를 인정받지 못하고 있었다. 그라민 그룹은 그 화학품을 방글라데시에서 만들어지고 있는 얼기설기한 모기장에 넣어 만드는 상품 아이디어를 함께 실현하고자 했다. 기존 모기장은 그리 품질이 좋지 않아서 모기로 인한 질병을 예방하는데 아주 높은 성능을 발휘하고 있지 못했다. 그러나 BASF의 이 모기퇴치 화학약품이 들어간 모기장이 개발된 뒤로는 실제적인 효과를 증명하게 된다. 이 사업은 BASF가 절대 지분을 갖고 있는 바스프그라민이라는 합작회사를 통해 추진되었다. BASF는 이 사업을 통해 수익을 내거나 방글라데시의 진입 가능성을 높이는 목표를 가지고 있었고 그라민 그룹은 방글라데시의 중요한 문제 중 하나인 모기로 인한 질병을 막는 데 큰 기여를 하게 된 것이다. 이 사례에서 주의 깊게 볼 것은 각각의 조직이 따로 열심히 한다고 이 일이 이루어질 수 있냐는 점이다. 당연히 그렇게 보기 어렵다. 그래서 이런 협력을 적극적으로 독려하고 또 혁신의 핵심적인 변수가 된다고 주장한다.

적극적인 협력은 기존의 사회문제 해결 알고리즘에서는 쉽게 도출할 수 없었던 솔루션을 가질 수 있게 한다. 아주 단순하게 생각하면 다양한 미지수를 가진 연립방정식을 푸는 상황이라면 당연히 식이 여러 개 있어야 쉽게 풀 수 있다. 각자가 복잡한 알고리즘에 적응한 다양한 다른 솔루션을 가지고 있을 때 우리는 당연히 협업을 통해서 더 나은 해결책을 찾아낼 수 있는 것이다.

진정한 사회혁신은 기존의 알고리즘을 파훼하는 데에서 시작된다

유명한 저술가이자 철학자인 유발 하라리는 사회의 알고리즘이 우리를 산산조각 내기 전에 그 알고리즘을 벗어나야 한다고 이야기한다. 이는 현대 사회의 사회 전반을 역동시키는 핵심적인 알고리즘이 소수의 기업과 정부에 의해서 너무나 과용되고 있고 인간의 인간다움을 파괴하는데 악용되고 있다는 논지이다. 여전히 곳곳에서 찬란하게 드러나고 있는 다양하고 새로운 변수들의 탄생과 일부에 대해서라도 혁신적인 솔루션들을 확인하고 있는 나로서는 이 이야기를 완전히 수용할 수는 없다. 그러나 분명하게 동의하는 것은 기존의 알고리즘을 무너뜨리는 것에서부터 우리의 진정한 사회혁신이 시작되어야 한다는 점이다.

여전히 그 알고리즘을 신봉하고 그 알고리즘이 이끄는대로 살아가서는 세상의 진보를 경험할 수 없다. 때로는 지금의 알고리즘에서 오류를 출력하더라도, 최적의 답이 아니라고 호통을 치더라도 다른 변수를 입력하고 식을 고치자고 외칠 필요가 있다. 알고리즘이 우리의 삶과 세상에 너무나 큰 중요성과 또 유용성을 내포하고 있다는 사실에도 불구하고, 여전히 그 자체가 목적이 될 수는 없다. 알고리즘은 우리의 행복과 사회의 진보를 위하여 활용되어야 하고 그렇게 정렬될 때라야 그 진짜 가치가 빛을 발하게 된다고 믿는다. 여전히 이를 악용하는 조직과 사람이 있고, 원치 않더라도 집단의 이기심이 강력하게 작용하는 경우도 있다. 그럼에도 불구하고 우리는 진짜 목적과 근본적인 가치가 어디에 있는지를 기억해야 한다.

알고리즘의 파훼는 멀게는 프랑스 혁명에서부터 가깝게는 우리나라의 민주화운동과는 다소 다른 궤에서 움직인다. 그 일들이 알고리즘을 크게 부시고 새롭게 고쳐내어 진짜 사회진보를 향하게 만드는데 기여한 것은 분명하지만 이미 그렇게 수정된 그 알고리즘이 지금 또 다시 동일한 방식으로 깨어지고 조정되어도 좋은가에 대해서 의문이 있다는 것이다. 앞에서 줄기차게 언급한 새로운 차원의 변모가 우리에게

서 필요하다. 그리고 이 변혁은 놀랍게도 사회적 기업이나 사회혁신채
권 같은 사회현상에서도, 처음에 이야기했던 밀레니엄 세대의 마음속
에서도 진행 중이다. 그래서 우리는 여전히 유발 하라리의 걱정에 여
전히 우리는 해볼 만한 것이 많다고 답할 수 있는 이유이다.

사회혁신 알고리즘의 새 변수

사회적 문제 해결과 비즈니스의 알고리즘 연결

1994년 여름, 인터페이스라는 오피스용 카페트 회사의 설립자 레이 앤더슨은 환경 경영을 주제로 한 사내 연설을 준비하다가 우연히 폴 호켄의 〈비즈니스 생태학〉이라는 책을 읽게 되고 큰 충격을 받는다. 그 책에서는 기업과 산업이 지구를 파괴하고 약탈해 온 주범이며, 이 것이 계속되면 전쟁보다 더 암담한 미래를 초래할 것이라고 경고하고 있었다. 동시에 "이러한 파괴적 구조를 바꿀 수 있는 것 또한 기업과 산업 뿐"이라고 역설하고 있었는데 이 부분이 레이 앤더슨이 생각을 크게 뒤바꿔 놓는다. 인터페이스가 영위하고 있는 카페트 사업도 환경 을 상당히 오염시키고 있었고 자신은 그 기업의 설립자이자 대표였기 때문이다.

$$I = P \times A \times T \quad \blacktriangleright \quad I = \frac{P \times A}{T}$$

I = 환경 영향   P = 인구   A = 부   T = 기술

▲ 레이 앤더슨이 수정한 폴과 앤 에를리히 환경영향방정식

레이 앤더슨은 폴Paul 과 앤 에를리히Anne Erhlich 의 환경영향방정식

Environmental Impact Equation, 즉 인간의 활동인 생산과 소비가 환경에 미치는 부정적 영향을 수학적 표기로 나타낸 식을 수정하여 적용하였다. 말하자면 환경오염이라는 문제를 해결하는 알고리즘을 새로운 관점으로 수정하였다는 것이다. 앤더슨은 환경영향방정식이 보여주는 것처럼 풍요로워질수록 환경은 파괴되는 관계를 끊을 수 있는 방법을 그식을 바꿔 버리는 방법에서 찾았다. '기술T'이 분자가 아니라 분모에 있도록 하자는 결론이었다. 즉, 기술을 통하여 환경오염을 줄이는 것이 레이 앤더슨이 비즈니스를 하는 핵심 방안이 되었다. 실제로 이후 레이 앤더슨은 롤 방식이었던 카페트를 타일 방식으로 바꾸어 오염된 일부만 쉽게 교체하도록 하였다. 전체를 갈지 않으니 폐기물의 양이 확실하게 줄어드는데 기여할 수 있었다. 또 판매 방식을 리스 방식으로 바꾸었다. 기존에는 판매한 후 관리가 되지 않았고 고객도 계속 좋은 상태의 카페트를 이용하기 어려웠다. 이미 구매한 것이니 교체할 때는 아무렇게나 버려 폐기되기도 했다. 그러나 리스를 하고 나면 폐기물을 수거할 수 있게 되고 고객은 언제나 좋은 상태의 카페트를 활용하게 된다. 자주 관리를 해주면 좀 더 오래 쓸 수 있는 경우도 많이 생겼다. 아무렇게 폐기되었던 카페트를 수거하는 경우에 다시 재활용하고 폐기물을 줄이는 기술도 개발하였다. 이렇게 수거하고 재활용한 카페트가 1995년부터 약 20여년 간 16만 톤에 달한다. 비율적으로 보자면 1996년부터 2017년까지 전체 폐기물양은 91% 절감했다. 때문에 매출은 두 배 이상 늘고 카페트의 생산량도 늘었지만 폐기물양은 계속 줄어들기만 한다. 온실가스 배출량은 96% 감축하는데 성공했다. 폐기물이 혹여 나오더라도 그 생산과 판매에 있어서 온실가스는 사실상 거의 발생되고 있지 않은 것이다. 더불어 생산 현장의 에너지는 88%가

재생에너지로 사용되고 있고 물은 예전에 비해 12% 수준만 사용하고 있다. 그리고 이 활동은 사회의 문제만 해결한 것이 아니라 조금씩 언급된 바와 같이 고객의 만족도 제고하였고 그 결과 인터페이스를 전 세계에서 가장 큰 타일 카페트 회사로 성장시키는 가장 중요한 발판이 되었다.

앞서 제시된 방정식에서 레이 앤더슨이 얻어낸 통찰이 실제로 실현되어 기술이 풍요를 이루며 환경을 희생시키는 것이 아니라 환경의 보호와 삶의 풍요를 모두 이루는 중요한 원동력으로 자리 잡게 되는 매우 혁혁한 알고리즘의 변혁 방향을 제시하고 있다.

사회와 시장의 갈등과 통합

앞선 레이 앤더슨의 사례는 지금 벌어지고 있는 새로운 알고리즘 제시의 일각일 뿐이다. 레이 앤더슨이 영향을 받은 저술한 책의 폴 호켄이 주장에 따르면 사회 비용을 비즈니스 내부로 내재화하여 시장에 가격으로 반영해낼 수 있다면 지금 겪고 있는 다양한 문제들이 더 잘 해결될 것이라고 한다. 이는 그간 완전히 서로 꼭지점에 서서 갈등관계에 놓인 것으로 이해되었던 사회문제와 비즈니스가 새롭게 관계 맺는 관점이다. 마치 과거 칼 폴라니가 그의 저서 '거대한 전환'에서 시장은 사회에 묻어 있는 것이라고 단언했던 것의 부활 혹은 재현과 같다. 이 알고리즘의 변혁은 정말 거대하다고 표현할 수밖에 없다.

과거의 사회 진보에 대한 알고리즘은 경제적 가치를 추구하는 비즈니스와 사회적 가치를 추구하는 사회문제 해결 영역이 기본적으로 상충관계에 놓여있다고 전제하였다. 그래서 그 사이에서 가능한 추구는 두 개의 알고리즘을 분리하고 비즈니스의 결과물을 잘 배분하여 사회적 가치를 추구한다는 수준에 머물러 있었다. 그러나 이제는 사회의 진보를 풀어내는 알고리즘에 비즈니스가 단독으로 존재하는 것이 아니라 사회문제 해결의 변수이자 상호 작용을 하는 요소로 관계 맺게 되었다. 꽤 오랫동안 상호 갈등관계에 놓였다고 이해되었던 사회적 가치 추구와 경제적 가치 추구가 도리어 현재 사회에서는 끊임없이 사회혁신을 위한 관점에서 재조명되고 그에 따라 사회혁신을 위한 새로운 알고리즘이 제시되고 있는 상황인 것이다.

기존 사회적 문제 해결 조직의 변화

기존 사회에 기존의 알고리즘을 작동시켜왔고 또 어떤 면에서는 보수적으로 수호해온 기존의 사회문제 해결조직들, 즉 정부와 비영리 조직 등도 이러한 시대에 어떻게 적응하고 또 새로운 변수 조직의 등장과 진화에 대응 및 기여하고 있는지 살펴볼 필요가 있다.

비영리 스타트업이라는 개념은 아직 글로벌에서도 아주 익숙한 개념은 아니다. 스타트업이라는 것은 물론 초기에 막 시작하는 조직이라는 뜻도 있지만 동시에 비영리도 큰 성장을 구가하기 위하여 시작 시점부터 그냥 작은 규모의 조직이라는 개념을 뛰어넘는 도전을 시도한다는 의미를 담고 있다. 실제로 왓시 watsi.org 는 모바일을 주로 사용하는 젊은 층이 본인들의 기부를 좀 더 명확하게 확인하고 피드백 받고 싶어하는 욕구를 명확하게 살려서 정보 공개를 극단적으로 투명하고 빠르게 제공하고 의료라는 특정 분야만 전문으로 수행하며 동시에 크라우드 펀딩 방식으로 기부자의 직접 선택을 돕고 있다. 이 곳에 기부를 하는 젊은 층은 이 방식이 대상자 중심 사고를 하는 기존 비영리와 전혀 다르게 느껴졌고 정보의 상호작용이 매우 뛰어나다고 답하고 있다. 비영리이지만 규모화하고 전문적인 기술을 탑재하여 활동하기 시작한다는 점이 기존과 완전히 차별화 된다.

기존의 정부들이 비영리 조직 혹은 사회적 기업과 협업하는 방식은 특정 사업에 예산을 지원하거나 배분하는 방식이었다. 그러나 최근에 다양한 실험들이 진행되고 있는데 대표적인 것이 사회혁신채권 Social Impact Bond 이다. 앞서 언급하였던 도시의 범죄율 감소를 위한 방법에 대한 이야기로 예시를 들어보겠다. 물론 이런 시도와 사회적 기업혹은 그와 유사한 훨씬 더 진보된 변수로서의 작업들은 다양하게 존재한다. 그러나 실제로 그 결과가 표면적으로는 실패임에도 불구하고 뉴욕시의 라이커스 Rikers 교도소 사회혁신채권 사례는 꼭 살펴볼 필요가 있다. 뉴욕시는 범죄를 예방하고 또 관리하기 위하여 많은 비용을 사용하는 대표적인 도시 중 하나이다. 이런 부담이 누적되어서 시민들은 안전을 위협받고 또 세금에 대한 부담을 갖게 된다. 그런데 한 전문가 그룹은 이런 범죄율 감소를 위해서 CCTV를 늘리고 경찰을 더 배치하거나 하는 방식과 다른 접근법을 제안한다. 라이커스 교도소에 있는 젊은 초범들에게 적절한 교육을 제공하여 일자리를 제공하면 그들의 재범율이 급감하여 전체 범죄율 감소에 큰 영향을 주리라는 것이다. 물론 이 주장은 세출을 더 늘리기 어려운 시의 상황과 또 그럴 수도 있다는 가설에 정부가 확정적인 예산을 배정하기 어려운 속성들 때문에 쉽게 받아들여지지 않는다. 그런데 세계적인 투자회사인 골드만삭스

Goldman Sachs 의 어번인베스트먼트 Urban Investment 부문과 뉴욕시의 당시 시장이었던 블룸버그 시장은 영국에서 시도되었던 사회혁신채권 방식을 도입하기로 한다.

이는 간단히 말해 미래 발생가능한 정부의 비용을 사전에 예방하여 크게 감축할 수 있다면 먼저 그 예방작업에 좀 더 자유로운 민간이 투자하고 그 이후에 세출감소가 실현되면 그 감소분의 일부를 이익으로 수취하는 방식, 일종의 파생금융상품이다. 이해를 돕기 위해 예시적인 숫자를 활용하여 설명하면, 100억을 사용하면 라이커스 교도소의 초범들에게 자립기반을 만들 수 있고 그 결과 그들의 50%가 재범을 하지 않으면 3년간 뉴욕시는 150억 정도의 범죄 관련 비용이 감축된다. 그럼 처음 100을 골드만삭스가 투자하고 3년 뒤에 150억이 실제로 절감되었다는 확인 뒤에 130억을 뉴욕시로부터 회수하면 된다. 성공하였을 때에는 누구도 손해 보지 않게 된다. 범죄율은 줄고 골드만삭스는 이익을 얻게 되며, 청년들은 새로운 삶을 살게 된다. 세금지출도 줄어들게 된다. 이런 접근법은 혁신적이라는 말도 부족하지 않을까.[11]

영국은 2012년 국무조정실에서 약 1조원의 돈을 투자하여 빅소사이어티캐피탈 Big Society Capital 을 만든다. 이는 사회적 가치가 있는 기업이나 프로젝트에 투자하는 일종의 투자기금이다. 중요한 것은 그 이름에 들어있는 빅소사이어티이다. 큰 시장, 큰 정부에 이어서 영국의 데이비드 캐머론 전 총리가 주장하고 지금도 이어져 오는 큰 사회에 대한 아젠다이다. 정책의 대표적인 방향이 큰 사회를 지향하는 것으로 수정되었다. 정부는 예산을 설계하고 그 목표에 따라 배분하고 평가하는 기능을 강화한다. 수행과 실행에 대해서는 점점 더 사회를 키워 해결하겠다는 고민이다.

앞의 기존 사회문제 해결 조직들의 도전에 대한 예시는 일종의 사회 진보에 대한 알고리즘을 개편하고자 하는 각 사회 주체들의 고민이다. 특히 큰 사회를 주장하는 방식은 알고리즘을 구성하는 변수의 가중치가 완전히 교체되는 작업이다.

사회의 기술 발전이 미치는 영향

사회의 기술 발전 역시 다양한 영향을 미친다. 이는 크게 두가지로 나눌 수 있는데, 먼저는 앞서 언급한 인터페이스의 사례와 같이 우리가 자주 언급하는 과학기술을 의미한다. 당연히 과학기술의 발전은 사회 전반을 흔들어 놓기에 충분하다. 요즘 이야기가 많은 인공지능의 발전은 어떠할까? 인공지능이 충분히 발전하면 다수의 일자리는 당연히 없어지거나 변화된다.

최근에 미국에서 변호사로 일하고 있는 친구에게 들은 이야기로는 미국의 고연봉 직군 중 일부는 벌써 인공지능에 의한 일자리 대체가 시작되었다고 한다. 특히 투자은행에서 투자제안서를 작성하는 업무는 수억 원을 넘는 고연봉 직군인데, 대표적인 투자은행인 골드만삭스에서는 이 인원 중 상당수를 인공지능으로 바꾸었다는 것이다. 당연히 이 흐름은 변호사, 회계사, 의사로부터 운전기사, 배달원, 캐시어 등으로 확장되어 간다. 그렇다면 우리는 이 기술이 흔들어 놓은 사회 진보의 알고리즘을 어떻게 정렬해낼지 고민해야만 한다. 쉬운 일례로 자율주행차가 주행을 하다가 갑자기 뛰어든 행인을 마주한 상황에서 왼쪽으로 틀면 높은 확률로 운전자가 죽거나 다치고 오른쪽으로 회전하면 높은 확률로 행인이 죽거나 다치는 경우라면 어떻게 판단하도록 프로그래밍을 해야 하는지에 대한 논쟁은 아직도 답을 제대로 내고 있지 못하다. 기술은 답을 주지 못한다 오히려 사회가 어떻게 행복을 추구해야 하는지에 대한 알고리즘의 기틀을 크게 혼란시켜 놓는다. 이를 정돈하고 정렬하여 올바르게 하는 것은 언제나 인간의 몫이다.

물론 과학기술의 발전에 꼭 이런 면만 있지는 않다. 오파테크OHFA Tech 라고 하는 소셜벤처는 스마트점자교육기기를 만들고 있다. 전세계 3억 명에 달하는 시각장애인 중 점자를 읽고 쓸 줄 아는 인구는 5% 수준에 불구하나. 이늘이 점자를 모르면 고등학교 이상의 학문을 수행하는데 큰 어려움을 겪는데. 말하고 듣는 것은 가능하지만 쓰고 읽을 줄 모르니 수학 문제가 조금만 어려운 기호가 나오면 풀 수 없는 것을 생각해보면 쉽게 이해할 수 있다. 시각장애인들이 점자 문맹률이 높은 가장 큰 이유는 점자를 제대로 가르쳐줄 전문선생님과 시스템이 부족하기 때문이다. 설리번 선생님이 헬렌켈러를 가르칠 때 얼마나 어려웠는지 생각해보라. 그런데 오파테크의 스마트기기인 탭틸로는 점자를 모르는 사람이 앱을 이용하여서 가르치거나, SKT의 인공지능 스피커 NUGU를 이용하여 스스로도 학습하는데 어려움이 없다. 이는 기술의 발전이 완전히 다른 행태의 교육을 가능하게 하고 확산할 수 있도록 새로운 혁신적인 솔루션을 제시하는 기반이 된 좋은 예이다.

또 하나의 부분은 사회혁신에 대한 직접적인 기술이 발전한 점이다. 오랫동안 사회의 진보의 사회적 가치를 계량화하는 영역은 구체적인 방안도 부족했거니와 그 데이터를 수집하는 일도 일견 불가능해 보였다. 그러나 이제 사회가 대규모의 데이터를 실시간으로 수집하고 기록하며 분석할 수 있는 체계를 갖추어 가면서 이 일 역시 큰 진보를 이루고 있다.

꼭 과학기술의 발전이 아니라, 사회적 가치의 평가 같은 사회적 기술 또는 사회적 합의를 통한 발전 역시 유의미하다. 사회적 가치를 측정하고 평가한다는 개념은 1950년대 부터 환경오염을 해결한 가치를 중심으로 도전되어 왔다. 그러나 아주 최근에 와서야 환경 외의 다양한 사회적 가치를 측정하고 관리할 수 있다는 논의가 자리를 잡아가고 있다. 이에는 과학기술의 발전 외에도 사회과학적인 접근이 발전하고 논의가 정리되었기 때문도 있다. 최근에는 IMP Impact Management Project 를 통하여 글로벌의 사회적 가치 측정과 그 보고에 대한 논의가 표준화되고 정돈되는 단계로 돌입되고 있다. 이 일이 진일보한다면 드디어 우리는 사회 진보의 알고리즘을 분명히 숫자로 이해하고 분석할 수 있는 단계로 들어서게 된다. 그간 감으로 혹은 만족도 조사 같은 직접적이지 않은 데이터를 실제적이고 대표성 있는 지표와 정보로 치환하게 되면서 나타나는 변화이다. 이 평가의 관점이 수립된 것을 실현하기 시작한 것이 앞서 언급한 데이터 관련 기술의 발전이기도 하다. 만약 이 관점이나 기술이 부족했다면 우리는 어떻게 사회문제를 해결하였다는 사실을 확인하고 반성하여 더 나은 진보를 이룩할 것인지 고안하기 어려울 것이다. 아직 우리나라는 부족하지만 세계 여러 선진국은 각 사회의 사회문제들을 정의하고, 그 문제들의 상황을 계량한다. 특히 영국은 국조실에서 사회 비용 데이터 베이스를 만들어서 이런 일들이 수월하게 하였다. 만약 이것들이 준비된다면, 우리는 실제적인 사회문제 해결의 알고리즘을 풀 몇 가지 대입 값을 얻게 된다. 그 결과는 당연히 문제는 점점 더 잘 풀 수 있게 되는 것이리라 예상할 수 있다.

사회문제야 말로 변수간 관계가 매우 복잡하게 얽혀 있다. 하나의 차원에서 단언하기 어려운 이유가 거기에 있다. 때문에 미국에서 진행하고 있는 사회문제 게놈지도 Social problem genome map 처럼 다양한 사회문제의 연계성을 대단위 분석을 통해 접근하는 작업도 알고리즘을 명확하게 정의하고 이해하여 추진에 활용하는데 기반이 될 수 있다.

최근에는 특별히 블록체인의 부상이 또 다른 아젠다를 제시하고 있다. 기본적으로 블록체인이 가지고 있는 속성인 정체성 부여, 데이터 기록, 데이터 탈중앙화 등이 사회문제 해결에 매우 중요한 요소이기도 하기 때문이다. 기부자와 기부의 대상이 되는 사람이 서로 블록체인으로 기록되고, 정부가 기록해 주지 못하는 교육에 대한 인정이나 일한 시간에 대한 인정 등을 블록체인이 인정하고, 정부나 기관이 보장해주지 못하는 보안성을 블록체인이 보장할 수도 있다. 국내에서도 다양한 시도들이 시작되고 있어서 이는 지켜볼 만하리라 생각한다. 정보의 투명성과 기록성, 분산성 등에서 사회혁신의 새로운 장을 열 것이다.

사회진보 알고리즘 경쟁

앞서 잠깐 언급하였듯이 지금은 금융위기를 통한 자본주의의 새로운 단계에 대한 고려와 고민의 시기이고, 이 때 영국은 브렉시트를 외치고 정부의 평가와 배분 기능은 강화하되 큰 사회를 주장하고 나섰다. 반면에 우리나라는 정부가 더 많은 일을 하기 시작했다. 노인과 관련된 복지를 공단화 하기 시작했고, 얼마 전에는 보육과 관련된 부분을 정부가 감당하겠다는 발표가 있기도 했다. 같은 상황에서 서로가 생각하는 사회 진보에 대한 알고리즘의 구성이나 그 투입 값이 매우 다르다. 당연히 무엇이 옳은지는 각자의 역사적 결과값인 현재 위치와 당장의 알고리즘 해석에 있다. 또 대입 가능한 값의 조합, 즉 우리가 가진 자원이나 기술 등에 달려 있다. 그리고 앞서 언급한 큰 변화에서 활용할 몇 개의 변수들이 존재하기도 하다.

우리는 각 사회와 국가가 사실 어떤 알고리즘을 풀기 위한 시합 중인지도 모른다. 그 중 미래를 가장 잘 예측하고 우리가 목표하는 진보를 달성하는 것이 무엇일지는 한참이 지나보아야 한다. 그러나 우리가 알고리즘을 이해하고 시도한다면 다시 수정과 조정의 기회가 있다. 이를 이해 없이 그냥 아무 값이나 던져보고 만다면 실패한 뒤에도 배우는 것이 없고 조정의 기회가 완전히 박탈되어 그 때에도 우리는 처음 하듯이 사회 진보에 대한 무모한 베팅을 해야 할 것이다. 과거에는 이런 경쟁과 도전이 산업이었고, 민주주의였고, 군사력이었고, 외교력이었다. 이제는 사회진보의 알고리즘이 국가단위 혹은 사회단위의 경쟁을 시작했다고 봐도 과언이 아니다.

특히 모든 사회와 인류는 새로운 고민을 앞두고 있다. 앞서 잠시 언급하였듯이 인공지능은 전체 사회 진보를 구성하는 알고리즘의 대단위 가정이 변경될 수 있는 요인으로 판단된다. 가치창출의 근간을 인간에게서 뺏어 가는 구조이다. 가치는 본래 인간의 시간과 지구와 우주가 제공하는 자원을 통해서 본질적으로 창출되어 왔다. 그러나 이제 상당한 부분이 인공지능과 로봇에게 넘어가기 시작한다. 인공지능과 그것이 적용된 로봇은 그간의 기계가 대신한 노동력이나 컴퓨터가 대신한 지능이 아니라 인간이 가진 학습과 사고를 대체한다고도 할 수 있다. 이는 단순히 기술에 대한 이야기가 아니라, 지금 나타나는 기본소득과 관련된 논의와 같이 사회의 구조 자체를 흔들어 버린다. 그렇다면 모든 사회진보와 관련된 알고리즘도 다 바뀐다. 아마도 그때에 다시 모든 사회들은 큰 진동을 경험할 것이다. 마치 과거 새로운 이념이 등장하고 부상했을 때와 같을 수도 있다. 그리고 이를 위해서도 지금 우리는 각자가 가진 사회진보의 알고리즘을 잘 이해하고 그 민감도나 새롭게 나타난 변수들이 각각 어떤 역할을 수행하는지를 실험할 필요가 있다. 사회는 그냥 단순한 컴퓨터 게임 같은 것이 아니다. 또한 복귀할 수도 없다. 다른 사회의 변수들과 결과를 살피고, 또 우리가 가진 특징을 이해하면서 더 탄탄하고 관리 가능한 알고리즘이 우리나라에서도 짜여지기를 바라며, 도리어 이 알고리즘 경쟁이 일어났을 때 다시 한번 우리나라의 도약이 이루어지길 기대해 본다.

농업이 시작된 이래로 아주 오랜 전부터 지금까지 농업 기술혁신은 바이오기술로 분류되는 생물화학기술이 주도하였다. 그러나 ICT 기술이 고도로 발달하면서 농업 기술혁신의 추진동력이 물리기계기술로 이동하고 있다. 특히 4차 산업혁명 시대에는 바이오기술과 물리기계기술이 융합되고 알고리즘 이들을 통제하면서 지금까지 경험하지 못했던 새로운 농업혁신의 시대가 열리고 있다.

4차 산업혁명 시대의 미래농업의 핵심은 데이터와 시설, 장비, 그리고 이들을 연결하는 알고리즘이다. 농업부분의 빅데이터가 축적되고 알고리즘이 진화하면서 농업은 이전과는 완전히 다른 산업으로 변화하고 있다. 컴퓨터 알고리즘이 인간 최고의 사유 게임인 바둑에서 인간 최고수를 가뿐히 이겼듯이, 농업에 필요한 모든 정보수집과 의사결정도 컴퓨터 알고리즘이 인간을 능가하고 있다. 사람이 직접 하던 작업도 첨단 농기계와 로봇으로 빠르게 대체되고 있다. 알고리즘이 통제하는 컴퓨터와 로봇이 농사짓는 시대가 우리 앞에 펼쳐지고 있는 것이다.

바이엘, 몬산토, 신젠타, 다우케미컬, 듀폰 등 거대 농업·화학 기업의 인수합병은 미래 농업의 모습을 어떻게 바꿀 것인가? 트랙터 기업에서 데이터 기업으로 진화하고 있는 존디어는 농업의 미래를 어떻게 바꿀까? 세계의 모든 정보를 손에 쥔 구글의 농업투자는 또 어떤 의미를 가질까? 이들의 과감한 베팅은 우리의 4차 산업혁명과는 어떻게 다를까, 좀 더 자세히 알아보도록 하자.

경험기반 농업에서 알고리즘 기반 농업으로

인류 역사에서 농업은 지금까지 크게 세 번의 물결을 거치며 진화해왔다. 첫 번째 물결인 농업 1.0은 인력과 축력에 의존하던 초기 농업 모델로 1만 년 전부터 약 100여 년 전까지의 시기이다. 두 번째 물결인 농업 2.0은 녹색혁명 시기로 생물·화학기술을 활용한 비료와 농약 등의 영농 투입재가 개발되어 농업 생산성이 비약적으로 향상되었다. 세 번째 물결인 농업 3.0은 정보통신기술을 농업에 본격적으로 활용하게 되는 지금의 시기로 조방농업 지역에서는 정밀농업, 집약농업 지역에서는 스마트 온실의 형태로 발전하고 있다. 이제 막 시작되고 있는 농업 4.0은 농업에 알고리즘과 데이터에 기초한 스마트 기술을 적용하여 농업을 지능화·무인화 시키는 시기이다.

▼ 농업세대별 주요 특징[12]

구분	농업 1.0	농업 2.0	농업 3.0	농업 4.0
농업 특징	노동집약	녹색혁명 (화학농법)	정밀농업 (스마트 기술)	무인자율구동 (로봇·인공지능·빅데이터)
농작업	축력	보행형경운기	승용형원동기	IoT활용

농업 1.0부터 농업 3.0까지는 농업 경쟁력을 결정하는 핵심요인이 토지와 노동이었다면, 농업 4.0 시대의 농업 경쟁력의 핵심은 알고리즘과 데이터이다. 빅데이터, 인공지능, 사물통신, 로봇 등의 4차 산업혁명 기술을 농업에 본격적으로 활용하면 알고리즘이 사람의 노동과 지식은 물론이고 경험과 지혜까지도 대신하는 새로운 농업시대가 시작되는 것이다.

▲ 미래농업의 생산요소

알고리즘이 구현하는 농업의 미래 모습을 두 가지 단어로 표현하면 농업의 데이터화와 농업의 서비스화다. 농업의 데이터화와 서비스화는 동전의 양면처럼 함께 진행되고 있고 진행속도도 점차 빨라지고 있다.

▼ 경험기반 농업에서 알고리즘 기반 농업으로의 전환[13]

구분	경험 기반 농업	데이터 기반 농업
파종	− 주관적 품종 선택 − 파종시기 경험 의존	− 목적 지향적 품종개발/선택 − 환경데이터 기반 파종시기 결정
재배/관리	− 농부 경험 의존 비료/관수 − 인력의존 농작업 − 징후 확인 후 병해충 관리	− 비료/관수 정밀예측, 제어 − 자동화/기계화 농작업 − 징후 예찰 동시관리
수확/저장	− 경험기반 수확시기 결정 − 노동력 의존 수확	− 품질/유통정보 기반 수확 결정 − 자동화 선별/포장작업
가공/유통	− 육안의존 품질 판단 − 경험 기반 유통/판매	− 제품화 기준 품질 규격화 − 실시간 시장정보기반 유통/판매
종합	− 농부의 경험과 노하우 의존 − 비효율적 농작물 관리 − 기후, 환경, 시장변화 수동적 대응	− 축적된 데이터 기반 정밀 예측 − 농작업 정밀 예찰, 효율적 관리 − 기후, 환경, 시장상황 능동 대처

알고리즘과 만나면 농업은 데이터서비스업

알고리즘이 미래농업 혁신에 각별한 기대감을 갖게 하는 이유는 알고리즘을 활용하면 농업 전반의 데이터화가 가능해 질 것이라는 가능성 때문이다. 인간이 농업을 시작한 이래로 농작업은 육체적으로 매우 고된 노동인 동시에 정신적으로도 불확실성과의 끝없는 싸움이었다. 지금까지 인류는 더 나은 농업을 위하여 끊임없이 환경정보, 기상정보, 생육정보 등을 파악해야 했고 제한된 정보 속에서 많은 의사결정을 해야만 했다. 그러나 미래에는 센서가 수집하는 정확하고 방대한 데이터를 활용하여 중요한 농업 의사결정의 대부분을 알고리즘이 대신하는 시대가 펼쳐질 것이다.

　　과거농업의 효율성이 인간의 정신적, 육체적 노동에 의하여 결정되었다면, 미래농업의 효율성은 시설과 장비에 의해 결정될 것이 분명하다. 이 과정에서 시설과 장비를 인간과 연결해 주는 것이 바로 데이터와 센사 될 것이다. 데이터와 센서를 활용한 미래 농업은 환경정보, 기상정보, 생육정보, 병해충방제, 수율정보 등 농업과 관련된 거의 모든 정보를 관리하여 최적화할 수 있을 것이다. 에너지와 수자원 등 농업에 필요한 핵심 투입재 관리에 대한 최적대안도 알고리즘이 제시하게 될 것이다. 2015년 이탈리아 EXPO에서 선보인 미래형 슈퍼마켓에서는 수퍼마켓에서 물건을 구매한 소비자와 농산물 정보가 생산자인 농민에게 실시간으로 피드백 되는 모델이 선보이며 큰 각광을 받기도 했다.

　　농업의 디지털화를 위한 관련 기업들의 움직임도 매우 활기차다. 2016년 세계 2위의 농기업인 바이엘은 세계 1위 농업전문기업 몬산토를 인수했는데, 바이엘의 CEO는 몬산토가 보유한 디지털 농업 분야의 강점을 바이엘이 가진 생물화학 분야의 강점과 융합하고자 하는 것이 인수합병의 가장 큰 이유라고 설명했다.

농업연구자들은 미래에는 디지털 농업 기술이 농업 케미컬과 종자, 바이오텍 기술 등과 융합되면 강력한 시너지가 가능할 것이라고 예측한다. 예를 들어 바이엘의 종자를 구매한 농가는 몬산토의 데이터와 알고리즘 솔루션을 함께 구매한다면 작물선택, 파종시기, 토지별 요구비료량, 제초시기등 농업의 수익을 결정하는 여러 요인들에 대해 아주 정확하게 의사결정 할 수 있고 쉽고 편하게 농업수익을 늘릴 수 있기 때문이다. 더 나아가 농가에서 생성된 데이터는 다시 이들 기업에게

피드백 되어 더 강력한 빅데이터를 형성하게 될 수도 있다. 이런 과정
이 반복된다면 미래의 농민은 바이엘-몬산토가 제공하는 제품과 정보
의 패키지 없이는 농사를 포기해야 될 수도 있을 것이다. 그리고 이들
기업은 농업부분에 강력한 시장지배력을 가진 농업계의 구글이 될 수
도 있을 것이다.

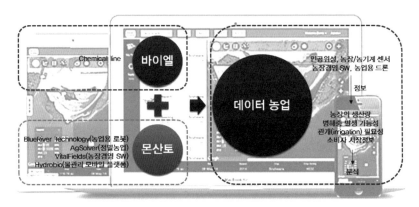

▲ 농업의 데이터화와 알고리즘을 활용한 데이터 농업

미래에는 지금까지 사람이 직접 수행하던 농업과 관련한 많은 육
체적·정신적 노동이 첨단 기계와 설비로 대체될 것으로 전망된다. 그
리고 이 과정에서 전문적으로 농작업을 대행해 주는 농업의 서비스화
가 빠르게 진전될 것으로 예상된다.
농업의 서비스화를 위해서는 우선 스마트 센서를 통한 데이터 수집이
이루어져야 하고, 수집된 빅데이터를 효율적으로 분석하여 매우 세밀
하게 농작업의 시기와 방법을 기획 할 수 있어야 한다. 그리고 최종적
으로는 첨단 농기계를 활용하여 매우 정확하고 농작업을 수행해야 하

는데 이 모든 과정은 알고리즘에 의하여 이루어지게 된다. 그리고 농업의 서비스화란 이런 일련의 모든 과정들이 서비스 모델로 개발되고 상업적으로 제공되는 것을 의미한다. 이미 농업 전분야에서 농업의 서비스화가 빠르게 발전하고 있다. 일본 후지쯔의 아키사이Akisai 시스템, 현재 세계 최고의 복합온실환경제어 시스템으로 자리매김한 네덜란드의 프리바Priva 솔루션, 미국 몬산토의 필드스크립트Field Script 와 필드뷰FieldView 등은 농작업에 직간접적으로 도움을 주는 상업적 서비스를 제공하면서 시장에 안착한 대표적인 제품들이다. 이미 해당제품을 사용하고 있는 농민들은 이들 솔루션을 구매하고 수수료를 지불해야만 안정적인 농사가 가능한 상황이다. 미국 블루리버가 개발한 잡초개발 로봇인 'Lettuce Bot', 네덜란드에서 개발 중인 딸기, 파프리카 등 백합과 작목을 수확하는 페퍼봇, 일본 NARO 등에서 개발 중인 딸기수확 로봇, 네덜란드 렐리Lely 의 자동 착유시스템 등도 이미 농업 현장에 널리 보급되어 농민의 손과 발이 되어주는 첨단 기계장비들이다.

농업, 미래의 문을 여는 열쇠

영국 이코노미스트지 과학분야 편집자인 지오프리 카Geoffrey Carr 는 "농업이 늘어나는 세계 인구를 계속 부양하기 위해서는 제조업처럼 바뀌어야 한다"라고 주장한다. 그렇다면 그는 왜 농업이 제조업처럼 바뀌어야 하다고 주장하는가?

2050년이면 90억이 넘어가는 인구, 사람들은 더 많이 먹고, 식성도 더 까다로워진다. UN식량농업기구 FAO는 2005년 대비 2030년이면 식량생산이 40% 더 증가해야 하고, 2050년이면 70%의 식량이 더 필요하다고 예상한다. 이렇게 늘어나는 식량 수요를 감당하기 위해서 현재의 농업으로 불가능하고, 지금의 농업 구조를 대변혁 시키는 혁신이 필요하다는 데에 대부분의 미래학자들은 동의한다. 세계 농경지 면적은 5억 제곱킬로미터 수준에서 멈추어 있다. 이는 전 세계 육지의 37% 수준이다. 지구의 육지가 늘어날 리 없으니 이는 당연한 결과라 할 것이다. 물론 몽골 등 중앙아시아 중심으로 대규모 농경지가 더 늘어날 지역이 남아있지 않은 건 아니지만 물이 없으니 희망적이진 않다. 이에 반해 쌀을 비롯한 주요 곡물의 생산면적 증가는 2010년대 들어서부터 정체를 보이고 있다. 단위면적 당 생산량도 답보 상태이다. 농업의 큰 흐름 역시 이런 글로벌 식량 수요에 바탕을 두고 움직인다. 농업 생산성을 올리기 위한 정밀농업기술의 확산, 유전공학기술을 이용한 신품종 종자 개발, 도시농업과 수직농장 등 새로운 개념의 농업이 등장하고 있다. 지오프리 카의 상상처럼 현실의 농업은 점점 더 공장처럼 변해가고 있는 것이다.

한편, 식품소비 부문에서는 더 큰 변화가 일어나고 있다. 소비자들은 자신이 먹는 음식이 어떻게 만들어지고 어디서 오는지 관심을 가지기 시작했다. 이런 소비자의 관심은 농장에서 슈퍼마켓, 농장에서 레스토랑까지 푸드 체인 food chain 전반에 영향을 미치기 시작했다. 푸드 체인 전반에서 어떻게 투명성을 확보하고 소비자가 필요로 하는 정보를 제공할 것인가는 시장의 승패를 판가름하는 요소가 되어가고 있다. 유기농산물, GAP와 이력추적제, 동물복지농장 인증, 로컬푸드 등 수많은 인증제도가 소비자의 선택을 받기 위해 시장에서 경쟁하고 있다. 우리나라 역시 세계적인 식품 트렌드 변화에 민감하게 반응하고 있다.

소비자들은 식품 안전성에 대해 더 민감해졌고, 유기농산물과 동물복지에 대한 관심도 크게 증가했다. 최근에는 '까다로운 소비자 운동'이 벌어지고 있다. 식품이 더 이상 칼로리를 충족하기 위한 생존품의 역할보다는 삶의 질을 높이는 문화상품으로 격상되었다. 우리의 식품시스템은 빠르게 변화하는 소비자의 기호를 어떻게 충족할 것인가라는 숙제를 안게 되었다. 식품 소비자와 공급자 간 간격은 점점 더 넓어지고, 이 틈을 외국 농식품과 식문화가 빠르게 채워가고 있다.

농업이란 여러 환경변수를 조합해서 최선의 수확을 만들어 내는 함수풀이라 할 수 있다. 이 함수를 구성하는 변수에는 기상, 토양수분, 양분함량, 잡초와의 경쟁, 병해충 관리, 그리고 이 모든 것을 다룰 때 투입되는 비용 등이 있다. 이 복잡 다양한 변수를 제대로 관리할 수 있을 때 농민은 최고의 수확과 이익으로 보상받는다. 현재 각광받고 있는 농업기술은 모두 이 변수들을 어떻게 비용 효과적으로 제어할 것인가에 초점을 맞추고 있다. 결국 미래농업기술은 데이터와 알고리즘의 문제로 귀결되는 것이다. 정밀농업기술은 대규모 조방농업을 중심으로 하는 국가에서는 광범위하게 채택되고 있고, 세균과 곰팡이를 활용하여 토양의 연작장해와 양분흡수, 병행충 문제의 해결책을 찾아나가는 기술도 하나씩 실용화되고 있다. 이외에도 유전공학 기술을 활용한 새로운 종자의 개발, 인공 배양육 등 농식품 산업의 지형을 바꿀 기술들이 숨 가쁘게 시도되고 있다.

　농업을 뒷방 늙은이 취급하면서 선진국이 된 나라는 없다. 우리는 다시 기로에 서있다. 우리 농업을 어떻게 바라보느냐에 따라 우리 미래는 달라질 것이다. 알파고로 촉발된 사회적 관심을 어떻게 농업 혁신의 에너지로 활용할 수 있을지, 농업계의 관심이 필요하다. 청년들은 일자리 없다고 아우성이고, 우리 경제는 새로운 성장동력을 찾고 있다. 미국은 1.12%의 GDP에 불과하지만 고용의 15%를 담당하는 농식품 산업이 있다. 그런데 우리는 농식품산업 인구가 줄어드는 것을 아무렇지 않게 넘겨서는 안 된다. 농업의 혁신이야 말로 우리 사회가 직면하고 있는 수많은 문제를 해결하는 열쇠가 될 수 있기 때문이다.

알고리즘 농업은 정밀함이 생명이다.

정밀농업의 시대, 반도체처럼 정밀해야 한다

알고리즘과 데이터에 기반하는 미래농업 기술의 핵심은 전통농업 기술에 첨단 ICT 기술을 융합하는 것이다. 전통농업 기술과 융합할 수 있는 대표기술은 사물지능통신 M2M, Machine to Machine, 빅데이터 Big Data, RFID, 인공지능 AI, 로봇 Robot, 사물인터넷 IoT, Internet of Things 등이며 이들은 결국 알고리즘으로 묶여 하나의 유기체처럼 움직이게 된다.

주요 농업 선진국들은 농업 생산은 물론이고 농산물 가공·유통·판매·소비 등 농업 가치사슬 전 영역에서 ICT 융합기술을 적용하기 위한 노력을 이미 오래전부터 추진해 왔다. 그러나 각 국가들이 농업과 ICT를 융합하는 형태는 국가별 농업특성과 작부체계, 농촌사회의 특성에 따라 큰 차이를 보인다. 일반적으로 조방농업 국가는 정밀농업의 형태로 융합을 전개하고 있고 집약농업 국가는 스마트 온실의 형태로 융합을 전개하고 있다. 이들의 공통점은 앞에서 말했던 것처럼 농업과 ICT 융합의 목표로 농업의 데이터화, 서비스화, 최적화를 지향한다는 것이다. 농업의 데이터화, 서비스화, 최적화란 정밀한 농업과 만든다는 것과 같은 말이다. 역사적으로 농업은 자연조건에 따라 수확량과 품질에 많은 변화가 불가피한 것으로 인식되어 왔다. 지금도 아프리카, 남미 등 저개발국의 농업은 그해의 자연조건에 따라 흉년과 풍년이 결정될 정도로 자연조건 변화에 취약하다. 우리나라에도 불과 30년 전까지만 해도 천수답이라는 말이 있을 정도로 그해의 강수량에 따라 쌀 생산량이 크게 휘청이던 시절이 있었다. 그러나 이제 미래농업의 경쟁력은 정밀에 있다. 통상 작물에 공급하는 물의 양 중에서 20%만 작물에 흡수되고 나머지 80%는 그대로 토양 속으로 투과되거나 증발산으로 없어져 버린다. 물과 함께 공급하는 비료와 농약도 마찬가지이다. 농경지 비슷하다. 농경지가 넓을수록 농경지의 부분 마다 그 상태가 제각각이다. 미국 중부의 옥수수 밭에 가본 사람들은 알겠지만 서너 시간을 달려도 끝없는 옥수수 밭이 펼쳐지는 이른바 콘corn 벨트 지역이 있다. 이런 농경지는 토양의 상태에 따라 적절한 종자와 비료, 농약, 농작업을 얼마나 정밀하게 하는 지에 따라 생산효율과 수확량 그리고 수익에 큰 차이가 있다. 이전에는 이런 큰 농경지를 정밀하게 관리하는 것 자체가 불가능했거나, 동일한 기준으로 획일적으로 관리하는 것이 경제적이었기 때문에 농경지나 작물에 상태와 무관하게 같은 방법으로 농작업을 했다. 그러나 농업기술이 발전하고 특히 농경지의 상태와 작물의 상태가 데이터화 되고 알고리즘으로 관리되기 시작하면서 농경지를 아주 작은 단위로 분리하여 관리 할 수 있게 되었고, 농작물의 상태에 따라서도 정확한 처방이 가능해 지게 되고 있다. 바로 정밀농업과 처방농업의 시대가 된 것이다.

정밀농업 Precision Agriculture 의 개념이 처음으로 도입된 것은 1930년 경 미국의 일리노이 대학이다. 정밀농업의 개념은 미국 토양학자의 아이디어에서 나왔는데, 농경지를 작은 단위로 분할하여 특성을 정확히 파악할 수 있다면 비료와 농약 등 농자재 투입량을 획기적으로 감소시키고 생산수율을 높일 수 있다는 것이었다. 그러나 당시의 기술수준으로는 정밀농업의 아이디어를 구현하기에는 턱없이 부족했다. 정밀농업은 아이디어가 나온 후 50년이 지나서야 가능해졌는데, 항공사진과 토양도 그리고 GPS를 이용해 비료를 농경지별로 변량 살포하는 장비가 활용되기 시작한 1995년 부터 급진적으로 발전하기 시작하였다. 2000년 이후 부터는 다양한 센서가 일반화되면서 활용성이 한층 높아진 빅데이터가 구축되었고, 토양데이터, 기상데이터, 작물데이터를 농작업에 동시에 활용하게 되면서 비약적으로 발전하고 있다.

현재 미국은 전체 농가의 약 40% 정도가 일부라도 영농현장에 정밀농업을 활용하고 있으며, 덴마크, 독일 등 유럽에서는 정밀농업 인증이 시행되고 있다. 일본 역시 벼농사 중심으로 정밀농업 기술이 1990년대 중반부터 개발돼 현장에 보급된 상황이고 중국과 인도도 정밀농업 대열에 합류하고 있다.

최근 미국 농촌에서는 정밀농업의 확장판인 처방Prescription 농업도 빠르게 확산되고 있다. 처방농업은 농기계와 농경지에 필요한 곳마다 다양한 센서를 분산 장착하고 여기서 수집되는 방대한 자료를 한곳에 모아서 빅 데이터기법으로 분석한 후에 이를 바탕으로 해당 지역에 최적 농법을 처방하고 농사에 적용하는 것이다.[14]

처방농법은 농가들에게 일기예보, 토양정보, 작물의 생육상황 등 생산에 관련한 정보는 물론이고, 농가 수익을 높이기 위한 곡물시세 등의 시장정보도 제공한다. 몬산토에 따르면 농가는 곡물을 재배하는 과정에서 작물 선택, 파종 시기, 시비량 조절 등 40가지 의사결정을 내려야 하는데 이 가운데 한 두 가지만 정확하게 이뤄지면 농업 생산성이 크게 향상된다고 한다. 그리고 처방농업이 미국 전역에서 실시될 경우에는 에이커 당 옥수수 농가의 생산량이 약 4.3톤에서 5.4톤까지 향상될 것이고, 이로 인한 부가가치 증가는 연간 약 200억 달러(한화 24조 원)에 이를 것으로 추정된다. 현재 미국 전체 농가 중에 약 60% 정도가 한 두 개 정도의 데이터 서비스를 이용하고 있으며, 미국에서 사용되는 농업용 트랙터의 약 80%에는 데이터 송수신 장치가 장착되어 있는 것으로 보고되고 있다.

한편, 빅데이터 기술의 농업 분야 응용에 우려를 보내는 견해도 적지 않다. 남한면적 6.5배에 달하는 미 전역 1억 6,000만 에이커의 농지에 첨단 센서를 설치하고 알고리즘을 개발하여 여기서 수집되는 자료(에이커 당 1기가바이트)를 실시간 분석하려면 막대한 자본 투입이 불가피하기 때문이다.

▼ 주요 정밀농업 및 처방농업 시스템

업체명	제품명	제공 기술
Monsanto	FieldScripts	농업환경 빅데이터 정보망
Dupont Pioneer	Pioneer Field 360	기상데이터 분석 플랫폼
JohnDeer	SeedStar Mobile	휴대용 파종작업 관리 시스템
Climate Corporation	Climate FieldView Pro	기후예측모델을 통한 기상시뮬레이션
Trimble	Connected Farm	농업정보 기록 및 분석을 위한 모바일 앱
Yanmar	스마트헬리콥터	작물 생육정보 모니터링 시스템

알고리즘으로 움직이는 미래농업 솔루션

몬산토는 1901년에 미국에서 설립된 종자 및 농화학 기업으로 2018년 바이엘에 인수될 때 까지 세계 최대의 100여년 동안 세계 최대의 농업 기업의 지위를 유지했다. 초기 몬산토는 생물화학적 공정의 결과물인 종자와 작물보호제(농약)으로 전세계 농업 투입재 시장을 지배해 왔다. 그러나 2000년 이후부터 몬산토는 물리기계적 공정에 집중했는데 그 집합체과 정밀농업 솔루션인 필드스크립트 FieldScripts 이다. 몬산토의 필드스크립트는 2018년 바이엘이 몬산토를 인수하는 60조원 규모의 초거대 M&A 결정을 하는 데 주요한 원인이 되기도 했다.

몬산토의 필드스크립트는 몬산토가 판매하는 종자의 유전학적 데이터를 개별 농가의 생산 데이터와 연계 분석한 후, 개별 농가 단위로 최적의 개선책을 제공해 주는 일종의 알고리즘 네트워크 서비스이다. 현재 몬산토는 자사가 판매하는 옥수수, 면화, 대두, 카놀라 등에 본 알고리즘 서비스를 제공하고 있다. 전통적으로 몬산토는 세계 최고수준의 유전학적 종자기술을 활용하여 작물의 생산량을 극대화 하는 바이오 기술 주도형 기업이었다. 그러나 점차 바이오 기술만으로는 더 이상 생산성이 증가하지 않는 생산성 정체에 직면하게 되었고 GMO 논란의 정치경제적 한계에 직면하게 되었다. 이에 몬산토는 ICT 기술을 농업에 적극 활용하여 자사의 바이오 기술과 ICT 기술의 융합으로 돌파구를 마련하는 처방농업 분야에 관심을 돌리게 되었다.

2013년 몬산토는 처방농업에 꼭 필요한 농업기상정보를 전문적으로 서비스하는 스타트업인 클라이밋 코퍼레이션 Climate Corporation 을 한화 약 1조원을 들여 인수하였다. 그리고 이를 바탕으로 필드스크립트라는 알고리즘을 개발하였는데 이로 인해 몬산토의 처방농업 서비스 이용자가 급증하였다. 몬산토가 클라이밋 코퍼레이션 Climate Corporation을 인수하기 전에는 몬산토의 서비스를 이용하는 농지가 1,000만 에이커로 미국 전체 농지(1억 6,000만 에이커)의 16분의 1에 불과하였으나 2015년에는 6,000만 에이커로 미국 전체 농지의 3분의 1로 늘어났다.

   필드스크립트는 종자 유전학과 첨단 ICT 네트워크를 사용하여 개별 경작지에 가장 적합한 품종과 파종량을 제안하는 방식으로 농민의 선택을 돕고, 토질, 질병이력, 강수량 등의 데이터를 분석하여 농지별로 최직화된 새배를 할 수 있도록 지원한다. 이 시스템의 도입효과는 지속가능한 농업이 가능하고 맞춤형 수확을 통해 투입재는 낮추고 생산량은 증대시킬 수 있다는 점이다. 반면에 시간이 지날수록 알고리즘과 데이터가 몬산토의 강력한 무기가 되기 때문에 시스템 사용자들이 몬산토에 더욱 종속하게 될 수 있다는 점과 중요한 데이터들이 유출될 경우 이를 경쟁사에서 역이용할 소지가 있어 시장 혼란이 일어날 수 있는 등의 우려가 있다.

듀퐁 파이오니어 DuPont Pioneer 의 Pioneer Field360

  화학기업이었던 듀퐁은 1999년 종자회사 파이오니어를 인수하여 듀퐁 파이오니어가 된 이후로 식량을 비롯한 농생명산업을 본격적으로 추진해왔다. 듀퐁 파이오니어는 2013년 기상데이터 분석 알고리즘을 개발하여 'Field360'을 공개하였고, 이후 웹 기반의 경작 관리 시스템인 'Field360 Select', 모바일 앱 'Field360 Notes' 등을 연이어 상용화하였다.
'Field360 Select'는 수 십 년간 축적된 토양, 기상, 강우량 정보를 경작지별 데이터와 실시간 농경 및 기상 정보와 연계하여 농작업 관리를 지원하는 시스템이고, 'Field360 Notes'는 GPS 태그를 이용하여 언제 어디서나 자신의 농장 데이터에 접속해 농작업을 관리할 수 있게 해주는 시스템이다. 이러한 시스템을 이용하면 경작자의 경험이나 직관에 의해 파종하고 재배, 수확하는 일반농업에 비해 축적된 데이터와 외부 환경 정보를 결합한 체계적인 알고리즘에 의한 관리가 가능하고 과학적인 영농으로 훨씬 효율적으로 농경관리가 가능하다. 이외에도 농지에 나가지 않고 인터넷을 통해 언제라도 원격지에서도 농경지 관리가 가능하다는 장점이 있으며, 무엇보다도 농가의 수익성을 향상시킬 수 있다.

  그러나 이러한 순기능 이외에 농가에게 거대한 양의 데이터를 제공하는 과정에서 불가피하게 대규모 시행착오가 발생할 수 있는 부작용 우려가 있고, 시스템 사용자의 데이터들이 노출되면 경쟁 지역의 생산자에게 악용될 소지도 있다.

얀마 Yanmar 의 농업용 스마트 헬리콥터를 활용 작물 생육상태 확인

얀마는 1912년에 설립된 일본의 농기계·디젤엔진 전문기업이다. 얀마는 최근 스마트 헬리콥터를 활용하여 작물의 생육상태를 측정하고 기록하는 솔루션을 개발하여 공개하였다. 얀마의 시도는 일본과 한국의 대표작물인 벼를 대상으로 하고 있다는 점에서 특히 주목할 만하다.

농업에서 가장 측정하기 어려운 데이터는 작물의 생육정보이다. 환경정보에 해당하는 기상정보와 토양정보에 비하여 작물의 생육정보는 생육단계별로 작물 개체마다 다르기 때문에 해석하기도 어렵고 특히 지역적으로도 넓어 정밀하게 시각화하여 비교분석하기도 애매한 경우가 많다.

얀마는 작물 생육정보를 카메라로 측정하는 NDVI 센서를 개발하고, 관심지역에 3~5미터 높이에 헬리콥터를 비행시켜 약 15분에 1만 제곱미터 넓이의 벼의 생육상태를 시각화하여 비교하는 기술을 개발하였다. 이렇게 좁은 단위에서 공간적으로 시각화된 작물의 생육상태를 수확정보 및 토양정보와 연결하면 아주 좁은 면적 단위에서 유용하게 사용될 수 있다. 예를 들어 토양을 개량하거나 시비 정도를 콤바인이나 트랙터의 지리정보에 연결하면 스마트 농기계가 아주 정밀한 작업으로 조절하고 보완하는 것이다. 이렇게 되면 같은 투입재로도 온도, 습도, 강우 등 환경조건에 능동적으로 반응하여 사람의 경험과 판단으로 작업할 때보다 수율과 품질을 획기적으로 높일 수 있다.

Ag Tech 기업 전성시대

미국의 여러 기업들이 이미 데이터 농업에 투자하기 시작했다. 크런치베이스CrunchBase에 따르면 2015년 식품 및 농업 스타트업에 투자된 금액은 46억 달러였는데, 이는 전년도 23억 달러에 비해 2배나 껑충 뛰어오른 수치이다. 농업에 대한 벤처캐피털 투자는 연간 94%씩 증가하고 있다. 타산업 분야 평균 투자 증가율이 44%인 것에 비하면 가히 농업 관련 스타트업을 뜻하는 Ag-Tech 전성시대라고 부를 만하다. 농업 빅데이터 분석업체인 파머 비즈니스 네트워크Farmers Business Network, FBN는 구글의 투자지주회사 알파벳으로부터 1천 5백만 달러의 투자를 받았다.

FBN은 2014년 구글 출신 프로그래머가 창업한 회사로 종자와 토양 데이터, 날씨변화 등 농업관련 빅데이터를 분석해 자사 서비스에 가입한 농민들에게 자기 땅에 무슨 작물을 심는 게 좋을지, 맞춤형 비료는 어떻게 사용할지, 농약 사용방법은 어떠한지 등을 제공해 수익을 올리고 있다. (FBN 가입비용은 연간 5백 달러). 현재 미국 17개주에 있는 700만 에이커의 경작지와 16종의 농작물에 대해 재배전략에 필요한 정보를 제공하고 있으며, 2015년 구글의 벤처캐피탈 구글벤처스, 벤처캐피탈 필드&바이어스 등에서 1천 500만 달러의 투자를 유치받았다.

크롭엑스Cropx는 농업에서 가장 중요한 투입재인 물과 관련한 관개 설비 분야의 스타트업이다. 크롭엑스는 토양의 수분 상태를 확인하는 센서를 설치하고, 통신망과 앱을 통해 지속적으로 물의 소요량을 확인하고 조절하는 서비스를 제공한다. 크롭엑스 센서의 위치 설정은 미국 농업 연구청ARS의 맵을 활용해 최적화한다. 크롭엑스의 솔루션은 물 사용량은 줄이고도 생산량은 높여 농가 수익향상과 농업의 지속가능성 확보에 기여한다. 크롭엑스 솔루션을 활용하며 약 25%의 물을 아낄 수 있는 것으로 알려져 있으며, 구글은 크롭엑스에 900만 달러를 투자한 바 있다.

온팜Onfarm은 시간과 장소의 제약 없이 농장의 각종 정보를 모니터링하고 작물 생육정보를 자동으로 습득하여 재배전략을 제공해 주는 정밀농업 솔루션이다. 온팜 솔루션은 사용자가 직접 센서, 날씨 등의 위젯을 추가하는 개인별 설정이 가능하고, 미국 농무부USDA가 제공하는 도양정보와의 연농이 가능하다. 특히 사용자가 설정한 정보에 따라 저온, 서리, 높은 풍속, 수분부족 등 위험 상황이 예상될 경우에는 사용자 알림서비스도 제공하고 있다.

픽트레이스PickTrace는 농산물 생산과정에서 투입된 트랙터, 콤바인 농업인력 등의 위치나 활동량을 평가하고 농작업 기여도와 관련한 기계관리 및 노무관리를 해주는 서비스이다. 농업경영자는 이러한 서비스를 통하여 누가 어떤 농작업을 수행했고, 현재 어디에 있고, 얼마나 기여했는지 파악할 수 있어 유용한 노무관리와 비용관리를 한 눈에 파악할 수 있다.

농업 스타트업에 대한 실리콘밸리의 관심은 뜨겁다. 그 밑바탕에는 늘어나는 인구와 줄어드는 경작지에 대한 우려가 있다. 1960년대 1인 당 경지면적 평균은 약 1만 1천 제곱미터였는 데, 2030년에는 1/3 수준으로 줄어든다. 단위면적 당 생산성을 획기적으로 높이지 않으면 세계는 식량위기에 직면할 수밖에 없다.

그런데 단위면적 당 생산성을 무작정 높일 수는 없다. 미국 등 세계의 곡창지대의 생산성은 이미 물리적 한계에 근접하고 있기 때문이다. 급격한 기후변화로 인한 이상기상의 증가, 물 부족, 타산업과 물을 놓고 벌이는 경쟁, 대규모 단일재배 monoculture 에서는 피할 수 없는 병해충 발생은 농업생산성을 위협하는 요소이다. 지속가능한 농업은 이미 과학적, 환경적으로 가장 큰 이슈가 된지 오래였다. 유기농업과 친환경 농업의 부상은 모노컬쳐로 초래되는 농업환경의 단점을 어느 정도 완화하고 있으며, 농자재 투입을 최적화하여 환경부하를 경감하는 정밀 농업은 농장경영 효율화를 위해서도 채택해야만 하는 기술이 되었다.

스마트 파밍smart farming 은 농장의 생산성을 높이는 데 중점을 두고 있다. 농장에 설치된 수분 센서, 기상 센서에서 오는 정보를 바탕으로 최적의 양분과 수분을 작물에 공급한다. 현재까지는 주로 원예나 축산 등 시설농업에 우선 적용되고 있다. 온도가 높으면 환기가 되고, 수분이 부족하면 점적관수 시스템에서 물을 공급한다. 그리고 병해충이 발생하면 방제로봇이 약제를 살포한다. 이 모든 것은 컴퓨터로 제어된다. 심지어 농민은 농장을 떠나서도 스마트폰으로 농장의 운영상태를 확인할 수 있다. 이렇듯 스마트 파밍은 농장관리에 들어가는 노동력을 획기적으로 줄여준다. 수많은 센서들이 농부의 눈이 되고 자동화 농기계가 농부의 손발이 된다. 스마트팜 기술은 더 발전될 것이고 더 정교해질 것이다. 농장으로부터 더 많은 데이터가 클라우드로 모일 것이다. 그런 측면에서 스마트팜은 먼저 온 미래라 불릴 만 하다.

스마트 파밍을 하는 다섯 가지 이유

농업과 ICT를 결합하여 디지털 파밍·지능형 파밍을 구현하는 스마트 파밍에 대한 관심은 전 세계적인 추세이다. 스마트 파밍을 전개하는 형태는 나라마다 다르지만 조방농업 국가는 정밀농업 위주로, 집약농업 국가는 시설농업 위주로 접근하고 있다.

　　스마트 파밍을 하는 이유는 크게 다섯 가지로 정리될 수 있는데 첫째는 단연 비용 절감이다. 스마트 파밍은 시설과 장비를 갖추고 유지하기 위한 초기투자가 필수이다. 초기투자를 통해 이후 발생하는 운영비를 절감하자는 것이 스마트 파밍의 기본접근법이다. 이 때 운영비는 인건비, 광열비, 투입재비 등 다양한 비용이 포함된다. 따라서 초기투자 이후 예상되는 운영비 절감액이 초기투자비를 감당하지 못한다면 스마트 파밍은 성립되지 않는다.

둘째는 투입재 저감이다. 농약, 비료, 종자, 전기, 용수, 비닐, 양액 등 농업생산에는 많은 투입재가 필요하다. 스마트 파밍으로 투입재를 정밀하게 제어한다면 투입재를 관행적 사용량보다 획기적으로 줄일 수 있다. 이는 비용의 문제인 동시에 환경을 포함한 지속가능성의 문제이기 때문에 높은 가치가 있다.

셋째는 위험 관리이다. 농업을 하는 데는 많은 위험이 수반된다. 병충해, 홍수, 가뭄, 이상온도, 농작업 안전 등 예상치 못한 위험이 항상 존재한다. 스마트 파밍은 이에 대한 대응력을 높이고 특히 작업자의 안전을 지켜주고 악성노동을 줄여주는 점에서 가치가 높다.

넷째는 농업가치사슬의 확장이다. 기술관점에서 스마트 파밍 시스템은 생산을 위한 하드웨어와 소프트웨어 그리고 데이터웨어를 구성함을 의미한다. 이렇게 구성된 시스템은 생산 단계이후의 유통단계와 소비단계와 연계 될 수 있기 때문에 농업가치사슬 확장을 위한 초기 인프라가 되고 무한한 확장 잠재력을 가지게 된다.

마지막으로는 농업인력의 정예화이다. 농업인력이 고령화되고 공동화되는 것은 미래 농업에서 피할 수 없는 현상이다. 스마트 파밍 기술의 확산은 부모세대 농업인의 기술과 노하우가 스마트 장치를 매개로 자녀세대 농업인에게 효과적으로 전달될 수 있도록 돕기 때문에 농업인력의 정예화와 빠른 세대교체를 가능하게 한다. 농업인력의 정예화는 스마트 파밍을 해야 하는 가장 큰 동기이자 결과이기도 하다. 스마트 파밍을 해야 하는 이유는 비용 절감, 투입재 저감, 위험 관리, 농업 가치사슬 확장, 농업인력의 정예화 이렇게 다섯 가지이다. 네덜란드 등 스마트 파밍 선진국은 위의 다섯 가지 측면에서 스마트 파밍의 미래를 준비하고 이해관계를 조율한다. 한국에서 전개되는 스마트 파밍과 관련된 활동 중에 목적지 좌표를 잃고 헤매고 있던 것은 없는지 차분히 점검해 보고 전략을 재정비해야 할 때이다.

농업용 드론 어디까지 왔나?

무인비행기 UAVs, 일반적으로 드론으로 알려져 있는 이 장비는 1980년 대부터 상업적으로 사용되기 시작했다. 최근 정부 규제가 완화되고 기술개발에 대한 투자가 확대되면서 드론의 사용 영역은 빠르게 넓어지고 있다. 아마존 Amazon, UPS, DHL, 캐나다 로열메일에서는 드론을 배송에 활용하기 위한 테스트가 진행 중에 있고, 마이크로소프트는 드론 시뮬레이터를 개발하여 드론 사용자들이 다양한 위험 상황에 대응할 수 있도록 준비하고 있다. 두바이 교통국에서는 승객을 실어 나를 수 있는 드론을 금년 여름부터 상용화하겠다는 계획을 발표하였고, 영국 정부는 NASA와 협력하여 드론 관제시스템에 대한 논의를 시작했다. 이외에도 도로, 교량, 철도, 전력망, 건축물의 검사에 드론이 광범위하게 활용되고 있다.

하지만 드론이 가장 광범위하게 활용되고 있는 곳은 농업 분야이다. 쥬니퍼 리서치는 2016년에 판매된 드론 중 46%가 농업용 드론으로 추정하였으며, 국제무인비행시스템협회AUVSI 에 따르면 미래 상업용 드론 시장의 80%는 농업용 드론이 차지할 것으로 예측하였다. 드론에 대한 관심이 높아지면서 여러 회사들이 새로운 비즈니스 분야에 뛰어들고 있다. 전 산업분야를 통틀어 드론이 창출하는 시장규모는 1,270억 달러(약 152조 원) 이상으로 추정되었다. 이 중 농업용 드론이 가장 유망한 분야로 분석되었는데, 농업이 직면하고 있는 여러 도전과제들을 극복하는 데 드론이 큰 역할을 할 것으로 기대하기 때문이다.

세계 인구는 2050년 이면 90억 명을 넘어갈 것으로 예상되는 데, 전문가들은 농산물 소비는 같은 기간 동안 70%가 늘어날 것으로 추정하였다. 이에 더하여 기후변화로 인한 이상기상 빈도가 증가하면서 농업 생산성을 유지하기가 점점 더 어려워질 것이다. 늘어나는 농산물 수요를 충족하고 농업의 지속가능성을 확보하기 위해서는 혁신적인 기술의 채용이 불가피하다. 정부 및 관련 전문가들은 드론이 그 혁신의 중요한 축을 담당할 할 것으로 전망하고 있다. 우리나라에서도 농약 살포에 사용되는 드론이 빠르게 늘어나고 있다. 업체 관계자에 따르면 현재까지 1,000 대 가까운 농업용 드론이 판매되었을 것으로 추정하고 있다. 내년부터 드론에 대한 정부 보조가 확대되면 농업용 드론 보급 속도는 더욱 빨라질 것이다.

벼농사뿐만 아니라 콩, 채소 등 수많은 밭작물 방제에 농업용 드론이 활발하게 운용되고 있다. 이제 농촌에서 드론을 보는 일은 곧 익숙한 장면이 될 것이다. 드론이 농작업의 상당 부분을 대체하게 된다면 기존의 농기계에서 운영되던 수많은 자재들 또한 따라서 변해야 한다는 것을 의미한다. 누가 더 잘 준비하느냐가 기업의 성장과 생존에 큰 영향을 미치게 될 것이다. 드론은 농업 가치사슬 전반을 변화시킬 전망이다. 드론은 농업을 하이테크 산업으로 변모시키고 있다. 드론에 달린 카메라를 이용하여 실시간으로 생육정보를 취득하고, 이를 바탕으로 실시간으로 농업 생산 및 유통 전략을 수립할 수 있게 한다. PwC에서는 농업분야에서 드론과 연관된 시장 규모를 320.4억 달러 PwC에서 예상하고 있는 농업용 드론 활용분야는 다음과 같다.

1. **토양 및 농경지 조사** : 드론을 이용하여 초기 단계에서 정확한 3-D 지도를 작성한다. 이를 이용하여 토양 상태에 따라 종자 뿌리는 패턴을 달리 적용하여 종자 사용 효율을 높일 수 있다. 파종 후에는 드론을 활용하여 토양 상태를 분석하고 이를 바탕으로 농경지 관개와 질소 시비 수준을 관리한다. 미래 농사는 드론으로부터 시작될 것이다.

2. **파종** : 여러 스타트업들이 드론 파종시스템을 활용하여 비료 흡수 효율을 75% 끌어올렸고, 비용은 85% 절감하였다. 종자 포드pod와 식물 양분을 함께 토양에 뿌려 식물 생육 전기간에 필요한 양분을 공급하는 시스템이 폭넓게 활용될 전망이다.

3. **살포** : 초음파 또는 LiDAR 방식의 거리측정기를 이용하여 드론의 고도를 식물의 키와 지형에 따라 자동으로 조정하여 충돌을 피할 수 있다. 결과적으로 드론은 지표면을 스캔하여 고도를 실시간으로 일정하게 조정하여 정확한 양의 액체를 살포할 것이다. 이 기술을 통해 살포 효율을 높여 농약 살포량을 절감

할 수 있고 또 이를 통해 수질이나 지하수 오염을 경감할 수 있다. 전문가들은 드론을 활용함으로써 전통적인 살포방법에 비해 다섯 배나 더 효율적으로 살포 작업을 수행할 수 있다고 계산하였다. 환경오염을 줄이는 데도 도움이 된다.

4. **농장모니터링과 예관측** : 예전에는 위성사진이 농장을 모니터링하는 가장 진보된 기술이었다. 그러나 거기에는 단점이 있었는데, 이미지가 사전에 주문되어야 하고, 하루에 한 번만 취득 가능하고, 그럼에도 불구하고 부정확했다. 여기에 더하여 서비스 비용은 매우 비싸고 이미지 해상도는 기상조건에 따라 나쁜 날도 많았다. 드론을 이용해 정기적으로 작물생육 상황을 촬영해 놓으면 타임시리즈 애니메이션처럼 특정한 날의 작물 성장 상태를 정확하게 파악할 수 있다. 이를 통해 생산의 비효율성을 파악하여 작물을 더 잘 관리하는 것은 물론, 이상기상에 따른 농작물 피해 보상에도 활용이 가능하다.

5. **관개** : 초분광, 다파장 또는 열센서를 장착한 드론은 농장의 어느 부분에서 수분이 부족한지, 또는 추가적인 작업이 필요한지를 파악할 수 있다. 드론의 이미지 센서를 활용하면 작물의 성장속도, 생육상황을 정확하게 측정할 수 있다. 이를 작물생육 인덱스로 만들면 과학적인 농장관리가 가능하다.

드론은 다른 농기계와 같이 또 하나의 장비라고 폄하할 수도 있다. 그렇지만 드론은 또 하나의 농기계로만 머무르지는 않을 전망이다. 그보다 좀 더 큰 역할을 할 것이라고 기대하기 때문이다. 농업 혁신을 이끌 촉매가 될 수도 있다. 드론은 농약이나 종자 살포처럼 기존의 농작업을 편리하게 대체하여 농촌의 노동력 부족을 상당 부분 해소할 것이다. 이를 통해 신기술에 밝은 젊은이들에게는 새로운 비즈니스 기회를 열어 줄 것이다. 더 근본적으로는 예찰 및 관찰용 드론의 활약이다. 드론을 통해 실시간으로 수집되는 정보는 클라우드에 저장되고 이미지 분석 기술과 결합하여 농작물의 재배면적 및 실시간 작물 생육상황 분석기술과 결합하여 농산물 수급조절에도 활용될 것이다. 구글과 바이엘, 존디어 등 수많은 글로벌 기업들 역시 농업을 데이터 파밍 data farming 으로 바꾸기 위해 과감하게 투자하고 있다.

또 다른 미래를 상상해보자. 현재의 드론이 개별적으로 움직인다면 미래에는 떼를 지어 이동하면서 모니터링과 방제작업을 동시에 수행할 수도 있을 것이다. 이는 국내에서는 크게 유용하진 않겠지만 외국의 대규모 농장에는 꼭 필요한 기술이다. 뿐만 아니라 드론과 무인 트랙터가 짝을 이뤄 작물의 모니터링과 농작업을 동시에 수행하는 방식도 상상해볼 수 있다. 실제 시도되고 있는 기술이다. 그럼 무엇이 드론의 농업적 이용을 늦추고 있는 것일까. 농업뿐만 아니라 산업분야에서 드론의 확산을 막는 장벽으로 드론의 안전성, 프라이버시 이슈, 보험의 커버리지, 규제 등을 들 수 있다. 반면에 농업분야에서는 수집되는 데이터의 질이 가장 큰 이슈가 될 전망이다. 이 문제는 수분의 영향을 최소화할 수 있는 센서와 다양한 파장의 카메라를 장착함으로써 해결 가능한데, 이는 R&D 투자가 필요한 분야이다. 뿐만 아니라 최소한의 교육훈련만으로도 드론을 조종할 수 있도록 높은 수준의 자동화 기술도 필요하다. 농업에 대한 사람들의 인식과는 달리 농업은 첨단기술이 적용되고 시험되는 최적의 플랫폼이다. 여기서 개발된 기술은 타 산업분야로 폭넓게 활용될 수 있다. 아직은 무주공산이다. 상상력과 실력을 겸비한 청춘들에게 농산업은 여전히 좋은 기회의 장이다.

농업의 무인화와 분산농업

농업은 노동집약적 산업으로 알려져 왔다. 제조업이나 서비스업에 비하여 많은 노동력이 필요하다는 것이다. 엄청난 농지에 대규모 농사를 짓는 플랜테이션 농업이 발전할 수 있었던 것도 식민지의 노동력을 기반으로 발전할 수 있었고, 미국의 남북전쟁에서 남부가 지키고자 했던 것도 목화와 옥수수 농사에 필요한 흑인 노예 노동력이었다. 1862년 에이브라함 링컨은 미국의 농림부를 만들면서 국민의 부처 People's Department 라고 이름 지었는데, 당시 미국 국민의 90%가 농민이었기 때문이다. 우리도 사정이 비슷하다. 농업부처인 농촌진흥청이 만들어진 것은 1962년 인데 이때 한국의 인구는 2,300만 명이었고 이중 농민은 1,900만 명이었다.

농민의 수가 줄고 농업노동력이 기계로 대체 된 것은 세계적으로도 한세기 또는 50년 안에 이루어진 변화이다. 농업의 기계화가 이루어졌기 때문에 유휴노동력이 생겼고 여기서 발생한 유휴노동력이 제조업과 서비스업으로 이동한 것이 산업구조 고도화 과정인 동시에 세계 경제의 발전경로이다. 오늘날 OECD 국가에서 농업인구의 비중은 2% 정도이다. 2%의 농민이 국민의 90%가 농민이던 과거 시절보다 월등한 농업생산을 하고 있는데 이는 농업기계화의 결과이다. 그런데 이제는 농업 기계화 시대를 지나 농업 무인화 시대로 향해가고 있다.

녹색 사슴모양의 로고로 유명한 존디어는 1837년에 설립된 세계 최대의 농기계 기업이다. 180여 년의 동안 농업이라는 특정산업에 집중했기 때문에 일반인에게는 다소 생소할 수 있지만, 포춘 100대 기업에 포함된 거대기업이다. 존디어를 포함한 전세계 농기계 회사군의 미래 주력 아이템은 단연 자율주행 농기계이다. 잘 알려져 있지 않지만 농업 분야에서 자율주행과 무인화의 속도는 테슬라로 대표되는 미래 자동차 산업 보다 빠르다. 연구개발이 시작된 것도 1990년로 자동차 산업 보다 빨랐고 보급의 용이성도 자동차 보다 단연 쉽기 때문에 보급속도도 빠르다. 골드만삭스에 따르면 자율주행 트랙터 세계시장 규모는 2015년 이미 6억 달러를 넘어섰으며 2023년에는 12억 달러, 2050년 450억 달러로 성장할 것으로 예측된다. 월스트리트 저널은 무인 사륜 차량 세계 최대 생산업체는 테슬라나 구글이 아닌, 존디어라는 특집기사를 이미 2015년에 크게 보도한바 있다.

자율주행 트랙터, CHN   자율주행 트랙터, ATC
▲ 현재 활용 중인 자율주행 트랙터

자율주행 농기계는 작업자의 탑승 유무와 지형·환경을 인식의 정도, 자동변속, 자율 농작업이 가능 수준 등에 따라 총 5개 Level로 분류한다. Level 0는 리모트 컨트롤을 이용해 제어하는 원격제어 수준이고, Level 4는 완전한 무인자율주행과 농작업이 가능한 수준이다.

미국의 존디어, 독일의 AGCO 등의 글로벌 기업들은 무인 자율주행 및 자율작업 Level 3~4이 가능한 수준의 제품 개발을 추진 중이며, 무인자율작업과 여러대의 농기계가 무인으로 움직이는 군집작업까지 가능한 수준의 농기계도 곧 개발될 전망이다.

농기계의 무인화는 다양한 농업분야에서 개발되고 있다. 네덜란드와 일본에서는 딸기와 파프리카, 토마토를 수확하는 수확로봇을 이미 오래 전부터 개발 중이고 일부 선도농가에서는 이미 활용중이다. 동물복지 농장에서 달걀을 수거하는 것도 머지않아 로봇의 영역이 될 것이다. 수확과 선별작업은 농작업 중에서도 가장 사람 손이 많이 가는 노동작업으로 선별작업은 이미 무인화 단계에 진입했고 수확도 본격적인 무인화 단계가 될 것이다. 로봇과 기계를 활용한 농업의 무인화는 비용효과 면에서도 매우 긍정적이다. 선진국일수록 비싼 인건비 때문에 자국 노동자가 농업 노동을 하는 경우는 별로 없다. 한국도 이미 농업노동의 대부분을 외국인 노동자가 대체하고 있는 실정이다. 그나마 외국인 노동자의 인건비도 비싸지고 있고 노동희망자도 줄고 있어서 농장경영자들은 신뢰성 있는 무인화 기계 도입에 대해 매우 적극적이다. 무인화는 농업노동자의 숙련교육 측면에서도 장점이 크다. 일반적으로 트랙터, 이앙기, 컴바인 등 필수농기계를 능숙하게 다루는 데는 많은 시간이 필요하다. 그런데 농기계에 스마트 기능, 무인화 기능이 탑재되어 있다면 최소한의 교육만으로도 숙련된 농업노동자를 양성하는 효과가 있다. 예를 들어 굴곡이 심한 논바닥에서 초보자가 이앙기를 직진시키는 데에도 많은 훈련이 필요한데 이앙기에 자율주행 기능이 있다면 초보자도 쉽게 숙련노동자의 역할을 할 수 있게 되는 것이다.

분산농업도 미래농업을 설명하는 데 뺄 수 없는 키워드이다. 컴퓨터가 중앙집중형에서 클라이언트-서버 방식을 거쳐 분산형으로 진화했듯이 지금의 중앙집중형 농업도 미래에는 분산형으로 진화할 것이라는 것이다.

지금까지 농업의 규모화와 집중화는 규모의 경제를 위한 상식처럼 여겨져 왔다. 한국같이 작은 나라에게 북남미, 호주, 연해주, 중앙아시아 등 초대형 농지에서 초대형 농기계를 활용하는 중앙집중형 조방농업은 부러움의 대상이었고, 농기계는 규모화된 농업의 첨병이었다. 그런데 최근에는 중앙집중형 농업의 정반대쪽 끝에서 분산농업이라는 새로운 농업형태가 싹트고 있다. 분산농업은 아주 작은 공간을 활용하는 농업형태로 뒤뜰을 이용한다는 의미에서 백도어 back door 농업으로도 불린다. 물론 오래전부터 실내농업, 도시농업, 주말농업 등 취미농 수준의 농업이 있었지만 중앙집중형 직업농을 대체하는 수준은 아니었다. 대량생산된 농산물의 가격이 워낙 싸고 취미농의 기술수준과 생산품질이 직업농에 비해 턱없이 부족했기 때문이다. 그런데 농업기술과 농기자재가 발전하면서 미래에는 분산농업이 새로운 농업형태로 자리 잡을 것으로 전망되고 있다. 마치 IT산업이 메인프레임 중심의 중앙집중형에서 인터넷과 모바일 중심의 분산형으로 진화한 것과 유사한 모델이 농업에서도 가능할 것이라는 예상이다.

분산농업의 핵심은 농기자재이다. 센서가 고기능화되고 저렴해지면 취미농도 상업농 수준의 품질 높은 농산물을 생산할 수 있게 될 것이고, 완전 자동화된 농산물 생산키트가 냉장고처럼 가정과 식당, 학교, 회사 등에 보급되는 날도 점차 다가올 수 있다. 이미 중동 같은 농업불리국가들은 분산농업이 자국농업이 대안이 될 수 있다는 판단으로 분산형 마이크로 농업을 위한 농기자재에 큰 관심으로 접근하고 있다고 한다. 세상은 돌고 돈다. 아주 오래전 가족농 중심의 개별생산이 주류이던 농업이 중앙집중형 농업으로 발전했듯이 기술의 발전은 농업을 다시 분산형으로도 회귀시킬 수도 있을 것이다.

▲ 미래의 백도어농업 개념도

TWO

알고리즘,
그 기원의 탐색

알고리즘의 시작, 대수학의 아버지 알 콰리즈미

지혜의 전당에서 시작된 알고리즘의 유래

'한 손에는 코란, 다른 한 손에는 칼' 7세기 초 이슬람 문명은 메카에서 시작해 동쪽으로 페르시아, 서쪽으로 스페인에 걸치는 종교적 공동체로 성장했다. 사실상 하나의 종교 제국이 된 이슬람 문명으로 고대 그리스, 로마, 인도 등 세계 각지의 지식이 전파되었다.

번영과 평화는 이슬람 제국에게 창조적인 활동을 할 수 있는 기회를 제공했다. 알 마문과 같이 학문과 지혜를 중시했던 칼리프khalifah는 바그다드에 '지혜의 전당'이라는 아카데미를 설립하고 지식인들에 대한 후원을 아끼지 않았다. 이런 모습은 중세에 미켈란젤로, 레오나르도 다빈치, 보티첼리, 갈릴레이, 마키아벨리 등 수많은 예술가와 문인, 과학자들을 후원했던 메디치 가문과 닮아 있다. '지혜의 전당'에서는 아르키메데스, 에우클레이데스, 플라톤, 프톨레마이오스 등의 저술을 포함해 수백 권의 그리스 고전들이 속속 아랍어로 번역되었고, 이슬람 구석구석으로 필사되어 퍼져나갔다. 또 일찍부터 동방과의 활발한 교류에 힘입어 인도의 학문들이 칼리프의 나라로 끊임없이 흘러들었다. 당대의 위대한 수학자였던 알 콰리즈미Al-Khwārizmī는 이 '지혜의 전당'에 몸담고 수학, 천문학, 지리학 등을 공부했다.

　　여러 나라의 수리체계에 정통했던 알 콰리즈미는 820년 책 한 권

을 알 마문 칼리프에게 바친다. 이 책의 아랍어 제목을 직역하면 '완성
과 균형을 활용한 계산에 대한 책' 정도로 표현할 수 있겠다. 《이항과
약분》이라고 번역되기도 한다. 이 책은 라틴어로 번역되어 16세기까지
유럽의 대학에서 수학 교과서로 사용될 만큼 유명했다. 그가 40대 중
반인 825년에 쓴 두 번째 책 '인도 수학에 의한 계산법'을 통해서 인
도-아라비아 숫자와 계산법을 서양에 전파하기도 했다. 이 책은 라틴
어로 'Algoritmi de numero Indorum'라고 번역되는데 알 콰리즈미가
Algoritmi로 표현된 것이다. 이 단어가 알고리즘algorithm, algorism 으로 사
용된다. 일반적으로 접미사 '~ism'이 명사나 형용사 뒤에 붙으면 그것
을 내세우거나 따르는 주의 또는 주장으로 사용되므로 아마도 의역하
면 '알 콰리즈미의 계산방법'이라고 할 수 있을 것이다.

〈완성과 균형을 활용한 계산에 대한 책〉 아랍어 제목에는 '알 자
브르al-jabr'라는 단어가 쓰이는데, 지금의 대수학algebra 이라는 용어의
유래가 된다. 알고리즘은 문제를 해결하는 방법을 절차적으로 정의한
것이다. 알고리즘 사고와 수학적 사고는 같은 의미, 다른 표현이다. 알
자브르는 미지수를 구하는 방법이라는 개념에서 알고리즘과 맞닿아
있다.

수학적 균형을 통해 미지수를 찾다

알 자브르는 균형을 통해 미지수를 찾아낸다. 균형이란 등호 =를 사이
에 둔 두 개의 항이 대등하다는 것이다. 두 항에 가해진 변화는 정확히
같아야 하고, 그 변화 후에도 대등하다는 의미다. 좌변과 우변의 식들

이 표현은 다르지만 그것들의 관계, 대등함은 미지수를 구하는데 강력한 실마리를 제공한다. 등호를 사이에 둔 두 개의 대등한 항을 우리는 '방정식'이라고 부른다.

물론 알 콰리즈미는 오늘날의 방정식 표기와는 다른 방식을 사용했다. 그 시기에는 풀어야 할 문제가 있다면 다음과 같이 표현했다. "어떤 것의 3분의 1을 그것의 4분의 1로 곱하면 24가 더해진 그것이 나온다." 흥미로운 점은 찾아내야 할 답, 즉 미지수를 '것', 아랍어로 '쉐이론'라는 단어를 사용했다는 것이다. 쉐이론은 '어떤 것'으로, 'something'처럼 정의되지 않은 것을 의미한다. 정관사 'al'을 '쉐이론' 앞에 붙이면 '알 쉐이론'이라는 단어가 되는데 이 단어의 의미는 아랍어에서 '그 모르는 어떤 것'이다. 오늘날 우리는 미지수를 'x'라는 상징적인 글자로 사용한다. x를 처음으로 생각한 사람은 17세기 프랑스 수학자 데카르트였다. x를 사용한 이유가 프랑스어에서는 x가 많이 쓰이고, 인쇄소에서 x 알파벳을 많이 갖추고 있었기 때문이라는 견해도 있다. 위 표현을 오늘날의 방정식으로 표현하면 $\frac{1}{3}x \times \frac{1}{4}x = x + 24$가 된다.

살펴본 대로 800년대 유명한 수학자의 이름에서 알고리즘이라는 용어가 나온 것만큼은 확실하다. 그렇지만 알고리즘은 그 이전에도 분명히 존재했다. 알고리즘은 이미 수천 년 전 초기 인류 문명이 시작될 때부터 있었다. 인류는 당시에도 실생활과 관련된 다양한 문제들에 직면했고, 숫자를 가지고 답을 찾으려 했다.

메소포타미아, 마야, 중국, 인도 등은 모두 고유의 숫자 체계를 가지고 있었다. 물물교환, 세금징수, 토목공사와 같이 일상에서 벌어지는 다양한 문제들을 해결하기 위해 숫자는 중요한 도구였다. 한 해의 밀 수확량, 경지면적, 곡식창고의 크기를 계산해 세금을 징수하기 위한 지배층의 목적도 있었고, 수확물을 사람들에게 공평하게 분배할 목적도 있었다. 고대 이집트의 린드 파피루스나 중국의 구장산술에는 훌륭한 증거들이 담겨있다. 기원전 1700년 무렵의 기록인 린드 파피루스에는 미지수를 x 대신 '아하aha'를 사용했다. 파피루스에는 총 87개의 문제가 실려 있는데 그 중 24번 문제는 '아하에 아하의 1/7의 합이 19일 때 아하를 구하라'이다. 오늘날의 방정식으로 표현하면 $x + \frac{1}{7}x = 19$로 된다. 파피루스의 87개 문제 중에 81개가 분수를 다루고 있다. 아마도 이집트인들은 공평한 분배에 관심이 많았던 것 같다.

고대 중국의 수학 서적인 구장산술은 책 이름대로 9개의 장에 246개의 실생활과 관련된 문제를 다루고 있다. 이 책에도 다양한 산술 알고리즘이 담겨 있는데 특히 8장의 이름은 '방정(方程)'이다. 지금의 일차 연립방정식 문제가 담겨져 있는데 예를 들면 이렇다. '상급 벼가 일곱 단이 있다. 벼의 양을 한 말을 줄이고, 여기에 하급 벼 두 단으로 채우면 벼의 양이 모두 열 말이 된다고 한다. 또 하급 벼가 여덟 단이 있다. 여기에 벼 한 말과 상급 벼 두 단을 섞으면 벼가 모두 열 말이 된다고 한다. 그렇다면 상급 벼와 하급 벼 한 단에서 각각 얼마의 벼를 낼 수 있는가?' 우리가 사용하는 용어인 '방정식(方程式)'이 구장산술의 8장 이름에서 유래했음을 쉽게 짐작할 수 있다. 효율적인 지배가 목적이었든 공평한 분배가 목적이었든 이집트와 중국의 산술 알고리즘은 매우 실용적이었고, 고대로부터 현실 생활과 아주 밀접하게 연결되어 있었다는 것을 알 수 있다. 이렇듯 알고리즘의 역사와 수학의 역사는 떨어뜨려 생각할 수 없다.

기원전 2000년경 고대 바빌로니아인들은 최초로 대수학을 시작했다. 기하학으로 유명한 유클리드는 기원전 300년경 자신의 저서 속에 2개 정수의 최대공약수를 구하는 방법을 설명했다. 유클리드 알고리즘으로 부르는데, 명시적으로 기술된 최초의 알고리즘으로 알려져 있다. 인도인들은 0을 발견해 수학 역사의 패러다임을 바꾸었다. 7세기 인도 수학자 브라마굽타는 최초로 0을 계산에 포함시켰다. 0은 숫자의 표현에 날개를 주었고, 기묘한 성질은 '셈'을 촉진하는데 결정적인 역할을 했다. 그리고 오늘날 이진수 체계로 작동하는 컴퓨터가 있을 수 있도록 도와주었다. 디지털 신호는 기본적으로 이진법 수들의 나열이다. 0과 1은 컴퓨터에게 있어서 전압이 없거나 있는 단순한 두 가지 상태이지만, 무수한 0과 1의 소합은 컴퓨터로 하여금 무한한 사이버 공간을 창조할 수 있도록 만들어 준다.

이집트인들이 실용 수학을 즐겼다면 그리스인들은 이론 수학을 추구했다. '세상은 무엇으로 이루어져 있을까.' 그리스인들은 일상생활에 직접 쓰이지 않지만 사물의 뒤에 숨어있는 원리를 찾는 것을 수학의 본질이라고 보았다. 20년에 걸쳐 쓰이고 200년에 걸쳐 읽힌 스테디셀러 『프린키피아』[15]에서 아이작 뉴턴 Isaac Newton은 수학적 표현들을 이용해 우주의 원리를 풀고자 했다.

알고리즘은 미지수를 탐구하는 과정의 산물이다. 이제는 공학, 의학, 사회인문학, 생물정보학, 화학정보학, 금융경제학, 우주학 등 거의 모든 분야에서 미지의 답을 찾는데 사용되고 있다.

시인의 딸 에이다 러브레이스

호기심 많고, 수학과 공학을 좋아하는 영국 여성이었던 에이다는 1815
년에 유명한 낭만파 시인 바이런의 딸로 태어난다. 본명은 오거스타
에이다 바이런이지만 러브레이스 백작과 결혼하면서 지금은 보통 에
이다 러브레이스 ada lovelace로 알려져 있다.

그녀의 어머니 아나벨라 밀뱅크 Annabella Milbanke는 부유하고 작위가 많
은 집안 출신이었다. 당시 여성으로는 드물게 캠브리지 교수 출신의
스승들로 부터 철학, 과학, 수학을 배웠던 인재였다. 남편 조지 고든
바이런 George Gordon Byron과 헤어진 아나벨라는 감수성이 풍부했던 남편
의 유산을 딸이 물려받을까 전전긍긍했다. 딸에게서 아버지의 그림자
를 지워버리고 싶었던 그녀는 에이다를 수학, 과학에 몰입하게 만드는
전략을 선택한다. 어린 시절부터 에이다의 감수성을 수학을 통해 통제
하려 했던 것으로 보인다. 에이다는 어머니의 이런 노력을 받아들여
수학에 몰두하게 된다. 메리 소머빌 Mary Somerville, 오거스터스 드 모르
간 Augustus de Morgan과 같은 우수한 선생의 가르침 아래 대수학, 논리학,
미적분학 등 수학의 원리를 배운다. 그녀는 가정교사에게 쓴 편지에
자신의 상상력이 날뛰는 걸 막기 위해 할 일은 수학을 공부하는 것이
라고 적고 있다. 스스로도 터져 나오는 감수성을 억누르기 힘들었던

것 같다.

19세기 초반은 산업혁명이 한창 무르익던 시기였다. 경제 구조뿐만 아니라 정치 구조까지 거대한 지각 변동이 휘몰아치고 있었다. 당시는 기계에 대한 노동자들의 반감이 극에 달하고 있었다. 인건비에 부담을 느낀 공장주들의 수요와 맞아 떨어지면서 증기기관, 방직기와 같은 기계들이 노동자들을 빠르게 대체해 나갔다. 노동자들은 기계를 통해 자본가의 착취가 더 심해진다고 믿었고, 1811년과 1817년에 대규모 기계 부수기 운동이 일었다. 이런 러다이트Luddite 운동은 자본가에 대한 노동자의 증오를 대변하는 저항의 모습이었다. 바이런은 의회 연설에서 "이 기계로 인해 노동자들은 굶게 된다"며 노동자의 편을 들었다. 하지만, 에이다는 아버지 바이런과는 달리 기계와 테크놀로지에 상당히 매료되었던 것으로 보인다. 에이다는 기계 방직기에 강한 인상을 받고 그 작동 방식을 스케치하는 등 '메커니즘'에 주목했다. 어쩌면 그녀는 150년 후 컴퓨터라는 기계가 만들어 낼 세상의 단초를 보았는지도 모르겠다.

한편, 영국의 과학자 찰스 배비지Charles Babbage는 복잡한 수학 계산을 할 수 있는 혁신적인 기계를 만드는 일에 파묻혀 있었다. 결국 1812년 배비지는 차분엔진Difference Engine를 고안해 낸다. 하지만 비범했던 그의 개념은 현실화되지 못했는데 그 당시 제작 기술이 도저히 따라갈 수 없을 정도로 디자인이 앞서 있었기 때문이다. 차분엔진 고안으로 부터 20년 후인 1833년 그는 다시 대단히 기발하고 획기적인 기계를 고안한다. 1837년 처음으로 해석엔진Analytical Engine의 설계가 발표된다. 차분엔진보다 더 커진 해석엔진은 다음 그림과 같이 일반인은 상상하기도 힘들 정도로 복잡한 기계였다.

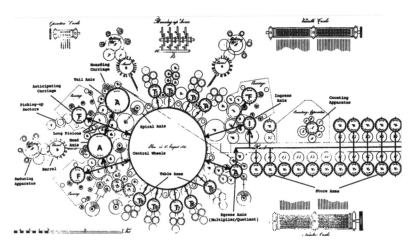

▲ 배비지의 해석엔진 구성도 1840

　이전에 단순한 계산을 수행할 목적으로 고안된 기계는 파스칼 계산기, 라이프니츠 계산기 등이 있었다. 하지만 해석엔진은 현대 컴퓨터의 핵심 아키텍처를 갖춘 기계였다. 입력, 출력, 메모리, 중앙처리장치 등 기본 산술연산에 적용하기 위하여 하드웨어 메커니즘, 제어 메커니즘, 동기화 메커니즘을 갖추고 있었다. 산술 연산을 수행하는데 필요한 작은 단위의 연산 순서는 배럴barrel 이라고 하는 거대한 드럼에 의해 제어되었다. 이는 현대 프로그램에서 가운데 하나 이상의 장소에서 필요할 때마다 되풀이해서 사용할 수 있는 부분적 프로그램으로 독립해서 쓰이지 않고 메인 루틴과 결합해서 그 기능을 발휘함 서브루틴이라는 개념과 유사하다.

　재정지원이 간절했던 배비지는 1840년 이탈리아의 튜린을 방문하여 해석엔진에 관한 회의를 주최했다. 이 회의에는 훗날 이탈리아의 총리가 된 엔지니어 겸 이탈리아 수학자 루이지 메나브레도 Luigi

Menabrea 참석했는데, 그는 배비지의 도움을 받아 해석엔진에 대한 논문을 프랑스어로 정리한다. 배비지의 연구에 큰 관심을 가지고 있었던 에이다는 획기적이고 선구적이었던 해석엔진에 대해 완전히 매료되었다. 배비지에게 도움을 주면서 자신의 재능을 보여주기 위해 프랑스어 논문을 영어로 번역한다.

현대적 개념으로 프로그래밍하다

에이다와 배비지는 이미 구면이었다. 1833년 17살이었던 에이다는 런던의 한 파티에서 차분엔진을 설명하던 42살의 배비지를 처음 만났고, 이후 그들의 우정은 계속되었다. 배비지는 뛰어난 지적 능력을 가진 그녀를 '숫자의 여자 마법사'라고 부를 정도였다.

해석엔진에 대한 에이다의 열정과 지식을 잘 알고 있었던 배비지는 그녀에게 메나브레의 논문에 해석을 덧붙일 것을 권한다. 에이다는 배비지의 제안에 따라 「번역자 노트」라고 제목을 붙인 글을 쓰게 되는데, 이 저서가 〈해석엔진 스케치 Sketch of the Analytical Engine〉이다. 당시 여성들이 과학 논문을 발표하는 기회를 갖는 것은 매우 드문 일이었다. 세부적인 논증과 증거로 이루어진 이 노트는 A에서 G까지 7개 단원으로 서술되어 있으며 그 분량은 무려 본문의 3배가 넘는다. 그리고 각 단원의 끝에는 'A. A. L.', 즉 오거스타 에이다 러브레이스라고 서명하여 자신을 드러내 보였다.

배비지가 직접 프로그램을 작성했다고 보기는 어려울 것 같다. 서술로 남아있는 증거나 흔적은 보이지 않는다. 하지만 프로그램의 개념에 매우 근접했던 실용적인 아이디어를 가지고 있었던 것은 확실하다. 배비지의 해석엔진 개념에는 루프, 서브 루틴, 브랜치 "if", "if then" 등 현대 프로그램의 개념을 명확하게 포함하고 있다. 하지만 그가 연산을 전개하는 방법을 분명하게 묘사한 것은 찾아보기 어렵다.

반면 에이다는 G 단원에 해석엔진이 베르누이 수를 계산할 때 사용할 수 있는 연산을 묘사하고, 이 연산을 해석엔진에 입력하는 방식을 세심하게 설명하고 있다. 베르누이 수를 만들어내는 생성 절차에 대한 세부적인 묘사를 두고 에이다의 프로그램 또는 에이다의 알고리즘이라고 부른다.

베르누이 수는 스위스 수학자 야코프 베르누이 Jakob Bernoulli 가 집필한 확률에 대한 고전 서적에 등장하는 수다. 상수 B_n으로 정의되며 방정식은 $\dfrac{x}{e^x-1} = \sum\limits_{n\geq0} B_n \dfrac{x^n}{n!}$로 표현된다. 베르누이 수를 유도하는 에이다의 프로그램은 해석엔진의 조건 분기 기능을 시연한 두 개의 루프를 사용하고 있다. 첫 번째 베르누이 수를 계산하면 프로그램의 외부 루프가 구동되고 각 분수 값을 계산하기 위해 두 번째 루프가 동작한다. 이 작업은 분수의 값이 완전히 계산될 때까지 반복된다. 당시는 컴퓨터 알고리즘을 기술할 수 있는 프로그램 언어는 존재하지 않았다. 하지만 루프의 사용, 중간 계산 값의 저장, 완전한 계산까지의 조건부 반복 등은 해석엔진이라는 하드웨어 상에서 작동할 수 있는 소프트웨어적인 메커니즘을 제공한다. 이런 점에서 현대적인 프로그램 개념의 시초를 열었다고 볼 수 있다.

1843년 7월에 에이다가 배비지에게 쓴 편지에 보면 자신의 노트 중 하나에 해석엔진에서 작동하는 베르누이 수에 대한 함수를 예제로 제시하고자 한다는 생각을 밝히고 있다. 이것을 보면 이 프로그램은 그녀의 아이디어였고, 끊임없이 고민하여 주의 깊게 만들었다는 것을 알 수 있다. 에이다의 알고리즘은 그녀의 열정의 산물이고, 기계에서의 구동을 전제로 만들어진 최초의 알고리즘이었다. 배비지의 범상치 않았던 작업은 에이다의 명쾌한 글을 통해 더욱 빛이 났다. 그녀는 배비지와 동등한 파트너가 되기를 바랐다. 하지만 배비지는 거부했다. 그 이유는 정확히 알 수 없다. 거절 이후에 학문적인 협업은 더 이상 없었던 것 같다. 그래도 두 사람 간의 친분은 계속된 것으로 보인다. 그녀가 숨을 거두기 한 해 전인 1851년에 배비지와 런던에서 개최된 만국박람회에 참석한다. 배비지는 엔진제작을 위한 지원금이 간절했다. 하지만 차분엔진과 마찬가지로 당시의 제작 기술이 뒷받침되지 못하자 지원금은 중단된다. 에이다의 삶도 바닥을 향했다. 열정을 불사를 대상을 잃어버리자 그녀는 공허함을 달래기 위해 도박과 아편에 손을 댄다. 도박 파트너의 협박에 시달려야 했다. 배비지의 해석엔진은 1871년 그가 세상을 뜰 때까지도 제작되지 못했다. 여자가 대학교육을 받는다는 것을 상상하기 어려웠던 당시의 분위기를 감안하면 에이다는 보통 인물이 아니었다. 그녀는 여성에게 금지된 교육을 받기 위해 수많은 장애물을 극복한 사람이었다. 그녀는 그 시대에서는 간과된 인물이었으나 이제는 당당하게 컴퓨터 과학에 중요한 업적을 남긴 아이콘이 되었다.

1852년, 그녀는 한창 나이인 36세를 일기로 숨을 거두었다. 병명은 자궁암. 공교롭게도 아버지 바이런이 세상을 떠났을 때와 같은 나이였다. 본인의 요구에 따라 영국 노팅엄셔에 있는 아버지 옆에서 안식하고 있다.

점과 선으로 세상을 보다, 그래프 이론의 창시자 레온하르트 오일러

쾨니히스베르크의 일곱 개 다리를 연결하다

수학, 공학, 물리학을 공부한 사람이라면 레온하르트 오일러 Leonhard Euler 라는 이름을 접할 수밖에 없다. 그 분야가 아니더라도 한 번 쯤은 그의 이름을 들어보지 않았을까. 그가 고안한 정리나 공식이 너무 많

▲ 레온하르트 오일러

아 그가 죽고 반세기가 지나서야 그의 저서를 모두 출간할 수 있었다고 한다. 1707년 스위스에서 태어나 76세의 나이로 생을 마감할 때까지 베를린과 상트페테르부르크에서 주로 활동했던 오일러는 수학, 공학, 물리학 등을 포괄하는 전 영역에 엄청난 영향을 미쳤다.

오일러는 주로 러시아 북서쪽 상트페테르부르크에 머물렀다. 그곳에서 그는 쾨니히스베르크라는 도시와 관련된 재미있는 문제를 접하게 된다. 철학자 칸트가 태어나서 죽을 때까지 한 번도 떠나지 않았다는 이야기로 유명한 쾨니히스베르크는 프로이센의 상업도시, 항구도시였다. 하지만 항구도시는 사연이 많다. 2차 세계대전이 끝나면서 러시아 영토로 편입되고 지금의 칼리닌그라드로 이름이 바뀐다. 아름다운 쾨니히스베르크 중심에는 프레겔 강이 가로지르고 있다. 두 개의 지류로 흐르던 이 강은 옥타브리스키 섬과 크네이포프 섬을 지나

▲ 쾨니히스베르크의 현재모습과 오일러 경로

면서 하나로 합쳐져 발트 해로 흘러 들어간다. 당시 이 두 개의 섬과 주변의 다른 도시는 일곱 개의 다리로 연결되어 있었다. 쾨니히스베르크 시민들은 이런 형상 때문에 흥미로운 퀴즈를 즐겼던 것 같다. '일곱 개의 다리를 빠짐없이 단 한 번씩만 건널 수 있을까?' 당시 사람들은 여러 가지 방법으로 시도를 해 보지만 아무도 그런 경로를 발견하지 못했다.

1736년 오일러는 일곱 개의 다리에는 그런 경로가 존재하지 않는다는 것을 수학적으로 증명한다. 그의 추론 과정은 엄밀하지만 간단했다. 우선 그는 강에 의해 나누어진 네 개의 구역을 네 개의 '점'으로, 그 구역들을 연결한 일곱 개의 다리를 일곱 개의 '선'으로 단순화했다.

그의 추론은 다음과 같이 요약할 수 있다. 선이 만나는 개수를 차수degree 라 하자. 차수가 홀수인 점은 출발점이거나 도착점이어야 한다. 왜냐하면 차수가 홀수인 점은 들어오고 나간 후 다시 들어오면 더 이상 지나갈 수 있는 다리가 남아있지 않기 때문이다. 반대의 경우에도 마찬가지다. 따라서 쾨니히스베르크 다리는 차수가 홀수인 점이 4개나 되므로 퀴즈를 만족시키는 경로는 존재하지 않는다. 우리가 '오일러 경로', '한붓그리기'라고 부르기도 하는 이 개념은 '그래프 이론'으로 발전하며 수학의 거대한 분과를 만들어 낸다. 오일러는 그래프 이론의 기본을 단순 명쾌하게 보여주고 있다. 오일러의 획기적인 생각은 지형적으로 복잡한 다리 문제를 '점'과 '선'의 집합으로 단순화한 것에 있다. 복잡한 겉모습을 걷어내고 남은 자리에는 단순한 점(노드)과 선(링크)만이 남게 된다. 문제의 본질을 본 것이다.

그래프 이론은 복잡한 현실 세계를 쉽게 이해할 수 있는 구조를 제공하며, 자연현상과 사회현상을 점과 선으로 단순화하여 분석한다.

이를 통해 어떤 문제에 대한 최적의 방법이나 효율적인 경로를 찾는데 사용된다.

그래프 이론에서 발전한 네트워크, 인터넷

네트워크는 그래프가 현실세계에 투영된 실체[16]다. 어원은 '그물net 짜는 일work'이다. 컴퓨터가 그물처럼 연결된 인터넷 역시 네트워크다.

　　1960대 초반 산타모니카의 랜드연구소에 근무하던 폴 배런의 아이디어가 인터넷의 기술적 토대를 제공한다. 배런이 랜드연구소에 근무하면서 받은 임무는 '핵공격을 받아도 작동하는 통신체계'를 찾아내는 것이었다. 당시는 냉전시대였다. 소련이 핵공격을 감행하고 수백만명이 살상되는 모습은 영화 속만의 시나리오가 아니었다. 섬뜩한 공포가 되기에 충분했다. 배런은 네트워크를 중앙집중형, 탈집중형, 분산형으로 위상구조를 구분했다. 링크가 집중되는 노드가 많을수록 공격에 취약하고 복원이 어렵다는 것은 전문가가 아니더라도 충분히 알 수 있다. 배런은 분산형 네트워크가 핵 폭격에 견딜 수 있는 최적의 구조라고 판단했다. 그리고 정보를 나누어 보내기 위한 '패킷' 개념을 고안했다. 그러나 배런이 고안한 아이디어는 군과 AT&T에 의해 배격 당한다. 이유는 두 가지로 추정된다. 그 중 하나는 정보를 패킷 단위로 나누어 전송하려면 디지털 통신망이 필요한데 이것은 당시의 아날로그 통신망에서는 구현하기 어려웠다. 또 다른 이유는 중앙통제 방식이 주는 통신 권력의 정점에 있던 AT&T 의사결정자들이 분산 구조를 수용하고 싶지 않았을 것이다. 기술적 이유이든 권력 집단과의 이해 충돌이든 결국 배런의 아이디어는 일축 당한다.

그로부터 10년이 지난 후, 배런의 패킷 교환방식은 국방성의 군사 과학연구기관인 ARPA의 네트워크에 차용된다. ARPA 네트워크가 지금의 '인터넷'으로 발전했고 지금 인터넷에는 패킷이 흐르고 있다. 결국 그의 연구가 기술적인 토대를 제공한 셈이다. 다행히 우려했던 핵 공격은 없었지만 그의 네트워크 이론은 기술 전쟁에서 살아남아 오늘에 이르고 있다. 2000년대 초반에는 헝가리의 과학자 앨버트 바라바시 Albert Barabasi 는 네트워크 이론을 사용해 사회 연결망, 생체 단백질 연결망의 구조를 파악하여 네트워크의 외연을 확대한다. 네트워크 이론의 중요성을 세상에 알린 계기가 되었다.

내비게이션 알고리즘은 출발지와 도착지 사이의 수많은 지점(노드)과 도로(링크)를 분석해 최적의 경로를 제시한다. 영국 카디프대학교 뇌연구영상센터는 조현병 초기 증상을 보이는 젊은이들을 대상으로 뇌 자기공명영상MRI 을 촬영해 뇌신경섬유의 경로를 추적할 수 있는 뇌신경섬유 지도를 그래프 이론으로 분석했다. 도시계획이나 건축 분야에서는 공간을 작은 공간으로 구분하고 공간 사이의 연결 관계를 파악하는데 그래프 이론을 활용한다. 테러와 같은 범죄에 맞서는 사람들은 '관심 인물' 사이의 링크로 이루어진 큰 지도를 만들어 벽에 붙이기도 하고, 인터넷상에서의 이상 징후를 탐지하여 범죄 집단을 추적한다. 질병 확산을 분석하는 사람들은 사회 연결망을 통해 질병이 얼마나 빠르고 멀리 퍼질지 분석한다. 이러한 공공방역은 인터넷에서 바이러스가 퍼지는 속도나 예상되는 피해 규모, 소멸까지 걸리는 시간을 예상하는데 좋은 모형이 된다. 영국의 수학자 필립 홀은 '홀의 결혼정리'를 증명해 남학생과 여학생을 사이좋은 친구끼리 짝지어줄 수 있는 조건을 찾았다.

생물학적인 연결 관계를 추상화하면 결국 그래프 모형으로 나타 낼 수 있다. 생물학자들은 최근 인공지능이나 자연어 분석, 자동추론 모형 같은 알고리즘을 사용하여 거대한 생물 네트워크를 연구한다. 이 렇듯 그래프 이론의 활용 범위는 무궁무진하다. 우리가 사는 세상이 네트워크이기 때문이다.

거스를 수 없는 초연결의 물결

우리는 실로 다양하고 복잡한 네트워크들이 존재하는 세상에 살고 있 다. 다리 위로는 사람이 다닌다. 생물의 신경망에는 신경전달물질이 흐른다. 사회 네트워크는 사람과 사람간의 관계가 흐른다. 시간이 흐 르면서 네트워크들은 생성, 병합, 분기, 진화, 소멸의 과정을 되풀이 한다. 이제는 사람과 사물이 연결되는 생태계로 발전하고 있다.

초연결 Hyper-connected 사회에서는 사람과 사람은 물론, 사물과 사물 같은 무생물 객체끼리도 네트워크로 연결되어 상호 소통이 가능해진 다. 5G 통신망을 기반으로 하는 사물 인터넷 Internet of Things, IoT 이 고속 도로가 되어 스마트홈, 스마트카, 스마트시티 등을 연결한다. 앨빈 토 플러는 사회 전체의 비동시화 효과 de-synchronization effect 가 부의 창출을 방해한다고 지적하며 IT 기술의 발전이 시간과 공간의 제약을 제거함 으로써 부의 창출을 용이하게 할 것이라고 말했다. 그의 말대로라면 초연결시대에는 방대한 양의 정보와 지식이 동시적으로 교환될 수 있 어 수많은 경제적 기회가 창출되고, 빈부의 격차 해소, 효율적인 자원

사용이 가능해지는 등 현실 세계가 안고 있는 문제에 보다 능동적으로 대처가 가능해 질 수 있을 것이다. 그렇다고 초연결사회의 미래상이 낙관적인 것만은 아니다. 2018년 대한민국 서울에서 발생한 통신사의 화재는 경찰, 병원, 금융 등 기본적인 사회 인프라 작동을 멈춰 세웠다. IT 기반의 초연결사회가 얼마나 쉽게 위협받을 수 있는지 그 취약성을 고스란히 보여준 계기가 되었다. 연결의 강도가 커질수록 위험의 강도도 함께 커질 수밖에 없다. 앨빈 토플러의 예상과 달리 초연결이 오히려 부의 양극화와 세습화를 심화시킬 우려도 있다. 조지 오웰의 소설 『1984』에 나오는 빅 브라더가 현실화될 수도 있다.

초연결사회로의 흐름은 조용하면서도 너무 거대해서 거스르기 어려울 것 같다. 인간 중심의 초연결사회를 위해서는 건전한 감시와 협력이 필요하다. 연결할 수 있는 자유와 더불어 연결되지 않을 권리도 함께 보장되어야 한다. 그래프 이론은 최적의 최단경로를 알려주지만 최적의 우회경로도 제시한다. 사회 인프라 네트워크를 최대한 분산 구조화, 메시 구조화하고, 불가항력 상황에서도 연결이 지속될 수 있도록 컨틴전시 플랜Contingency Plan을 마련해야 한다. 이 컨틴전시 플랜에는 고도로 전문화된 IT 인력의 양성과 핵심기술이 특정 기업에 독점되지 않도록 견제하는 정책도 포함되어야 할 것이다.

오일러는 세상을 해석할 수 있는 훌륭한 수단을 제공해 주었다. 그래프 이론은 독창적인 알고리즘들과 결합되면서 우리 주변의 다양한 네트워크의 진화를 더욱 빠르게 촉진하고 있다. 보통 사람의 시선에서 보면 오일러의 삶은 불행했다. 연구에 너무 몰입했던 나머지 31세가 되던 1738년에는 오른쪽 시력을, 1766년에는 왼쪽 시력을 모두 잃어버린다. 상트페테르부르크에서는 그의 집에 화재가 나서 집은 물론 그의 책과 노트들이 모두 잿더미가 된다. 하지만 불행은 그를 굴복시키지 못했고 오히려 그는 더욱 왕성하게 위대한 집필과 출판을 이어갔다. 1783년 9월 18일 오후 상트페테르부르크, 그는 뇌출혈로 의식을 잃은 후 몇 시간 후 숨을 거둔다. 그는 보이지 않던 눈으로 다른 이들이 보지 못했던 세상의 본질을 보았던 위대한 사람이었다.

디지털 보안의 버팀목, 암호화 알고리즘의 선구자 디피와 헬만

암호 전쟁의 본질은 알고리즘 전쟁

세상은 거의 모든 것이 네트워크다. 굳이 통계로 확인하지 않더라도 우리는 네트워크 세상에 살고 있다. 인터넷을 통해 소통하고, 소비하는 디지털 세상이 된 지 오래다. 특히 1990년대 중반에 태어난 Z세대는 인터넷 환경에 노출되어 성장한 세대로, 인스턴트 메신저부터 인터넷 쇼핑까지 다양한 인터넷 서비스를 섭렵하고 있다. 인터넷 의존도가 아버지 베이비부머 세대의 두 배가 넘는다.

인터넷에는 정보가 무궁무진하다. 공개된 정보뿐만 아니라 보안이 필요한 정보도 인터넷을 통해 교환한다. 창과 방패의 싸움은 인터넷 세상에서만의 것은 아니지만, 디지털화된 세상에서 막으려는 자와 뚫으려는 자의 안 보이는 경쟁은 가히 전쟁 수준이다. 인터넷은 누구에게나 열려있는 개방 공간이다. 우리는 인터넷 뱅킹을 안심하고 쓰고 있다. 아마도 막으려는 자의 노력이 한 발 앞서고 있다는 믿음 때문일 것이다. 이런 믿음을 지속하기 위해 전문가들은 일반인들의 눈에 뜨이지 않는 곳에서 기술과 열정으로 전쟁에 임한다. 보안 전쟁은 결국 알고리즘 전쟁이다. 금전적 이익을 얻을 목적도 있겠지만 돈이 전부가 아닌 자존심 경쟁도 한 몫을 한다. 목적이 각양각색이니 이 전쟁은 결

코 멈추지 않을 것이다. 여러 가지 보안 기술들 중에서도 가장 핵심이
자 기본인 기술은 바로 암호화 기술이다. 암호는 숨기고 싶어 하는 인
간의 본성과 맞물려 있다 보니 그 역사도 장구하다. 기원전 450년경
고대 그리스 군사들은 스키테일 암호Scytale Cipher를 사용했다는 기록이
있다. 스키테일이라는 나무 봉에 종이를 감고 평문을 횡으로 쓴 다음
종이를 풀면 각 문자가 재배치되어 정보를 알 수 없게 된다. 똑같은 스
키테일을 가진 사람만이 해독할 수 있다.

역사가 수에토니우스는 줄리어스 시저가 암호를 자주 사용했다고
한다. 카이사르 암호로 불리는 이 암호체계는 평문의 각 글자를 세 자
리 뒤로 이동하여 암호문을 만든다. 전설적인 여간첩 마타하리는 군사
기밀 정보를 독일에 넘길 때 악보암호를 사용했다고 한다. 오선지 위
에 알파벳과 음표를 하나씩 대응시켜 작성하는데 악보처럼 보여도 연
주하기는 어려웠을 것이다.

독일의 에니그마Enigma, 일본의 퍼플PURPLE, 미국의 하겔린Hagelin
장치가 제2차 세계대전 당시 대표적으로 활약했던 기계식 암호장치들
이다. 특히 에니그마는 당시 대단한 위력을 발휘했던 모양이다. 에니
그마 해독방법을 파헤치려 1939년 영국 런던 북부의 블레츨리 파크의
연구소에 수천 명이 투입된 대규모 연구반이 설치되었다고 한다. 영화
'The Imitation Game(2014)'을 통해 일반에게 소개된 천재 수학자 앨
런 튜링이 '봄베Bombe'라는 해독기계를 만들면서 돌파구를 찾았다. 기
계식 근대암호 체계는 컴퓨터의 등장으로 무용지물이 된다. 블레츨리
파크 연구소는 1943년 에니그마의 상위 버전인 로렌츠 암호기계를 해
독하기 위해 야심찬 기계를 개발한다. 새 기계의 이름은 '콜로서스
Colossus'였다. 클로서스는 2천 4백 개의 진공관을 사용했으며 프로그래

밍이 가능한 최초의 디지털 컴퓨터였다. 흔히 최초의 컴퓨터는 '애니 악ENIAC'으로 알려져 있으나, 콜로서스가 애니악 보다 2년 먼저 개발되었다. 당시 블레츨리 파크 연구소에서 일했던 사람들은 자신이 참여했던 모든 일에 대해 평생 침묵을 지켜야 했기 때문에 이 사실은 1970년대 후반이 되어서야 알려진다. 비밀스러운 시기였기지만 아무튼 컴퓨터를 통해 암호기술은 새로운 전기를 마련하게 된다. 오늘날 신용카드나 인터넷 뱅킹에 사용되는 암호 알고리즘은 컴퓨터로도 쉽게 뚫을 수 없는 암호 체계가 사용되고 있다.

인터넷 보안기술의 핵심, 공개키 암호화 알고리즘

다른 사람이 읽지 못하도록 암호를 작성하는 방법은 일반적으로 두 가지가 있는데 '환자법'과 '전자법'이다. 환자법은 기호를 다른 기호로 대체하는 방법이고, 전자법은 기호를 다른 자리로 옮기는 방법이다. 송신자는 보내고 싶은 평문을 두 가지 방법 중 하나를 사용하여 암호문으로 만들고 수신자에게 전송할 수 있다. 여기에는 반드시 일련의 약속이 양자 간에 전제되어야 하는데 그것은 바로 '열쇠key'다. 금고와 마찬가지로 암호통신에서도 반드시 열쇠가 필요하다. 이 열쇠는 숫자체계로 구성되어 있다. 당연히 열쇠의 숫자체계가 크고 복잡할수록 안전하다.

이 열쇠의 조건에 따라 암호 방식이 다시 나뉘게 되는데 어려운 용어로 '대칭키'와 '비대칭키'가 그것이다. 용어는 어렵지만 개념은 쉽다. 대칭키는 송신자와 수신자가 똑같은 열쇠를 사용한다. 편리하고 간단하기는 하지만 열쇠가 한 개이다 보니 중간에 열쇠를 탈취당하면 암호문은 무용지물이 되는 위험이 있다. 비대칭키는 서로 다른 모양의 열쇠 세 개를 사용한다. 열쇠의 모양과 개수를 늘려서 어느 한 개 또는 두 개의 열쇠가 탈취돼도 암호를 풀 수 없는 삼중 장치 개념이다. 열쇠 세 개 중 두 개는 공개키, 한 개는 비밀키로 관리되기 때문에서 비대칭 키 방식은 '공개키' 방식이라고도 한다. 어느 시대를 막론하고 열쇠를 전달하는 과정이 보안에 가장 취약한 고리였다. 당연한 생각이지만 대칭키 방식과 공개키 방식을 결합해서 사용하면 훨씬 안전할 것이다. 오늘 날 많이 쓰이는 방식을 보면 암호문 작성은 대칭키 방식으로 하고 열쇠 전송은 공개키 방식으로 한다.

　　2016년, 인터넷 암호통신 기술을 대중화하는데 결정적 역할을 했던 두 사람이 영예의 튜링상을 받는다. 암호학자 휘트필드 디피Whitfield Diffie와 마틴 헬만Martin Hellman 이 그 주인공이다. 스탠포드 대학에서 연구하던 그들은 1976년 '암호의 새로운 방향'이라는 논문 속에 최초의 공개키 방식 알고리즘인 '디피-헬만 키교환 방식'을 제시했다. 공개키 암호의 도입은 현대 암호 발전에 중요한 계기가 된다.
다만 디피-헬만 방식은 '중간자 공격'에 취약했다. 중간자 공격이란 송신자와 수신자 사이에 몰래 침입하여 두 사람이 통신하는 것처럼 위장하여 정보를 가로채는 것이다. 이를 방지하려면 결국 상대방이 맞는지를 확인해야 한다. 1978년 MIT 대학의 라이베스트, 샤미르, 애들먼은 사용자인증 개념을 통해 디피-헬만의 취약점을 개선한다. 이것이 오늘까지도 가장 널리 사용되는 RSA 알고리즘이다. RSA는 세 사람의 이름 앞 글자를 딴 것이다.

　　표준화된 보안 알고리즘을 확보하려는 노력이 정부 차원에서도 진행된다. 1977년 미국 상무성 산하 NIST(국립표준기술연구소)는 전자계산기 데이터 보호를 위한 표준 암호 알고리즘을 공개모집 한다. 정식이름은 DES[17]이었다. 독일의 암호학자 호르스트 파이스텔Horst Feistel이 고안한 파이스텔 네트워크를 기반으로 하는 IBM의 알고리즘이 DES로 채택된다. 시간이 지나면서 발전하는 컴퓨팅 환경 대응에 한계를 보인 DES를 대체할 새로운 표준의 필요성이 대두된다. NIST는 새로운 표준의 이름을 AES로 정하고 DES와 마찬가지로 공개모집한다. 예선을 통과한 5개의 알고리즘 후보 가운데 레인달이 최종 선정된다. 레인달은 존 대면과 빈센트 라이먼이라는 두 명의 벨기에 연구원이 개발했다. 후보로 올랐던 다른 4개의 알고리즘도 우수했지만, 안전성, 비용, 유연성, 단순성, 속도 등에서 레인달 알고리즘이 더 우수하게 평가된 것이다. 이렇게 해서 2001년 AES[18] 알고리즘이 연방 정보 처리 표준으로 공표되고 이후 전 세계적으로 널리 사용되고 있다.

RSA는 공개키, AES는 대칭키 알고리즘이다. RSA와 AES 알고리즘 모두 누구에게나 공개되고 있다. 열쇠뿐만 아니라 암호 알고리즘 자체도 비밀로 하여 암호문의 비밀을 지키는 게 더 안전하지 않을까? 그렇지 않다고 보는 게 암호 전문가들의 통념이다. 여기에 현대 보안 알고리즘의 중요한 함의가 존재한다. '커크호프의 원리'가 이런 통념의 시작점이라고 볼 수 있다.

1883년, 네덜란드의 언어학자이자 암호 해독가인 커크호프는 6가지 군사용 암호설계 원칙을 제시했다. 그 중 하나가 암호체계의 설계서는 비밀일 필요가 없고 적의 손에 들어가도 문제가 없어야 한다는 것이다. 보호되어야 할 핵심은 알고리즘이 아니라 바로 '열쇠 key'라고 본 것이다. 이러한 생각은 '지켜야 하는 비밀이 적을수록 시스템이 안전하다'는 경험의 산물이었을 것이다. 미국의 암호학자 브루스 슈나이어Bruce Schneier는 "모든 비밀은 잠재적 실패 지점이 있기 때문에 비밀성은 불안정의 근본 원인이다. 반대로 개방성은 유연함을 제공한다"고 했고, 유명한 해커이자 인류학자인 에릭 레이몬드는 "공개되지 않은 알고리즘은 절대로 신뢰하지 말라"라고 했다.

암호체계의 견고함과 신뢰성을 위해서는 알고리즘이 공개되어야 하고 여러 사람들로부터 검증받아야 한다는데 많은 전문가들이 생각이 일치하는 것 같다. 의도하지 않았던 오류, 의도된 백도어로 부터 암호체계가 견실하게 운용되려면 '개방'이 답이라고 본 것이다. 따라서 암호 분야에서는 장기간 지밀한 분석을 통해 입증되기 전까지 그 암호 알고리즘을 안전하다고 인정하지 않는다.

감추려는 자와 깨려는 자 사이의 알고리즘 전쟁은 오늘도 진행형이다. 물론 미래 양자컴퓨터가 암호 공격을 모두 무력화시킬 수도 있다. 하지만 깨서 얻는 이득이 감추는 비용보다 크다면 이 전쟁은 계속될 것이다. 안전한 디지털 세상을 위해 많은 전문가들이 각고의 노력을 경주하고 있으니, 디지털 세상의 시민인 우리들은 최소한 자신의 비밀번호만큼은 현명하게 보호해야 하지 않을까 싶다.

2 - 5   '검색의 시대'를 열다, 브린과 페이지의 페이지 랭크 알고리즘

정보의 모래사장에서 바늘 찾기

거대제국 구글의 영토 확장은 빠르게 진행 중이다. 새로운 혁신 동력을 찾기 위해 부단히 노력 중이다. 엔터테인먼트, 쇼핑, 로봇, 의료건강, 에너지, 자율자동차 등 영역을 특정하기가 어려울 정도다. 하지만 그 중심에는 '데이터 주도 기업' 전략이 자리 잡고 있다. 2018년 개발자 컨퍼런스에서 구글은 자사의 모든 역량을 인공지능 중심으로 전환하겠다고 선언했다. 인공지능 기반의 다양한 혁신 서비스를 시장에 공개하며 구글 중심의 생태계를 강화하고 있다. 무섭게 성장한 기업이지만 그 시작에는 뭔가 달랐던 검색엔진 알고리즘이 있었다. 바로 '페이지랭크' 알고리즘이 구글을 세계 최대 인터넷 검색 서비스 기업으로 자리매김하게 해 준 기술이다.

지금은 검색엔진이 생소하지도 않고, 정확성과 속도는 더 이상 관심의 대상도 아니다. 하지만 1990년대는 절대 그렇지 않았다. 인터넷은 매우 거대하고 이질적인 네트워크다. 월드와이드웹www 이 인터넷 서비스의 주류가 되기 전까지만 해도 정보를 찾으려면 도서관으로 가는 것이 당연한 일상이었다. 하지만 웹은 도서관까지 가지 않아도 책에서 보지 못했던 정보들을 보여주기 시작했다.

팀 버너스리가 과학자들의 자료 공유를 돕는 통로로 고안했던 웹이 1995년 인터넷 서비스의 주류로 부상하면서 개인, 기업할 것 없이 웹 사이트를 만들게 된다. 웹은 말 그대로 폭발적인 성장을 하게 된다. 웹이 정보의 바다라는 비유는 아주 적절한 표현인데, 원하는 것을 찾기에 너무도 광대했기 때문이다. 또한 1990년대 후반만 해도 인터넷망 접속은 56K 모뎀으로 PC통신을 사용하는 시기였다. 자신에게 유용한 웹 페이지를 스스로 찾는 것은 결코 쉽지 않았다. 따라서 인터넷 길라잡이의 등장이 꼭 필요했다. 그 당시는 '야후! Yahoo!'가 지배적인 포털이던 시기였다. 1994년 설립된 야후는 지금의 포털 사이트 원형을 제시한 기업으로 창업사 제리 양은 '모든 정보를 분야별로 친절하게 전해주는 안내자 Yet Another Hierarchical Officious Oracle'의 약자로 야후를 사용했다. 야후 같은 포털이 제공했던 검색방식은 디렉터리 방식이었다. 이 방식은 메인 화면에 비즈니스, 과학, 예술, 교육 등과 같이 주제별 분류를 제공했고, 사용자는 클릭을 통해 원하는 정보에 계단식으로 접근했다. 웹에서 전화번호부 역할을 톡톡히 했다. 물론 1990년대 초반에도 아키, 베로니카 같은 검색엔진들이 있긴 했다. 그러나 전문 서퍼들이 정보를 분류하고 평가하고 꾸준히 갱신하는 야후의 디렉터리 서비스와는 경쟁하기 힘들었다. 하지만 그것도 잠시, 웹이 걷잡을 수 없이 커지면서 디렉터리 방식은 실효성이 급격히 떨어진다. 1998년에는 디렉터리 방식이 감당하기 불가능할 정도로 웹이 커졌고, 웹 페이지의 갱신 속도를 도저히 따라 잡을 수 없게 된 것이다. 새로운 개념의 검색엔진이 출현할 필요가 충분히 무르익고 있었다.

검색엔진으로 시작된 거대기업 구글

스탠퍼드대학교의 매우 똑똑한 대학원생이었던 세르게이 브린 Sergey Brin과 래리 페이지 Larry Page는 1998년 「The PageRank citation ranking」이라는 논문을 통해 '페이지랭크' 검색 알고리즘을 제시한다.

검색엔진의 기본기능은 사용자가 쉽고 빠르게 답을 찾게 도와주는 것이다. 그들은 정확하면서도 비용 효율적인 알고리즘을 구현할 수 있을지 고민했다. 뛰어난 알고리즘은 최고의 것을 최소의 시간으로 해결한다. 정확한 결과를 얻었다 하더라도 비용이 높으면 안 되고, 비용이 낮더라도 정확도가 훼손돼서는 안된다. 검색 알고리즘이 반환한 결과가 정확한가에 대한 판단은 본질적으로 주관적이다. 검색하는 사람의 관심, 지식, 태도에 따라 다르다. 그리고 거대한 웹에서 검색 비용을 낮추려면 웹 서퍼와 같은 사람이 차곡차곡 정리하지 않더라도 컴퓨터가 알아서 수행할 수 있어야 했다. 어떻게 웹 페이지를 객관적이고 기계적으로 평가할 것인가. 그들은 학술지의 논문 인용방식에서 아이디어를 착안해 구체화했다. 예를 들어 보자. A와 B는 같은 대학교에서 같은 과목을 가르치는 교수다. A는 올해 5편의 논문을 발표했고, B는 1편의 논문만을 발표했다. 만일 학교가 논문 수로만 성과를 평가한다면 단연 A가 우세하다. 하지만 A가 발표한 논문 5편이 1회만 인용되었는데 B의 논문은 100회 인용되었다면 당연히 B의 논문이 더 가치가 있다고 볼 수 있다. 다시 말해 중요도 관점에서 평가한다면 B가 더 우세하다.

두 교수의 사례를 네트워크 구조로 본다면 논문은 '노드', 인용은 '링크'라고 할 수 있다. 그리고 그 노드가 중요한지 덜 중요한지를 노드의 영향력이라고 할 때 영향력은 백 링크(들어오는 링크)를 몇 개나 갖는 지로 평가될 수 있다. 일반적으로 백 링크를 많이 갖는(많이 인용된) 노드가 그렇지 않은 노드보다 '영향력이 크다'고 할 수 있다. 이것을 웹 검색에 적용해 보면 백 링크를 많이 갖는 웹페이지가 상대적으로 영향력이 크다.

페이지랭크 알고리즘은 '영향력 있는 웹페이지가 인용할수록 페이지랭크가 올라간다'라는 가설에 기초한다. 알고리즘의 핵심 내용은 이렇다. 어느 한 웹페이지의 페이지랭크는 그 페이지를 링크하고 있는 다른 페이지들의 페이지랭크를 정규화 하여 얻는다. 모든 웹페이지를 페이지링크로 미리 정렬해두고 사용자가 검색어를 입력하면 그 검색어를 포함하는 페이지늘을 순위에 따라 정렬해 주게 된다.

래리 페이지의 이런 아이디어를 세르게이 브린이 수학적 모델로 만든다. 수학 모델을 컴퓨터 프로그램으로 만들어 줄 엔지니어들을 참여시켜 '백럽 크롤러 Backrub Crawler '라는 페이지랭크 머신을 구현하게 된다. 영어로 백럽이라 하면 주로 목이나 등 마사지가 떠오르는데 사실 그런 뜻은 아니었다. 웹사이트의 백 링크를 추적한다는 의미로 그렇게 명명한 것이었으나 결국 나중에 '구글 google '로 이름을 바꾼다. 브린과 페이지는 백럽 크롤러를 160만 달러에 매각하려 했으나 그 시도는 끝내 무산된다. 강자였던 야후의 아성에 도전할 매도자들이 나타나지 않았기 때문이다. 그들은 결국 스스로 상용 검색엔진이 되는 길을 선택했고 마침내 성공한다.

페이지랭크 알고리즘이 당시 뛰어난 성능을 보여준 것은 사실이다. 그러나 기술적으로 영원히 뛰어날 수 없다는 것은 앞 시기의 다른 검색엔진들이 여실히 보여주었다. 1998년의 성공이 오늘까지 이어질 수 있던 것은 알고리즘의 우수성만으로는 설명될 수 없다. 한두 가지 이유만으로 성장을 설명할 수 없지만 브린과 페이지가 고객가치를 중시한 것이 여러 이유 중의 하나가 되지 않았을까? 지금도 마찬가지지만 기업 마케팅 담당자들의 관심은 어떻게 하면 자신의 기업이름이 검색결과 페이지의 상위에 오를 수 있을까에 있다. 이런 기업들을 수익의 원천으로 삼을 수밖에 없는 포털들은 광고주들과 동맹을 맺고 그들의 이익을 우선하게 된다. 하지만 구글은 광고주들과의 동맹을 잃더라도 더 정확한 결과를 찾는 사용자들과의 동맹을 선택했다. 그들에게 진정한 고객은 구글 검색을 이용하는 사용자들이었던 것이다. 이를 통해 차곡차곡 쌓인 구글에 대한 사용자들의 신뢰는 결국 광고주들이 더 큰 비용을 지불하더라도 구글의 검색 광고를 구매하게 만들었다. 당연한 결과가 아니었을까.

구글의 페이지랭크 알고리즘은 야후가 지배하던 웹의 질서를 위협했다. 세계 최고의 검색 포털이었던 야후는 1인자의 자리를 구글에게 빼앗겼고, 인터넷 검색이라는 용어가 '웹서핑'에서 '구글링'으로 바뀌게 된다. 2006년에는 'google'이라는 단어가 '구글 엔진을 통해 정보를 검색'한다는 뜻으로 옥스포드 영어사전에 등재된다. 구글의 학술검색 결과를 보면 브린과 페이지의 논문은 지금까지 12,000회 이상 인용되고 있다.

야후는 2014년 디렉터리 서비스를 폐쇄했고, 2016년 버라이즌 와이어리스에게 인수되면서 IT 신화의 막을 내린다. 2001년의 기업가치가 1,250억 달러(약 142조원)까지 평가되었던 거대 기업이었고, 당시 야후의 주식은 없어서 못사는 귀한 존재였다. 2008년 시장에서 고전 중이던 야후를 마이크로소프트가 446억 달러에 인수 의사를 밝혔으나 야후 CEO는 제안 금액이 너무 낮다며 이를 거절했다. 결국 야후가 버라이즌에 매각된 금액은 48억 달러(약 5조 5천억원)였다.

경험을 검색하는 시대의 도래

이제 검색 패러다임은 텍스트 검색에서 경험의 검색으로 진화하고 있다. 백문이불여일견(百聞而不如一見), 눈으로 보는 것이 중요하고 실체적인 경험을 전달한다는 뜻이다. 우리는 듣는 것 보다 직접 보는 것이 판단과 선택의 중요한 기준이 된다는 것을 잘 알고 있다. 네트워크 기술의 발전에 힘입어 인터넷은 텍스트 세상에서 멀티미디어 세상으로 바뀌고, 풍부한 멀티미디어 콘텐츠들은 사용자들을 새로운 경험의 세계로 안내한다.

　전직 페이팔PayPal 직원이었던 채드 헐리Chad Hurley, 스티브 첸Steve Chen, 자베드 카림Jawed Karim이 공동으로 창립한 유튜브YouTube는 2005년 4월에 첫 번째 동영상을 업로드 한다. '동물원에서 Me at the Zoo'라는 그 동영상은 19초 분량이었지만 이 동영상이 가진 역사적 의미 때문에 누적 조회 수가 6천만 건을 넘어섰다. 유튜브의 지속적인 인기와 미디어 플랫폼의 미래 잠재력을 눈여겨 본 구글은 2006년 유튜브를 인수한다. 인수 금액은 16억 5천만 달러. 당시 IT 업계에서 가장 큰 이슈가 된다. 이후 구글의 유튜브 인수는 신의 한 수가 된다.

　1990년대 중반에 태어난 Z세대 Generation Z 는 유년시절부터 인터넷 환경에 자연스럽게 노출되고 디지털 미디어에 친숙한 집단이다. 이전 세대와 다르게 Z세대는 텍스트보다는 동영상을 통해 새로운 정보를 습득하는 것에 익숙하다. 화장법, 조립법, 요리법, 친구 사귀는 방법

등 이루 헤아릴 수 없을 정도로 많은 동영상 콘텐츠가 유튜브로 유입되면서 새로운 검색엔진으로 진화했다. '경험을 검색하는 가장 빠른 방법'으로 알려지면서 다양한 세대에 걸쳐 이용이 확대되고 있다. 이뿐만 아니라 생산과 소비를 위한 생태계가 잘 갖춰져 있어서 디지털 라이프는 유튜브 중심으로 빠르게 재편되고 있다. 당분간은 대체재를 찾기 어려울 정도로 유튜브의 영향력은 더욱 커져가고 있다.

또 하나 눈여겨볼 검색 트렌드는 검색이 추천 알고리즘과 만나면서 강력한 상업용 플랫폼으로 재편되고 있다는 것이다. 검색은 사용자가 키워드를 입력하면 관련성이 높은 결과를 찾아서 보여준다. 반면 추천은 컴퓨터가 나의 취향을 파악해 맞춤형 결과를 제시해 준다. 정확한 키워드를 떠올려야 하는 검색의 귀찮음에서 자유로워 질 수 있다. 특히 추천 시스템이 딥러닝 알고리즘을 만나면서 추천 결과가 이전과 비교할 수 없는 정도로 정교해 지고 있다. 드라마 추천 알고리즘은 과거 데이터로 부터 시청자가 좋아하는 주연배우, 선호하는 장르, OST 취향 등 잠재된 선호 정보들을 분석에 활용한다. 티피오 T.P.O 에 맞춰 적당한 옷을 선택해 주는 의류 코디네이터, 예산에 맞춰 계획을 수립해 주는 여행 플래너, 그날의 기분에 따라 분위기를 맞춰주는 음악 추천, 투자자의 성향을 분석해 알맞은 금융 상품을 추천해 주는 로보어드바이저 등 각양각색의 추천 알고리즘이 속속 등장하고 있다. 이제 검색은 추천 알고리즘이라는 날개를 달고 비상을 준비하고 있다.

하지만 추천 알고리즘이 고도화될수록 편향의 위험도 함께 커질 수 있다. 사용자 입맛에 맞는 정보만 제공되고 나머지 정보는 숨겨지는 위험이 생길 수 있다. 이러한 현상을 필터버블filter bubble 이라고 한다. 필터버블과 그 위험성에 대해서는 3장에서 자세히 살펴보자.

나비효과, 결정론적 세계관에 의문을 던지다

현대문명은 한마디로 기계문명이다. 증기기관으로 대표되는 제1기 아
날로그 기계문명 시대를 지나 이제 컴퓨터로 대표되는 제2기 디지털
기계문명 시대를 지나고 있다. 이동 수단, 소통 수단, 생산 수단, 의료
수단 등 기계는 헤아릴 수 없이 많고 우리 주변의 일상이 된 지 이미
오래다.

　자동차를 이용하는 사람들은 가속페달, 감속페달, 운전대가 자
신의 통제 하에 있고 자신의 생각대로 동작할 것이라고 믿는다. 이런
믿음은 자동차 구매로 이어진다. 다행히 거의 대부분의 자동차는 우
리의 기대를 저버리지 않는다. 기계는 허용된 오차 범위 안에서 예상
된 결과대로 작동한다. 만일 예상치 못한 결과가 나왔다면 그것은 작
동 미숙이 아니면 기계 고장일 가능성이 높다. 좀 더 지켜봐야 하겠지
만 자율주행 알고리즘은 머지않은 미래에 인간의 '상황판단'을 대체할
것이다.

　기계에 대한 믿음은 언제서 부터 시작된 걸까. 특정하기 어렵다.
어쩌면 우리도 모르는 사이 그렇게 된 것일 수도 있다. 기계에 대한 의
존성은 아마도 '기계 현상이 예측 가능하며, 따라서 통제 가능하다'고

믿기 때문일 것이다. 조금 어려운 표현을 쓰자면 우리가 기계론적 결정론이 보편적으로 받아들여지는 세상에 살고 있기 때문일 것이다.

기계론적 결정론은 물리 법칙에 따라 합리적으로 움직이는 세계를 지지한다. 피에르 시몽 라플라스Pierre Simon Laplace는 다음과 같이 기술했다. "불확실한 것은 하나도 없으며, 최고 지성의 눈에는 미래도 현재처럼 보일 것이다." 19세기까지는 뉴턴 역학에 기초한 기계론적 결정론이 모든 과학 분야를 지배해 왔다. 결정론적 과학에서는 아주 작은 힘은 큰 영향을 미치지 않는다고 생각한다. 낙하하는 공의 운동을 계산할 때 태양의 인력은 무시할 수 있다는 식이다. 이런 관점에 지배받기는 기상 예측 분야도 마찬가지였다.

1960년 기상학자였던 에드워드 로렌츠Edward Norton Lorenz는 초창기 컴퓨터인 로열 맥비 LGP-30을 사용해 기후예측 모델을 개발하고 있었다. 그는 최대한 단순화시킨 그 모델이 자신의 직관과 일치할 것이며 일종의 법칙 아래 있을 것이라고 생각했다. 다른 결정론적 과학자들과 같은 생각을 했다. 그런데 1961년 겨울날, 로렌츠는 예상하지 못했던 어떤 결과와 마주하게 된다. 그 동안에 해왔던 방법과는 달리, 그는 처음부터 계산하지 않고 중간부터 계산하는 지름길을 선택한다. 이전 결과를 토대로 초기조건을 입력했다. 결정론에 입각해서 보면 전혀 문제될 것이 없었다. 하지만 그는 얼마 후 새로 계산된 기후가 이전 기후와 빠르게 달라지고 있다는 것을 발견한다. 고민에 빠진 그는 오류를 바로잡기 위해 할 수 있는 모든 것을 시도했다. 하지만 잘못된 점을 발견하지 못했다. 그러던 중 그는 한 가지 사실을 깨닫는다. 자신의 모델에는 오류가 없었다. 다만 그가 입력한 값에 아주 작은 변화가 있을 뿐이었다. 당초 로열 맥비 컴퓨터가 출력한 값은 .506127로 소수점이하 6자리였으나 그는 분량을 줄이기 위해 반올림한 .506을 입력했다. 작은 힘은 무시할 수 있었기에 1000분의 1 정도 차이는 대수롭지 않게 생각했던 것이다. 기후 방정식과 같은 거대모델에서 1000분의 1을 무시한 것은 결정론적 입장에서는 합리적인 결정이었다. 하지만 로렌츠는 초기 조건이 '거의 같았던' 두 기후가 차이가 점점 커지더니 결국 유사점이 완전히 없어지는 것을 발견한다. 이 현상은 '초기 조건에의 민감한 의존성'이라고 불리게 된다. 우리에게는 '나비효과'로 친숙한데, 미세한 입력 차이가 엄청난 출력 차이로 나타나는 현상이다. 로렌츠의 발견은 '카오스 과학' 또는 '복잡계 과학'이라는 새로운 패러다임의 서막이 된다.

무질서 속에서 질서의 흔적을 찾다

IBM의 연구원으로 일하던 베노이트 만델브로트는 수학자이자 공학자, 경제학자였던 잡학다식한 사람이었다. 프랑스어 이름은 브누아 망델브로Benoît B. Mandelbrot인데 그의 가족은 히틀러의 유대인 탄압을 피해 출생지인 폴란드에서 프랑스로 이주했기 때문이다.

그는 관심 받지 못하는 분야를 연구하거나 비정통적인 방법으로 수학 문제를 접근하는 등 철저하게 아웃사이더였다. 직장이었던 IBM에서도 크게 눈에 띄지 않았다. 그래도 그는 개의치 않고 미래 연구에 매진할 수 있었는데 IBM의 자유로운 연구 분위기 때문이었다. 그는 면화가격, 전송소음, 하천홍수 등을 연구했다. 그러던 중 그는 매우 무질서한 것으로 보이던 데이터에서 예상하지 못한 질서를 발견한다.

그의 표현을 쓰자면 '거칠음 속의 규칙에 대한 강한 흔적'을 찾아낸 것이다. 그는 거칠기roughness라는 단어를 선호했다. 불규칙은 규칙의 반대를 의미하는데 그가 발견한 것은 불규칙한 것은 아니었기 때문이다. 1975년 만델브로트는 자신이 찾아낸 기하학적 차원에 '프랙탈fractal'이라는 이름을 부여한다. 그는 프랙탈을 설명할 때 콜리플라워를 자주 사용했다. 브로콜리와 비슷하게 생긴 콜리플라워는 작은 알갱이를 떼어내면 크기는 더 작지만 모양은 똑같은 알갱이가 나온다. 이 과정을 계속 반복해도 결과는 마찬가지다. 대단히 복잡하면서 동시에 대단히 단순한 형태, 부분이 전체인 형태, 이런 기하학적인 형태가 프랙탈이다.

자연은 복잡한 구조를 어떻게 만들어냈을까? DNA의 단순한 변형이 어떻게 생물의 기관들을 형성할 수 있을까? 사람의 호흡기관인 폐포의 총 표면적은 80제곱미터, 소화기관의 표면적은 무려 400제곱미터, 혈관 길이는 12만 킬로미터라고 한다. 이런 거대한 신체기관들이 어떻게 A4 용지 30여장의 넓이 밖에 안 되는 인간 피부 속에 감춰질 수 있을까? 프랙탈 구조라서 가능하다. 자연이 보여주는 프랙탈 알고리즘은 매우 단순하다. 하지만 단순한 구조를 무한히 반복하다 보면 생각하지 못한 복잡함과 대면하게 된다. 그래서 프랙탈 알고리즘은 재귀적 알고리즘 또는 자기 반복적 알고리즘이라고도 한다. 예를 들어 한 개의 선분 끝을 2개로 가지 친다. 간단한 이 작업을 계속 반복한다. 그러다 보면 복잡한 나무구조가 만들어진다. 이와 같은 자연의 나무구조 알고리즘은 우리 몸의 폐포 생성 알고리즘과 유사하다. 부분이 전체인 프랙탈 구조이기 때문이다.

만델브로트 집합이라는 유명한 그림은 자신의 모습이 무한히 반복되면서 축소되는 프랙탈 특징을 잘 보여주고 있다.

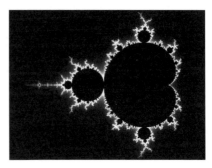

▲ 프랙탈 나무　　　　　　　▲ 만델브로트 집합

만델브로트 집합은 복잡해 보이지만 $Z_{n+1}=Z_n^2+c$인 단순한 수열에서 점화된다. 컴퓨터 화면의 픽셀에 좌표를 설정하고, $n=1$일 때 Z가 발산하지 않는 값들을 점으로 표현한다. 이런 단계를 $n=100$ 될 때까지 반복하면 그림을 얻을 수 있다. 난해한 방정식을 풀어내는 과정은 생략하자. 관심이 있다면 *e-mandelbrot.com* 사이트에서 만델브로트 집합을 시뮬레이션해 볼 수 있다.

구름, 산, 해안선, 나무, 깃털, 번개, 강, 산불, 황홀한 눈꽃, 심지어 은하 구조에도 프랙탈 알고리즘이 숨어 있다. 우리 몸의 심장구조, 혈관, 뇌 등도 프랙탈 구조로 되어 있다. 지진, 경제 현상, 심장박동의 진동수 스펙트럼은 전혀 상관없이 보여도 프랙탈 법칙을 따르고 있다. 무한히 반복되는 복잡성을 사람의 머릿속에서 형상화하는 것은 불가능했다. 하지만 만델브로트는 훌륭한 도구를 가지고 있었는데, IBM에 근무하던 그는 컴퓨터를 마음대로 이용할 수 있었다. 프랙탈 기하학은 컴퓨터를 빼고는 생각할 수 없다. 알고리즘을 통해 무한한 변형을 끝없이 반복할 수 있다.

변화무쌍한 프랙탈 알고리즘의 세상

프랙탈 알고리즘을 어디에 활용할 수 있을까. 기후연구, 지진예측, 생태관측, 우주의 이해, 진화연구, 뇌과학, 면역학, 금융공학, 엔터테인먼트 등 그 쓰임새를 한정하기가 힘들다. 영상압축에도 프랙탈 알고리즘이 숨어있다. 영상에 반복적으로 나타나는 프랙탈 패턴을 저장하면 전송 크기를 1만분의 1로 줄일 수 있다. 프랙탈의 특징을 이용한 환상적인 이미지는 '프랙탈 아트'라는 새로운 예술 영역을 탄생시켰다. 임의적으로 알고리즘을 조작하여 관객들에게 하이퍼리얼리티[19]를 경험할 수 있게 해준다. 만델브로트와 예일대에서 함께 작업했던 켄 무스그레이브는 프랙탈 아트 분야에서 유명한데, 스스로를 알고리즘 아티스트(알고리스트)라 칭하고 자신의 작품을 알고리즘 예술이라고 분류하고 있다. 자연 풍경을 주로 다루는 그는 영화 타이타닉에서 바닷물의 움직임을 컴퓨터를 사용하여 만들어 내기도 했다. 도쿄대학교 교수인 가와구치 요이치로는 프랙탈 알고리즘을 사용하여 '성장 모델'이라는 작품 세계를 구축했다. 그는 생명체 알고리즘을 개발하여 컴퓨터 속에서 인공 생명체를 증식시키고 '인공생명'이라는 개념을 제시했다.

이제 복잡계와 프랙탈 이론은 딥러닝 알고리즘을 만나면서 한층 더 탄력을 받을 것으로 생각된다. 딥러닝에 사용되는 인공신경망은 전형적인 프랙탈 특성을 갖는다. 우려와 기대가 교차하지만 인공지능으로 대표되는 제3기 기계문명이 이제 막을 올리고 있다. 그 뿌리의 한

지점에는 기존의 틀에 얽매이지 않았던 로렌츠와 만델브로트가 있었다. 자연계의 카오스가 다른 사람들에게는 무시할 수 있는 '잡음'이었지만, 로렌츠와 만델브로트에게는 '깨달음'이었다. 그 두 사람이 직접 교류했는지는 알 수 없으나 카오스 과학이라는 계보로 이어져 있는 것은 틀림없다.

고집스러운 아웃사이더였던 만델브로트는 수많은 상과 기사작위를 받는 등 화려한 말년을 보내다 2010년 86세를 일기로 잠든다. 로렌츠가 91세의 나이로 별세하고 2년이 지난 해였다.

딥블루와 알파고의 차이, 딥러닝 알고리즘

2016년 3월의 그 일은 한마디로 충격이었다. 알파고의 승리를 예측했던 사람들도, 이세돌의 승리가 당연했던 사람들도 모두 결과에 놀라기는 마찬가지였다. 1997년 IBM의 인공지능 딥블루가 세계 체스 챔피언 가리 카스파로프를 이겼을 때, 사람들은 그저 '신기한 일' 정도로 받아들였다. 2011년 IBM의 또 다른 인공지능 왓슨이 퀴즈쇼에서 이겼을 때도 별반 다르지 않았다. 하지만 알파고의 승리는 '두려운 일'로 받아들여졌다. 왜냐하면 딥블루의 알고리즘은 한 땀 한 땀 사람의 손으로 코딩되어 만들어진 반면, 알파고는 컴퓨터 혼자 공부해서 이겼기 때문이다. 그것도 동양의 신비가 가득한, 신의 놀이라고 여겨지던 바둑에서 이겼던 것이다. IT 기술에 종사하던 사람들은 새로운 가능성에 눈을 반짝였고, 정책에 종사하던 사람들은 교육의 변화를 외치는 등 자극과 반성이 각종 미디어에서 이어졌다. 물론 지금은 그 때만큼 부산하지는 않다. 아마도 익숙해 졌기 때문일 것이다.

무엇이 딥블루와 알파고의 차이를 만들었을까? 인공 신경망 기반의 딥러닝 알고리즘이 답이다. 그렇다면 인공 신경망이라는 개념은 어떻게 시작된 걸까?

1943년 신경생리학자 워렌 맥컬로치Warren McCulloch와 논리학자 월터 피츠Walter Pitts는 인간의 뉴런을 흉내 낸 인공적인 신경 네트워크, 즉 인공 신경망 개념을 논문을 통해 최초로 제안했다. 맥컬로치는 동물과 인간의 신경계에서 정보가 어떻게 흐르는지에 관심이 많았다. 피츠와 함께한 연구에서 생물이 어떤 자극을 감지하는 과정은 복잡한 스위치들이 연결된 논리 네트워크로 설명이 가능하다는 것을 증명한다.

그로부터 5년 후인 1948년 미국의 수학자였던 노버트 위너Norbert Wiener는 동물과 기계가 본질적으로 유사한 메커니즘을 가지고 있다고 생각했으며, 이 개념을 책으로 출간한다. 『사이버네틱스』라는 이 책은 당시 꽤 유명한 베스트셀러가 된다. 이제는 엄연한 과학의 한 분야로 불리는 이름이다. 위너는 이 용어를 그리스어인 'kybernetes'에서 따왔는데 배의 키를 조정한다는 '조타'를 의미한다. 그 책의 부제는 '동물과 기계에서의 제어와 통신'이었지만 오늘의 사이버네틱스 연구는 인간과 기계에서의 제어와 통신으로 확장되고 있다. 우리가 흔히 사용하는 '사이버-'라는 용어는 사이버네틱스에서 시작되었다.

맥컬로치, 피치, 위너와 같은 학자의 눈에는 기계와 생물이 모두 '시스템'으로 보였을 것이다. 외부 신호를 전달하고, 통제하고, 되먹임하는 메커니즘의 유사성을 보았다는 것이 정확한 표현일 것이다. 그들은 생물과 기계가 공통적인 신호 전달체계를 가지고 있다고 보았고, 그것을 수학적인 알고리즘으로 설명했다. 뇌의 신경세포가 정보를 처리하는 방식을 모형화한 인공 신경망의 개념은 인공지능 연구에 중요한 단초를 제공하게 된다. 한편 인간처럼 생각하고 문제를 해결하는 인공지능의 개념은 앨런 튜링의 생각에서 시작된다.

기계가 생각할 수 있을까?

"기계가 생각할 수 있는가?" 앨런 튜링의 논문은 이런 질문으로 시작한다. 이 논문은 '계산 기계와 지성'이라는 제목으로 1950년 『마인드』라는 학술지에 실린다. 그는 논문에서 모방게임을 통해 기계가 생각할 수 있는지 여부를 판단할 수 있다고 보았다. 일명 '튜링 테스트'라고 부르는 모방게임은 일종의 구술시험이다. 철저히 통제된 환경에서 사람이 질문하고 기계와 사람이 대답을 한다. 만약 질문하는 사람이 누가 기계이고 누가 사람인지 구분할 수 없다면 테스트를 통과할 수 있다. 그는 사람의 질문에 사람처럼 자연스럽게 대답할 수 있다면 그 기계는 생각하는 기계라고 말한다.

인공지능에 대한 획기적인 개념은 논문의 일곱 번째 장에서 설명한 '학습기계 Learning Machines'에 있다. 그는 어른의 정신을 모방하도록 프로그램을 만드는 것 보다는 아이의 정신을 모방하는 것이 더 효율적이라고 생각했다. '어린 기계 Child Machine'가 기계에 맞게 잘 설계된 가르침을 받는다면 궁극적으로 지적인 분야에서 사람과 경쟁할 수 있을 것이라고 적고 있다. 기계는 오직 사람이 시킨 것만을 할 수 있다는 주장을 논리적으로 반박한다. 놀라운 상상력이다. 1950년이라는 매우 이른 시기에 그가 상상했던 인공지능의 용도가 체스를 두거나, 영어를 이해하고 말하는 것이었으니 말이다. 인공지능 역사에서 중요하게 언급되는 학술회의가 1956년 미국 다트머스 대학에서 열린다. 다트머스 컨퍼런스라고 불리는 이 회의에는 전산 분야, 인지과학 분야에서 당대 내로라하는 대가들이 대거 참석한다. 개최자인 존 매카시 John McCarthy 교수를 비롯해 마빈 민스키 Marvin Lee Minsky, 클로드 섀넌 Claude Shannon,

아서 사무엘Arthur Samuel 등이 그들이다. 6주간의 열띤 토론에서 사람의 지능을 흉내 낼 수 있는 컴퓨터 시스템이 논의되었고, 인공지능이라는 용어가 처음 등장한다. 정확히는 이 학술회의 초대장에서 최초로 등장한다. 인공지능에 대한 때 이른 낙관론들이 발표되기도 했으나, 튜링의 생각하는 기계를 구체화하기 위한 실천적 모임이었다. 이후 MIT와 카네기멜론대에 인공지능 연구소가 설립되는 등 인공지능 연구의 중요한 계기가 된다.

다트머스 컨퍼런스 다음 해인 1957년 코넬대 심리학자 프랭크 로젠블랫Frank Rosenblatt은 웨렌 맥컬로치Warren McCulloch와 피츠의 개념 연구에서 한걸음 더 나아가 '퍼셉트론Perceptron'이라는 인공 뉴런 알고리즘을 만든다. 뉴런은 신경계를 구성하는 세포로 시냅스라는 구조를 통해 전기 화학적 신호를 주고받으며 정보를 전달한다. 사람의 뇌에는 천억 개 정도의 뉴런이 복잡하게 연결되어 있다. 이러한 생물학적 뉴런이 수상돌기를 통해서 입력을 받아 축삭돌기를 통해서

▲ 로젠블랫과 퍼셉트론

▲ 퍼셉트론 패턴분석 패치보드

출력하는 과정을 수학적으로 모델링한 인공 뉴런이 퍼셉트론이다. 인간의 신경망과 닮은 인공 신경망 개념을 통해 인공지능 연구는 새로운 전기를 맞이하게 된다. 퍼셉트론은 선풍적인 인기를 얻고 막강한 영향력을 행사하게 된다.

하지만 시련이 닥친다. 1969년 마빈 민스키Marvin Lee Minsky가 퍼셉트론이 AND 또는 OR 같은 선형 문제는 가능하지만 XOR 문제는 적용할 수 없다는 것을 수학적으로 증명한 것이다. XOR은 간단한 문제인데 이런 문제를 해결할 수 없다면 다른 문제도 해결할 수 없다며 퍼셉트론의 한계를 증명한 것이다. 여기서부터 인공지능 연구는 난관에 부딪힌다. 민스키의 증명으로 미 국방부는 로젠블랫에게 지원하던 연구자금을 전격 중단한다. 이때부터 인공지능 연구는 오랜 암흑기를 맞이한다. 1971년 로젠블랫은 호수 위 보트에서 숨진 채 발견된다. 민스키와 로젠블랫은 뉴욕 브롱스 과학고등학교 동기였다.
로젠블랫이 고안한 퍼셉트론은 단층 구조를 가지고 있었다. 따라서 민스키의 증명에 취약할 수밖에 없었다. 암흑기가 계속되던 중에도 이를 해결하기 위한 연구는 명맥을 이어갔다. 이후 여러 개의 퍼셉트론 뉴런을 겹겹이 쌓아올린 다층 퍼셉트론으로 XOR 문제를 해결할 수 있다는 것이 증명되었다. 그러던 중 결정적으로 2006년 캐나다 토론토대의 제프리 힌튼 교수가 '딥러닝(심층신경망)' 개념을 창안하면서 인공지능 연구는 길고 어두웠던 터널에서 빠져 나올 수 있었다. 결국 37년 만에 로젠블랫이 옳았다는 게 증명된 셈이다. 인공지능 역사의 비극적 서사는 이렇게 막을 내리게 된다.

딥러닝 알고리즘의 진화를 바라보는 우리의 자세

지금까지의 컴퓨터 알고리즘은 사람이 직접 규칙을 설계하였고, 입력 값이 주어지면 결과 값이 자연스럽게 도출되는 구조였다. 하지만 머신 러닝은 사람이 정확한 규칙을 만들기 어려운 문제를 해결하는데 사용한다. 예를 들어 메일을 분류하는 프로그램을 만든다고 할 때, 받은 메일이 스팸인지 아닌지를 구분하려면 규칙이 너무 많아서 알고리즘 개발자들이 규칙을 설계하기 난감할 것이다. 이럴 때 많은 양의 입력 값과 출력 값을 주고 그 안에 숨겨진 규칙을 컴퓨터가 직접 알아내도록 하는 것이 머신러닝 알고리즘이다. 하지만 규칙과 관련된 최소한의 모델은 사람이 주어야 하는데 예를 들면 선형 방정식 모델일 것이라든가 지수형 방정식 모델일 것이라는 식으로 알려주어야 한다.

이렇게 데이터와 기초 모델, 그리고 학습 시간이 주어지면 컴퓨터가 만든 어떤 규칙이 나오게 되는데, 이 규칙을 다른 분야에 적용하게 되면 머신러닝이라고 할 수 있다. 특히 기초 모델로 사람의 뇌를 본뜬 구조인 인공 신경망 모델 구조를 사용하는 방식을 딥러닝 알고리즘이라고 한다.

한편 딥러닝 알고리즘이 SNS를 만나면서 인공지능 연구는 다시한 번 극적인 변화를 맞이한다. 인공지능이 똑똑해 지려면 학습을 해야 하는데 학습 데이터를 만들어내는 일이 여간 힘든 일이 아니었기 때문이다. 예를 들면 구글이 고양이 얼굴을 인식시키기 위해 사용한 화면이 천만 장이 넘었다고 한다. 그렇게 해서 얻은 인식률이 74.8% 였다. SNS 등장 이전에는 연구자들이 이런 규모의 데이터를 얻는 것은 불가능에 가까웠다. 하지만 페이스북, 인스타그램, 유튜브 같은

SNS 채널의 등장은 이런 갈증을 해소해 주었다. 그렇다고 SNS가 모든 데이터를 담고 있는 곳은 아니다. 인공지능이 모든 분야에서 똑똑해 지려면 아직 갈 길이 멀다. 알고리즘도 더 진화해야 하지만 결국은 데이터 확보가 관건이다. 데이터 확보 싸움은 제조, 금융, 유통, 의료 등 전 분야에 걸쳐 진행되고 있다. 데이터 주권이 중요한 이유이다. 데이터 주권에 대한 인식이 부상한 것은 2013년에 발생한 프리즘PRISM 사건이 결정적인 계기가 되었다. 프리즘은 911 테러 이후 만들어진 미국 국가안보국NSA의 빅데이터 감시 프로그램의 코드네임으로, 애플, 페이스북 등 자국의 인터넷 기업들에게 서버 접속권한을 요청하고 대량의 데이터를 수집한 것으로 알려져 있다. 국가안보국 직원이었던 에드워드 스노든의 폭로로 세상에 알려졌으며, 국가에 의한 개인정보의 무단 활용 사례라는 측면에서 데이터 주권에 대한 경각심을 불러일으키는 계기가 된 사건이었다.

딥러닝 알고리즘 등장 이후 인공지능은 빠르게 발전했고 지금은 예측하기 어려울 정도로 급격하게 진화하고 있다. 보통은 컴퓨터가 작업을 하려면 사용자가 명확하고 자세한 명령을 내려야 한다. 그리고 컴퓨터가 주는 답은 명확하고 모두가 동의할만한 기준에 부합했다. 그러나 이제는 컴퓨터에 명령을 내린다는 표현보다는 학습을 시킨다는 표현이 더 자연스럽다. 그리고 더 나아가 주관적이고 정답이 없는 열린 질문들을 거침없이 인공지능에게 던진다. "오늘은 어떤 요리를 준비할까?", "면접자 중에 누가 가장 업무 성과가 뛰어날 것 같은가?"처럼.

가리 카스파로프Garry Kasparov는 딥블루와의 체스 대결 부터 정확히 20년 후인 2017년 TED 컨퍼런스에서 소감을 밝힌다. "인간의 직관력에 기계의 계산력을 더하고, 인간의 전략에 기계의 전술을 더하고, 인간의 경험과 기계의 기억을 더하면, 역사상 완벽한 체스게임을 할 수 있을 것 같다." 역사적 대결의 장본인이었던 그는 인간과 기계의 조화를 강조하고 있다. 하지만 사람이 개발한 기술이 결코 중립적이지 않다는 것은 인류의 기술 역사와 전쟁의 역사가 말해 준다.

인공지능 알고리즘은 인간의 흔적을 가지고 학습한다. 알고리즘이 학습하는 데이터는 인간의 행동양식이 만들어낸 정보들이다. 그러다 보면 알고리즘은 인간의 편견을 그대로 투영한다. 우리가 알고리즘뿐만 아니라 알고리즘이 학습하는 데이터에 대한 감시도 소홀히 해서는 안 되는 이유이다. 지금의 인공지능은 SF 영화에 나오는 인공지능만큼 뛰어나지는 않다. 딥블루와 알파고는 시합의 긴장감과 승리의 기쁨을 전혀 느끼지 못했다. 그 긴장감과 기쁨은 인간의 몫이었다. 그러나 아직 최고의 알고리즘은 모습을 드러내지 않았다. 미래에 인공지능을 뛰어넘는 우월지능이 나타나더라도 인간의 통제 하에 있기를 간절히 소망한다. 우리 후손들이 우리 세대를 원망하는 일이 없길 바라는 마음이다.

미들맨 패러다임의 대항마, 사토시 나카모토의 블록체인 알고리즘

아홉 장짜리 논문으로 촉발된 가상화폐 전쟁

한때 기술 발달이 미들맨이 사라진 '마찰이 없는 자본주의' 시대를 열 것이라고 믿었던 시기도 있었다. 여전히 실현은 요원해 보인다. 세상이 복잡해지면서 미들맨의 위상과 지위가 더욱 높아졌다. 미들맨들은 거래 당사자들 간의 신뢰를 '위탁'해 주고 수수료를 받는다. 미들맨들이 가진 연결 능력과 위험대응 능력은 거래 당사자들에게 분명한 매력이 되기 때문이다. 한편으로는 스스로 아무런 가치를 만들어내지도 못하면서 연결의 대가만 챙기는 필요악이라는 부정적 견해도 있다. 더 무서운 견해는 '마찰'이 실존하고 있는데도 불구하고 눈에 보이지 않는다는 것이다.

네트워크 관점에서 보면 미들맨들은 거대 허브라고 할 수 있다. 이러한 거대 허브들이 중앙권력으로 성장하고, 독점적 지위를 갖고, 견고한 카르텔로 성장한다면 그 네트워크는 지속가능할까? 사토시 나카모토(中本哲史)는 그러지 않다고 생각했다. 오히려 평평한 네트워크가 지속가능하다고 생각했고 '블록체인'이라는 알고리즘 대안에 자신의 가치관을 담았다. 블록체인은 미들맨들이 가진 플랫폼 권력을 참여자들이 나누는 개념이다.

2008년에 발생한 세계 4위 투자은행 리먼 브라더스의 파산보호 신청은 금융위기의 신호탄이었다. 이렇게 시작된 금융시스템의 붕괴는 세계 경제가 침체하는데 직격탄이 된다. 수많은 금융회사들이 구조조정을 피할 수 없게 되면서 금융 시스템에 대한 신뢰가 무너지기 시작했다. 그러면서 시장 참여자들의 불신은 공포로 바뀌었고 전 세계 금융은 패닉 네트워크로 변질되었다.

그해 10월 사토시는 서론과 결론을 포함해 총 9쪽의 짧은 논문을 발표한다. 「비트코인: 개인 간 전자 화폐 시스템」논문의 분량만큼이나 개념도 간단하다. 중앙기관의 개입 없이 참여자들끼리 검증하는 자율적인 통화 시스템을 만들자는 것이다. 비트코인 네트워크에서 정부나 전체를 통제하는 '중앙'은 철저히 배제된다. 중앙, 즉 미들맨들이 교란할 수 없는 화폐제도를 확립하려고 했던 것 같다.

비트코인이 세간에 주목을 받게 된 시점은 2013년이라고 볼 수 있다. 그 해 초에 미 재무부는 전통적인 화폐와 마찬가지로 가상화폐도 자금세탁방지법의 적용을 받도록 규정한 지침을 발표하였고, 같은 해 11월 19일에 미국 상원이 비트코인, 라이트코인, 알트코인 등과 같은 가상화폐에 대한 청문회를 개최한다. 당시 FRB 의장이었던 벤 버냉키는 청문회에 제출한 서한에서 지급수단 혁신이 법 집행 및 감독 업무에 위험을 초래할 수 있지만, 효율적이고 안전한 지급결제시스템으로의 발전을 촉진한다면 장기적으로는 성공할 가능성이 있다고 언급했다. 미국의 금융수장이 가상화폐에 대한 긍정적인 입장을 가진 것으로 읽히는 대목이다. 이 때 부터 전 세계적으로 비트코인에 대한 관심이 집중된다.

가상화폐 작동의 핵심 알고리즘, 블록체인

비트코인 알고리즘의 작동원리를 간단히 살펴보자. 사토시가 고안한 비트코인이 화폐로써 가치를 가지려면 세 가지 문제를 해결해야 했다. 이중지불 방지, 장애 허용, 발행 통제가 그것이다.

이중지불 방지. 만일 A라는 사람이 자신의 통장에 있던 천 원을 B와 C에게 동시에 송금 버튼을 눌렀다고 하자. 이 때 천 원은 B 또는 C의 통장 중 하나에만 기장되어야 한다. 중앙 집중 네트워크라면 순차적 처리가 가능하지만 분산 네트워크라면 이 문제를 어떻게 해결해야 할까. 장애 허용. 악의적인 의도를 가진 사람이 분산 네트워크에 참여하더라도 비트코인 시스템이 신뢰할 수 있다고 어떻게 보장해야 할까. 발행 통제. 통화량은 해당 화폐의 가치와 밀접한 관계가 있다. 무한한 가상 공간에서의 적정 통화량을 통제할 수 있는 방법은 무엇일까. 사토시의 논문이 특별한 것은 바로 블록체인 알고리즘을 통해 이 같은 문제들을 해결하고 있다는 점이다.

그는 거래정보를 저장한 블록이 꼬리를 물고 이어지는 사슬의 형태를 고안했다. 각각의 블록은 바로 이전 블록의 정보를 암호화된 형태로 가지고 있다. 블록생성 알고리즘은 거래정보와 이전 블록정보를 가지고 새로운 블록을 생성한다. 모든 거래에는 타임스탬프가 찍히고 이를 통해 먼저 실행된 거래를 식별한다. 블록이 계속 커지는 것을 방지하기 위해 머클트리 Merkle Tree 방식을 통해 오래된 블록을 잘라낼 수 있다. 매 10분 마다 새롭게 생성되는 블록들은 네트워크를 통해 전체 참여자들의 컴퓨터에 전파되고 기록된다. 만일 누군가의 컴퓨터가 블록을 받지 못했다면 다음 블록을 받을 때 누락이 체크되고 블록을 다시 요청한다. 마치 금융기관이 금융기관의 장부에 거래내역을 기록하는 것처럼 블록체인 알고리즘은 작업증명 Proof of Work 을 통해 블록에 거래내역을 기록한다. 이 과정에서 거래내역은 암호화되는데 이 때 SHA-256과 같은 해시함수 Hash Function 알고리즘이 사용된다. 해시함수는 입력 값이 같으면 반드시 결과 값이 동일하다는 특징을 갖는다. 예를 들어보자. 빅토르 위고의 대작 레미제라블을 해시함수에 넣으면 일정한 길이를 가지는 데이터 값으로 변환된다. 만일 레미제라블의 방대한 글자 중 단 한 글자만을 변환하고 해시함수에 넣는다고 가정할 때, 데이터 값을 비교해 보면 앞에서 얻은 값과는 전혀 다른 값을 얻게 된다. 여기에서 데이터 값을 해시 값이라고 한다. 해시 값으로부디 기록을 역추적하기 힘들고, 내용을 조금이라도 조작하면 해시 값 자체가 바뀌기 때문에 데이터 손상여부를 바로 확인할 수 있다. 즉, 거래내역은 안전하게 보관되고 위변조가 불가능하게 된다. 블록체인 알고리즘은 이렇게 해시함수 알고리즘을 사용하여 거래내역이 무결함을 증명한다.

작업증명을 통해 블록에 거래내역을 정리하려면 컴퓨팅 리소스가 필요하다. 필요한 리소스를 제공하는 참여자에게는 새로운 코인이 인센티브로 제공되는데, 작업증명에서 인센티브 제공까지의 과정을 '채굴 Mining'이라고 한다.

통화량은 블록생성 난이도를 통해 자동 조절한다. 블록생성 알고리즘은 생성된 블록이 많을수록 블록 생성 난이도를 높여 간다. 난이도가 높아질수록 엄청난 컴퓨팅 파워가 필요하게 된다. 이런 방식으로 중앙은행의 통제를 받지 않고 참여자들이 통화 공급량을 예상할 수 있는 원칙을 제공했다.

찰스 디킨스의 『크리스마스 캐럴』에 등장하는 밥 크래칫은 스크루지 은행에서 성실하게 장부를 기록하는 착한 사람이다. 비트코인 네트워크 참여자 모두가 밥과 같이 충성스럽게 장부를 관리한다면 우려할 것이 없겠지만 현실에서는 쉽지 않다. 뭔가 장부의 신뢰를 보장할 방법이 있어야 한다. 스크루지의 방심과 밥의 실수가 만날 경우 장부에는 틀린 정보가 기입될 수 있다. 또한 스크루지의 탐욕에 분노한 밥이 부정한 방법으로 장부를 틀리게 작성할 수도 있다.

이를 방지할 수 있는 사토시의 해법은 '공개'와 '공동소유'였다. 장부가 한 개라면 위변조가 쉽다. 하지만 똑같은 장부를 열 명이 나누어 보관한다면 열 개의 장부를 동시에 위변조 하기는 쉽지 않다. 더욱이 보이지 않는 펜이 매 10분 마다 열 개의 장부를 동시에 변경한다면 밥이 이것을 따라잡아 모든 장부를 왜곡하기는 더욱 어려워 질 것이다. 여기서 보이지 않는 펜은 블록체인 알고리즘이다.

네트워크에 참여하는 사람들이 많으면 많을수록, 블록이 늘어나면 늘어날수록 왜곡은 불가능하게 될 것이다. 만일 어느 개인 또는 특정 집단이 블록체인 네트워크의 자원을 독보적으로 많이 가지고 있다면 남들보다 월등한 연산 능력과 지배력으로 네트워크를 교란시킬 수 있지 않을까. 사토시는 지배적인 참여자라 하더라도 악의보다는 선의를 가지고 네트워크에 참여하는 것이 훨씬 더 큰 이익을 얻는다고 주장한다. 자신이 많은 지분을 가지고 있는 비트코인 네트워크가 오염된다고 할 때, 신뢰도 추락에 따른 가장 큰 손해는 자신이 감당해야하기 때문이다. 그리고 참여자가 많아질수록 지배력도 분산되어 부정한 세력의 공격으로 부터 안전할 것이라고 예상했다.

비주류로 전락하느냐 주류가 되느냐, 그것이 문제

사토시의 블록체인 세계관이 자리 잡기까지는 넘어야 할 난제가 있다. 이른바 블록체인 딜레마로 불리는 모순적 상황이 발생할 수 있기 때문이다. 즉 블록체인의 강점인 '확장성'과 '탈중앙성'이 동시에 충족되는 것이 어렵다는 난제이다.

소수의 미들맨들에게 권력이 집중되는 것을 막기 위해서는 다수의 사람들이 비트코인 채굴에 참여해야 하는데, 참여자가 증가하면 할수록 거래처리 속도가 느려지게 된다. 반면 빠른 거래처리 능력을 위해서는 강력한 컴퓨팅 파워가 필요한데, 고성능 그래픽처리장치GPU를 탑재한 컴퓨터를 대량 보유한 소수의 참여자들에게 독점 환경이 만들어질 수 있다.

독점 환경이 만들어질 위험성은 여러 가지 현상에서 감지된다. 가상 화폐 시장이 가열되고 채굴공장(서버팜)이 늘어나고 GPU 가격의 급등과 독점을 부추겼다. 한가롭던 중국의 농촌엔 기계 소음으로 가득한 채굴공장들이 들어섰다. 채굴공장은 24시간 쉬지 않고 돌아가는데 전기료가 상당한 부담이 된다. 이러다보니 전력비용이 저렴한 국가나 지역에 몰려 중국이나 미국 일부 도시에서는 채굴을 제한하는 움직임도 나타났다. 또한 가상 화폐 거래소가 우후죽순 등장하면서 불안한 보안 시스템으로 각종 부작용이 속출하기도 했다. 이렇게 가상 화폐와 관련된 우려가 시장에 확산되면서 비관론이 커지고 있다. 하지만 가상 화폐에서 나타나는 부작용에만 매몰되다보면 탈중앙성, 투명성 등 블록체인 기술이 사회에 미칠 긍정적인 파급력이 빛을 보지 못할 수 있다.

비트코인이나 이더리움 블록체인은 참여자들에게 블록 생성에 따른 인센티브를 가상 화폐로 지급했고, 이 가상 화폐가 논란의 중심에 서있다. 하지만 MIT 교수이자 튜링상 수상자이기도 한 실비오 미칼리는 기존 블록체인 네트워크와 달리 대조적으로 인센티브를 제공하지 않는 새로운 블록체인 알고리즘을 고안하였다. 또한 하이퍼레저 패브릭 프레임워크와 같이 기존 블록체인의 문제점을 해결하기 위해서 기업들이 연합해 블록체인 개발에 참여하고 있다.

사토시 나카모토는 여전히 정체불명으로 베일에 싸여있다. 그러나 그는 알고리즘을 통해 자신의 메시지를 세상에 던지고 있다. 블록체인 알고리즘을 통해 미들맨들의 세상에 반기를 들었다. 자신이 의도했던 의도하지 않았던 저항과 혁신의 아이콘으로 언급되기도 한다. 아마도 그가 생각했던 세상은 특정 미들맨이 권력을 좌지우지하지 않고 불특정 다수가 참여하는 평등한 네트워크였을 것이다. '마찰이 없는 자본주의'를 꿈꾸었을 수도 있다.

초연결시대에 구글, 애플, 아마존 등은 그들의 플랫폼 생태계를 통해 슈퍼 미들맨의 지위를 강화하기 위한 전략을 실행하고 있다. 그들이 창출하는 가치는 충분히 매력적이면서도 후발주자들에게는 너무도 강력한 진입장벽이 되고 있다.

블록체인 알고리즘이 멸종의 길을 갈지, 진화의 길을 갈지, 주류 기술에 편입될지, 비주류기술로 남을지 여부는 아직 안개 속이다. 가상 화폐에서 시작된 블록체인은 이제 금융 분야, 비금융 분야로 적용 범위를 천천히 확대해 가고 있다. 과연 블록체인이 미들맨들에 의해 기울어진 운동장에서 경쟁력 있는 대안이 될 수 있을지 지켜보자.

THREE

알고리즘으로 인한
인간의 의식과
선택의 변화

진드기 한마리가 일으킨 유럽사의 변화

1600년대 초, 유럽의 사람들은 갈증을 푸는 음료는 물이 아니라 술이었다. 14세기부터 17세기까지 유럽과 지중해 연안에서 지속적으로 발생했던 흑사병 때문이었다. 유럽의 인구는 흑사병으로 종 7천 5백만 명에서 2억여 명에 달할 것으로 추정된다. 인구의 절반 정도가 사망할 정도였다. 이탈리아, 스페인, 프랑스 남부 등에서는 지역에 따라 인구의 80%가 희생되는 경우도 빈번하였다. 중국의 경우 흑사병은 원나라 시기인 1334년 허베이에서 창궐하여 인구의 90%가 사망하였다는 기록이 있을 정도였다. 그야말로 사람들은 물을 마실 수가 없었다. 대신 당시 사람들은 하루 종일 술에 취해서 살았다고 해도 과언이 아니었다. 그러나 재앙은 엎친 데 덮친다고 했던가, 사람들을 힘들게 하는 또 하나의 사건이 생기고 만다. 와인을 만들어내는 포도나무가 썩어 들어가기 시작한 것이었다.

한편 때는 신대륙이 발견되고 본격적인 대항해시대가 펼쳐지고 있었다. 커피를 포함한 향신료 등 다양한 먹거리들이 본격적으로 개척되고 교역되고 있었다. 포도도 그 중의 하나였다. 미국은 그 땅의 크기만큼이나 다양한 종류의 포도가 자라고 있었다. 유럽인들에게 이것은 새로운 기회의 발견이었다. 다른 환경의 땅에서 자란 다양한 야생의 포도는 곧 새로운 와인 산업의 확장을 의미하기 때문이었다. 그러나 막상 미국산 포도는 와인용으로는 적합하지 않은 것으로 판명이 났고 대신 식용으로 도입하기 시작했다. 그런데 여기서 예상치 못한 일이 발생한다. 교역의 과정에서 포도만 수출입을 한 것이 아니라 각 지역의 포도나무 묘목까지 이동을 한 것이었다. 유럽산 포도나무를 미국에 심어서 재배하고, 미국산 포도나무를 유럽 땅에서 재배를 시도했다. 문제는 미국산 포도나무 뿌리에서 기생하는 진드기 벌레였다. 모기가 사람의 피를 빨 때 분비되는 침 물질 때문에 항체반응이 생겨 피부가 부풀어 오르는 것처럼 진드기가 뿌리의 양분을 뽑아먹으면서 비슷한 반응을 일으켜 결국은 뿌리에 영양을 공급하지 못해 괴사되는 일이 생긴 것이다. 이것을 필록세라 Phylloxera 라고 한다.

　미국산 포도는 오랜 세월을 거치면서 필록세라에 대한 내성을 확보해서 문제가 없었지만, 유럽의 토양에 미국 포도나무가 심어지고 그 땅에 필록세라가 서식하기 시작한 것이었다. 그 결과는 처참했다. 유럽의 포도나무는 20년 동안 씨가 말랐다고 해도 과언이 아닐 정도였다. 유럽 전역의 포토밭은 초토화되었고 남미지역을 제외하고선 포도를 재배하는 거의 대부분의 지역으로까지 확산되어 와인 관련 산업은 그야말로 주저앉아 버릴 정도였다. 결국 시간은 걸렸지만 필록세라에 내성을 가진 미국산 포도나무의 뿌리에 유럽 포도의 가지를 접붙이는 시도가 성공적인 결과를 낳으면서 상황은 정리 국면으로 들어가게 된다. 그래서 지금 우리가 마시는 대부분의 유럽산 와인은 사실 미국산이라는 우스갯소리를 하는 이유가 되었다.

　눈에 잘 보이지도 않는 미미한 존재 필록세라 진드기. 그러나 필록세라는 세계 술의 역사를 바꾸는 계기가 된다. 와인 생산이 사실상 중단되자 사람들은 생존을 위해서라도 새로운 술에 대한 수요를 가질 수밖에 없었다. 자연스레 서민들이 마시던 술이었던 위스키, 맥주에 눈을 돌리기 시작했다. 맥주의 품질을 높이는 계기가 되었고 에일 맥주의 본격적인 생산은 물론 병맥주를 개발함으로써 맥주 유통 산업을 키우고, 토속주였던 스카치위스키가 영국의 상류층의 술로 자리잡기 시작할 뿐만 아니라 고급 위스키들이 본격 제조되기에 이르렀다. 또한 동물과 식물의 교역시 원산지표시제도와 검역관리체계가 자리 잡는 계기가 되었다.

이처럼 전혀 상상치도 못한 지극히 미미한 작은 요소가 생태계 전체에 영향을 줄 정도로 큰 파급효과를 일으키는 현상을 '필록세라 효과'라고 부른다. 나비의 날개짓이 지구 반대편에 태풍을 일으킬 수도 있다라는 의미로 나비효과를 떠올리기 쉽지만 그것은 초기의 변수 자체가 결과적으로 영향을 줄 수도 있다는 개념적인 것에 국한된다. 반면에 필록세라는 실제 생태계에 지속적으로 영향을 주는 구체적인 존재가 있고 그것이 미치는 파급효과를 극복하기 위한 새로운 돌파구를 일으킨다는 점에서 차이가 있다. 밀레니엄 이후 시작된 트위터, 인스타그램이나 페이스북 등은 처음엔 그저 셀카 사진을 업로드하고 일상을 공유하는 수준의 작은 SNS활동이라고 치부되었다. 하지만 이것은 우리가 일어나서 잠들 때 까지 라이프스타일 전반의 근원적인 변화를 가져다 주었고 관련 산업들의 판도를 완전히 바꾸었다. 그저 사소한 사건, 사소한 감정들이 전 지구들에 영향을 미치고 요동치게 만드는 필록세라가 되었다. 그 열풍은 더욱 거세졌고 이제는 어떤 것이 세상에 영향을 일으킬이 될지 예측 자체가 불가능한 지점에 이르렀다.

연결이 만들어내는 21세기의 새로운 필룩세라 현상

방안에 23명의 사람이 있다. 그 중에서 같은 생일을 가진 사람이 있을 확률은?

아마도 365분의 23이라고 생각하겠지만 실제로는 50%다. 경우의 수로 이 문제를 풀어 보면 쉬운 데, 같은 공간에 3명의 사람이 있다고 가정하자. 그러면 나를 기준으로 다른 두 사람의 생일이 같은지를 비교하면 끝일 것 같지만 사실은 나와는 생일이 다르지만 다른 두 사람은 같을 수도 있다. 즉, 세 사람이 있으면 생일을 비교해야 하는 경우의 수가 2회가 아니라 3회가 된다. 4명이 있으면 3번이 아니라 마찬가지 이유로 6번을 비교해야 한다. 숫자가 늘어날수록 경우의 수는 $N + (N-1)$의 형태로 늘어난다. 즉, 네트워크에 참여하는 사람의 수가 많아지면 그 내에서 생길 수있는 경우의 수는 기하급수적으로 늘어난다. 반대로 무언가가 발견될 가능성 또한 급속도로 커진다. 이 역설적인 현상을 바탕으로 지금의 시대를 이해하면, 우리가 연결되지 않았을 때는 발견되는 것이 이슈였다. 발견되면 선택될 가능성이 높았다. 하지만 인터넷의 보급과 확산으로 이제는 초연결의 시대가 되었고, 수많은 것들이 '발견 가능' 상태가 되었다. 그래서 문제는 이제 발견이 아니라 그 수많은 발견 가운데 무엇을 선택할 것인가의 '선택'의 문제로 넘어간다. 바야흐로 선택의 시대로 접어들게 됨을 의미하는 것이다.

2단계 정보 유통 이론The two-step flow of communication theory

인터넷이 존재하기 전인 1940년대, 사람들은 지극히 물리적인 공간의 영향 내에서의 연결을 수립하고 있고, TV와 라디오와 같은 소수의 매스미디어를 사용한 정보확산 구조를 취하고 있었다. 이 때 펜실베니아 대의 캐츠Katz 교수 외 연구팀이 밝혀낸 2단계 정보 유통 이론에 따르면 기본적으로 사람들의 영향력은 동등하지 않다는 것을 전제로 하고 있다. 이 이론은 다음의 두 단계로 정보는 유통된다고 설명한다.

1) 매스미디어는 소수의 오피니언 리더에게 정보를 전달
2) 소수의 오피니인 리너가 다수의 대중에게 정보를 전달

2단계 전파 이론

쉽게 말하면, 정보가 퍼져 나가는것은 매스미디어 그 자체가 아니라 '영향력 있는 소수의 오피니언리더'에 의해서 일어난다는 것이다. 다수를 차지하는 대중의 역할은 소수의 인플루언서의 주장을 주변에 퍼뜨리는 역할을 하는 셈이다. 캐츠 교수의 이 이론은 오늘날까지도 마케팅의 정석으로 영향력있는 유명인을 모델로 내세워 광고를 하거나 이들이여러 경로를 통해 입소문을 내도록 유도하는 형태의 전략의 기본이 되고 있다. 그런데 이 상황은 인터넷이 등장하고 일상화되면서 달라지게 된다.

개인적 영향력 이론Watts and Dodds 2007

반면 콜롬비아 대학의 와츠 교수는 2007년 개인적 영향력 이론이라는 논문으로 정보의 전파 구조가 완전히 달라졌음을 밝혀낸다. 핵심

은 기존 전제로서의 '개인 영향력 편차'와 전파력의 핵심인 '오피니언 리더'를 특정할 수 없다는 점이다. 이론의 핵심은 다음 세 가지로 규정된다.

- 정보의 전파는 단방향이 아니라 양방향 소통이다.
- 오피니언 리더를 특정할 수 없다. 대신 '우연히'된다 라고 말해야 한다. 그래서 정보/메세지 파급은 개인의 관점에서가 아니라 사회연결망 관점에서 해석해야 한다.

쉽게 말하면 네트워크에서 빠른 속도로 전염이 되며 화제가 되는 사안들은 '오피니언 리더'가 아니라 생각치도 못한 '누구나'에 의해서 일어날 수 있다는 점이다. 특정 사안은 예상치 못한 특정 지점에서 갑자기 일어날 수 있다는 것이고, 그것은 네트워크가 사람들의 이야기로 출렁이기 시작하는 패턴을 통해서 파급의 정도를 가늠할 수 있다는 것이다. 이따금 '성지'가 되는 소식을 찾아가면 대개의 경우 유명인이나 매스미디어의 소식이 아니라 생각치 못한 아무런 누군가가 소개하는 이야기인 경우를 자주 접하게 된다. 그 이유는 생일 패러독스처럼, 연결의 수가 많을수록 그것으로 인해 생기는 경우의 수는 기하급수적으로 늘어나기 때문이다. 어떤 특정 요인이나 인물에 의해서 정보가 퍼져나가는 것과는 전혀 다른 양상의 상황이 생긴다. 즉, 이제 주목할 것은 어떤 사람이 아니라 네트워크 그 자체를 주목해야하는 것이다.

당신은 대형마트에 가서 맥주를 구입한다. 예전에는 사람들에게 선택
지가 딱 두 가지 정도 밖에 없었다. 카스나 하이트 중에 고르면 충분했
기 때문이었다. 어떤 기준으로 당신은 맥주를 선택했을까? 사실 특별
한 기준은 없었다. 오늘 카스를 골랐다면, 다음은 다른걸 먹어볼까 하
고 하이트를 고르는 형태를 따르기 때문이다. 그런데 어느날 클라우드
라는 새로운 맥주가 등장했다. 이번엔 어떨까? 처음엔 새로운 걸 시도
해 보겠다는 마음으로 단순히 골랐겠지만, 기존과는 다른 맛의 맥주를
마시고 나서부터는 '음... 다음 부터는 이걸 주로 마셔야 겠는데' 라는
생각이 든다. 그런데 어느날, 당신은 깜짝 놀란다. 마트에 갔더니 갑자
기 세계맥주코너가 마련되었고, 크게 라거와 에일이라는 맥주 구분과
듣지도 보지도 못한 수많은 맥주들이 진열되어 있다.

가격도 천 원대에서부터 몇 만원 대에 이르기까지, 원산지도 정말 다
양하다. 수많은 맥주 앞에 당신은 잠깐 압도당한다. 뭘 마셔야 할까?
오늘은 이걸 마시고 내일은 다른걸 마시기에 그 수는 너무나도 많다.
그런데 여기서 끝이 아니다. 와인 코너를 갔더니 500가지가 넘는 와인
들이 존재한다. 뭐가 뭔지 하나도 모르겠다. 이럴 바에는 아무것도 사
지 않겠다. 즉 선택권에 압도당해 아무것도 선택하지 않음을 선택하는
것이다.

처음에 당신은 혼란을 겪는다. 이내 당신은 점원이나 주변의 사람에게 추천을 부탁한다. "뭐가 맛있나요?" 그러나 돌아오는 대답은 당신이 이전에 한번도 생각해 본 적이 없던 '기호'에 관한 질문이다. "어떤 맛을 선호 하시나요?" 라고 묻기 때문이다. 가만히 보자, 내가 어떤 것을 좋아했더라? 생각해보니 나는 기호라는 것을 잘 모르고 마셔왔다는 점을 인지한다. 그냥 나쁘지 않은 것들이면 상관없었기 때문이었다. 하지만 잠깐 생각해보니 그것도 그렇지가 않다. 그냥 두세 가지도 안되는 선택지 중에 골랐을 뿐이었으니까.

상대는 나에게 묻는다.

"가볍고 청량감이 있는 형태를 좋아하시나요? 아니면 볼드하고 깊은 목 넘김의 느낌, 여운이 있는 맛을 좋아하시나요?"

그것이 당신이 찾는 속성이라면 바로 선택의 지점이 된다. 하지만 대개는 '아니, 그게 다 무슨 맛이래?' 라는 반응을 느낄 수 있다. 만약 이럴 때 '이 제품은 이런 종류의 사람들이 많이 선택하고 있습니다.' 라고 말하고, 그것이 내가 선호하는 집단의 사람들의 취향이었다면 어떨까? 보다 더 깊은 관심 뿐 아니라 선택할 확률 또한 높아진다. 점원에게 물어보지 않았다 하더라도 인터넷을 검색했더니 '내가 참여하고 있는 커뮤니티나 내가 신뢰하는 이들이 요즘 추천하는 어떤 제품'을 발견한다면 그것을 찾아서 선택하고자 할 것이다. 즉, 물리적 특성이아니라 나와 관심이 연결되는 동질 집단의 선택에 보다 반응할 가능성이 높다. 아래의 경우를 예로 들어 보겠다.

오지마라톤 KMUT 동호회 선정 베스트 트레일 장소
인스타그램 #맛스타그램 '한식' 분야 최고 좋아요 수상 가게

국내최대 와인동호회 '와인과 여행' 선정 가성비 최고 와인

퇴근 후 '런스타' 러닝 동호회 선정 강남 러닝 코스

독사모(독서를 사랑하는이들의 모임) 선정 2018년 1월 베스트도서

즉, 동질 집단의 선택을 제시하면? 앞서 어떤 것을 선호하시나요? 라는 말보다 훨씬 선택의 수월성을 느끼게 되고 쉬운 선택에서 올 수 있는 저항감을 해소시켜 줄 것이다. 그런데 이런 동질집단의 선택 추천은 비단 맥주만의 문제일까?

동질집단 추천 알고리즘의 전성시대

세계 최대의 컨텐츠 제작 배급사이자 동영상 스트리밍 서비스 회사 넷플릭스의 토드 옐린 제품 부문 부사장은 언론에서 의미심장한 선언을 던진다.

「지역, 나이, 성별 데이터는 쓰레기다.」

기업에게 있어 그의 주장은 대 고객 전략의 근간을 뒤흔드는 발언이었다. 여전히 많은 기업들 뿐만 아니라 우리 개인들은 상대방의 관심을 얻기 위해 그의 물리적인 특성에 주목하기 때문이다. 상대가 어떤 성향인지 알고 싶은데 그에 대한 정보를 바로 얻을 수는 없으니 객관적인 요인에서 관찰되는 패턴을 찾고 싶기 때문이다. 하지만 이번에 살펴볼 내용은 '사람'의 특성에 대한 패턴이 아니라 '대상'의 선택에 대

한 패턴이다.

넷플릭스가 전 세계 1억 명이 넘는 가입자 데이터를 분석 결과 고객의 나이나 지역과 같은 물리적인 속성이 콘텐츠 선택과의 상관관계가 직접적이지 않다는 것을 밝힌 것이다. 쉽게 말해 이웃집에 나와 같은 나이, 같은 성별의 여성이 KBS 〈아침마당〉을 좋아한다고 해서 내가 그것을 좋아할 것이라는 어떠한 근거도 없다는 말이다. 다시 말해 나의 컨텐츠를 고객들이 선택하게 하고 싶다면, 특정 세대, 특정 성별, 특정 지역을 포커스해서 홍보하기 보다는 그 대상 '자체'에 관심을 가지고 홍보하는 것이 더 유용하다는 점이다.

넷플릭스는 이런 이유로 고객의 신원 정보를 바탕으로 컨텐츠 추천을 하는 대신 컨텐츠 시청 습관의 유사성이 보이는 집단을 찾는데 컨텐츠 추천 알고리즘을 집중하고 있다. 그것이 훨씬 많은 매출과 직접적인 영향을 미친다고 주장하기 때문이다.

이 생각은 모기업인 세계 최대의 유통기업 아마존에서도 이미 증명되고 있다. 아마존의 핵심 기술도 '관심 연결'이다. 아마존을 이용해 본 사람들의 다수가 혀를 내두르면서 하는 말은 '어떻게 아마존은 나의 취향을 이렇게 잘 아는 걸까?' 이다. 아마존은 아이멜다 i-Melda 라고 하는 동질 집단 추출 알고리즘을 사용한다. 이것은 단순히 "A를 구매한 고객은 B도 구매 했습니다" 와 같은 단순추천을 위한 패턴이 아니다. 아마존은 특정 사용자의 신원 정보를 바탕으로 하는 추천 대신 그가 어떤 것들에 관심을 가지고 있는지의 선택패턴들을 A,B,C,D와 같은 일련의 선택 패턴들을 모두 추적한다. 그리고 그와 비슷한 패턴을 가진 고객들을 찾아낸다. 그리고 이런 선택의 양상을 하나의 패턴으로 인식한다. 이를 통해 만약 동질 집단의 누군가가 특정 물건을 구매하면 패턴에 의거하여 나 역시 마찬가지로 그 제품에 관심이 있을 것이라고 추측하는 것이다. 그래서 아마존의 프로모션은 이달의 신제품, 이달의 할인상품 등 불특정고객에게 제공하는 일반적인 상품을 소개하는 대신 '지금 이게 새로 나왔는데 당신도 관심이 있지? 지금 사면 할인해줄게' 라는 방식으로 특정 고객에 특화된 상품을 추천하거나 할인혜택을 제공하는 방식이다. 즉, 아마존은 유사관심집단을 형성하여 그들 내에서의 관심을 그룹 내의 다른 이들에게 공유해 주는 방식인 것이다. 거듭 말하면, 이들은 소비자의 신상이 아니라 그들의 관심을 한데 묶어줌으로 매출을 일으키는 전략을 취한다. 특정 베스트셀러에 프로모션을 집중하는 대규모 매출 전략 대신, 작은 관심들을 연결하여 추천하지만 그 전체의 합은 대중을 향한 기존의 전략보다 우수하다는 점을 피력한 것이다. 사용자가 공통적으로 살펴본 상품들의 추천 목록을 추출한다.

　　넷플릭스, 아마존 뿐 아니다. 페이스북, 인스타그램은 물론 구글과 그 안의 유튜브를 포함해 일련의 IT서비스들은 이러한 종류의 동질집단 추천 알고리즘을 사용해보다 쉬운 선택을 유도하고 나의 관심은 물론 우리의 관심을 유도하여 강력한 매출 성장을 만들어내고 있다. 불필요한 정보, 보고 싶지 않은 세계를 사전에 차단해 주고 내가 보고자 하는 것들을 더욱 노출하여 주니 양쪽 모두에게 좋은 새로운 시대가 열리는 것이다. 다만, 이렇게 생각하도록 유도하고 있다는 생각은 하지 못하면서 말이다.

나의 선택은 정말 나의 생각일까?

영화 매트릭스 1편에서 네오는 오라클을 찾아간다. 그녀를 접견하려고 기다리는 동안 네오의 앞에 앉아있던 동자승이 자신의 앞에 있던 스푼을 자유자재로 휘는 것을 보여준다. 네오가 놀라워하며 들여다보자 동자승은 의미심장한 말을 던진다.

　　「스푼을 휘려고 하지 말아요. 그건 불가능해요. 대신 진실을 인식해야 해요.」
　　「어떤진실?」
　　「스푼은 없다는 진실요. 휘는것은 자신의 마음이란 것을. 당신의 마음이 휘면, 스푼도 휘어져요.」

　　우리는 네오가 현실이라고 믿으며 살아가던 세계가 사실 매트릭스라는 거대한 시스템에 의해 만들어진 가상의 세계라는 사실을 잘 알고 있다. 등장인물 모피어스와 트리니티는 네오에게 계속해서 매트릭스가 시스템이며 통제에 관한 것임을 알리려고 애를 쓴다. 우리가 사는 세상은 실제로는 가상의 세계이고, 사람들이 스스로 살아가고 있다고 생각하는 세상은 시스템에 의해서 보여지고 있는 연출된 것임을 알아차리지 못한채 살아가고 있다는 것이다. 그래서 진실에 눈을 뜨고 자신을 발견하여 진짜 세계를 살아갈 것을 주문한다.
　　그런데 이 이야기, 단순히 영화의 세계일까? 매트릭스의 세상이 실제화 된다고 하더라도 그것은 도래하는 미래의 이야기인걸까? 이미 우리는 매트릭스가 실제화 된 세상 속에 속해 있으며 정작 그것을 인식하지 못한 채 살아가고 있는 것은 아닐까?

아침에 일어나서 SNS를 켜고, 출근길 목적지를 검색하고 근처의 맛집을 찾아낸다. 서비스들은 나의 일상에서 원하는 니즈들을 척척, 내 주변의 정보를 기반으로 내가 찾을 만한 것들을 한번에 제공한다. 유튜브를 실행하면 내가 관심을 두고 있는 것들을 척척 보여준다. 이제는 음악조차 과거 사용하던 유명 스트리밍 서비스는 머릿속에서 지워져 있다. 틀어놓기만 하면 내가 좋아하는 음악들을 계속해서 목록으로 들려주고 있으니까 말이다. 퀸의 〈보헤미안 랩소디〉 영화를 보고 열광한 다음부터는 신기하게도 그 음악들까지도 친절하게 계속 들려준다.

두 명의 유명한 심리학자가 있었다. 그들은 자녀에 대해 정반대의 교육관을 가지고 있는데, A는 아이의 양육과 성장에 있어 심리학의 가장 검증되고 최신의 이론을 바탕으로 좋다고 여겨지는 것들만 취해서 정성껏 아이를 키웠다. 항상 인내와 사랑으로 대했고, 집에서라도 행여 나쁜 것에 노출되지 않도록 TV나 컴퓨터조차 두지 않은 채, 함께 책을 읽고 대화하며 정신적 영양을 만들어 주기 위해 정성을 기울였다. 반면 B는 아이를 방치하다시피 키웠다. 아이가 직접 와서 묻기 전에는 먼저 가서 조언해 주는 법이 없었고, 심지어 성장의 과정에서 아이가 야동을 보는 것은 물론 질이 나쁜 친구들과 어울리는 상황에서조차 입을 대지 않았다. 주변에서는 B에게 본인이 심리학자이면서 왜 아이를 저렇게 아무렇게나 방치하는지 비행청소년이 될까 걱정이라며 염려했지만 신경 따위 쓰지 않았다. 이렇게 A와 B는 아이를 키우는 자세가 전혀 달랐다. 그렇게 아이들은 장성했다. 한 학자의 아이는 훌륭한 사업가가 되었고, 한 아이는 안타깝게도 범죄자가 되어 형을 살고 있었다. 그런데 각 아이의 부모는 A와 B가 아니라 반대였다. 심리학의 정석대로 키운 아이는 범죄자가 되었고, 방치하며 키운 아이는 성공한 사업가가 된 것이다. 무슨 일이 벌어진 걸까? 이 이야기는 〈심리학자의 자녀〉로 널리 알려져 있는 우화다. 차이를 만들어내는 핵심은 아이들이 살아가는 현실에 관한 것이다. 누가 진짜 현실 속에서 살아가게 되었을까? B자녀이다. A는 부모의 온실 속에 옳다고 검증된 것들 속에서만 성장했다. 반면 B는 그런 것과 상관없이 본인이 주어진 환경에 적응하며 성장했다. 그러다보니 A는 부모의 생각과 세계관과 전혀 다른 현실을 자꾸만 맞닥뜨리게 되는데 정작 부모의 생각이 진짜라고 믿으며 자라나다보니 계속해서 현실과 갈등이 빚어진다. 반면 B는 진짜 현실 속에서 성장하며 그 속에서 자신의 길을 모색해 나간 것이다. 물론 이 이야기는 교훈적인 이야기로 그 결론을 일반화할 수 있는 것이 전혀 아니다.

바야흐로 세계는 트렌드와 대중의 시대에서, 나의 관심과 나의 기호에 맞는 정보를 제시하고 선택을 유도하는 개인화된 서비스의 시대로 접어들었다. 압도적인 규모로 콘텐츠가 범람하는 상황 속에서, 사람들은 그 수많은 빅데이터 속에서 나의 동질집단과 나 개인의 관심에 닿을 수 있는 정보를 큐레이션하여 제시하는 서비스와 시도를 선택하였다. 이른바 대중의 시대에서 대화의 시대가 되었다. 모든 소통의 수단은 관심동질집단의 연결을 만들어 주는 것이다.

즉, 사람들은 관심사에 따라, 의식이 연결되는 시대로 접어들었다. 다양한 관심들이 여론이 되고 운동으로 이어진다. 이러한 이유로 기업 역시 기존의 대중문화와 대규모 유통의 방식으로부터 구체적이고 다양한 것들이 시도되고 관심된 연결네트워크에 선보이도록 하는 것이 그 전략의 핵심이 되고 있다. 내가 관심을 가지지 않는 것들을 아예 걸러주니 얼마나 좋은가. 지방선거 시기 즈음, 정치를 두고 생각해보면 각 당의 지지자들은 다른 당의 이야기나 의원들의 이야기 따위는 관심도 없다. 내가 지지하는 당의 후보의 좋은 이야기만 듣고 싶고, 상대당에 대해서는 비난할 거리 정도에 관심을 가질 것이다.

정보의 시대에서 관심의 시대로 결국 그 관심을 연결하는 미디어와 산업의 시대로 들어오면서 우리는 심리학자의 자녀에서 언급한 상황을 경험하고 있다. A심리학자는 자신이 옳다고 생각하는 세계 속에서만 보고 듣고 행동하도록 함으로써 아이는 그 속에서 살아가도록 했기 때문에 실제 현실에 대해서는 부정적으로 인식하게 만들어 버렸다. 결국 현실을 부정한 채 한쪽만 바라보며 살아가게 만든 것이다. 즉, 우리가 일상에서 공기처럼 사용하는 모든 서비스들이 제공하는 '개인맞춤화 된 정보 제공' 기능은 사용자들이 자신의 관점에 동의하지 않는 정보로부터 분리시킴으로써 높은 효용성과 편리함을 갖는 장점과 별도로 그것을제공하는 이의 문화적, 이념적 거품에 상대를 가둬버리는 상당한 부작용 역시 갖게 되는 것이다. 이를 필터버블Filter Bubble 이라고 말한다.

　　필터버블은 사용자의 이력, 위치, 행동데이터 등의 데이터를 바탕으로 사용자가 선호하는 정보를 선별하여 제공하는 결과물을 말한다. 이 용어는 미국의 정치 참여 시민단체 무브온의 리더 엘리 프레이저에 의해 소개되었는데 그는 기업들이 정보를 필터링하는 알고리즘에 정치적 혹은 상업적 논리가 개입되면 사용자들은 자기도 모르는 사이에 정보 편식을 하게 되고 타의에 의한 가치관 왜곡이 일어날 수 있음을 지적했다. 프레이저는 진보성향의 정치색채를 띄고 있었지만 시민단체의 업무 특성상 보수성향의 시민들과도 SNS로 일상적으로 소통하며 그들의 아젠더들을 살피고 전략을 만들고 있었다. 그런데 어느날부터는 무언가가 달라져 있음을 실감했다. 페이스북에서 보수 성향 사람들이 사라져 버렸기 때문이다. 뉴스피드에서 늘 이야기를 하던 사람들이마치 침묵하고 SNS활동을 중단한 것처럼 여겨질 정도였다. 이상한

데? 확인해보니 그들은 평소처럼 대화를 하고 있었다. 내가 팔로잉 하고 있는 계정이었음에도 불구하고 말이다. 나와 친구 관계가 아닌 사람을 피드상에서 노출하지 않는 것이야 상관없지만 이것은 의도하지 않는 형태로 페이스북이 소통의 단절을 만들어 버린 것이었다. 프레이저는 오싹한 기분이 들었다고 고백한다. 페이스북이 검색과 노출의 알고리즘을 바꾸는 것만으로 자신의 세계가 이렇게 차단되거나 보이지 않게 만들 수도 있음을 의미하기 때문이었다. 알고리즘에 따른 기계의 필터링은 이런 행위에 대한 윤리성이나 가치판단을 할 수 없기 때문에 더욱 큰 문제라고 생각했다.

즉, 나와 같은 관심을 가지는 동질집단의 정보를 제공한다는 '필터'는 반대 성향을 가진 사람들의 글이나 생각들, 뉴스 등을 접할 수 있는 기회 자체를 박탈시킬 수 있다는 것이다. 결국 자기가 보고 싶어 한다고 생각되는 것만 더 보게 됨으로써 더욱 개별 사람들을 그 세계에 더욱 모여들게 만들고 선택과 행동을 촉발시킴으로써 플랫폼을 제공하는 이에게는 큰 이익을 제공하지만, 그것으로 인한 사회적 부작용 역시 마찬가지로 커진다는 문제점을 키우게 되는 것이다.

필터버블을 정치성향을 놓고 생각해 보자. 다가오는 지방선거에 대해서 사람들은 과거 그 어느 때보다 자신의 후보가 이길 것이라는 착각을 하게 된다. 그들의 시야는 일면을 보고만 있을 뿐이다. 양쪽 모두를 다 들여다볼 수 있을 때에서야 사람들은 전체 여론을 제대로 파악하고 균형 잡힌 생각을 할 수 있는데 필터버블은 이것을 실패하게 만든다. 정작 선거결과가 공개되면, 사람들은 우리당 후보가 이길 것이라고 확신했건만 전혀 다른 결과 발표에 충격과 경악, 심지어 선거부정과 같은 의혹을 쏟아내게 된다. 지난번 미국 대선의 결과에서도 마찬가지 결과가 일어났는데 공화당 후보였던 트럼프는 SNS 이용자들로부터 지지를 그다지 얻지 못했고 대신 힐러리 클린턴이 압도적인 우세로 점쳐지고 있었다. 심지어 여론조사 기관들도 동일한 전망을 내놓고 있었다. 그러나 결과는 완전히 반대였다. 여론 조사 기관들의 선거 결과 예측은 과거 그 어느때보다도 빗나감으로써 신빙성에 상처를 입은 반면, Genic AI사가 개발한 빅데이터 분석 솔루션 MogIA가 트위터, 구글, 페이스북, 유튜브 등의 SNS플랫폼으로 포스팅 된 2천만 건의 전체 데이터를 분석한 결과 트럼프의 승리를 정확하게 예측을 해냈다. 왜 이런 일이 생겼던 걸까? 첫 번째 이유는 앞서 말한 버블 필터링 효과로 인해 자신의 동질집단 인식이 과도하게 부풀려질 수 있다는 점, 두 번째는 샘플링을 통한 통상적인 여론조사로는 더 이상 정확한 예측을 하기가 어려웠다는 점으로 지적된다. 오히려 전체 데이터를 살펴볼 수 있을 때만이 보다 객관적인 판단의 근거를 찾을 수 있다는 해석도 가능한 것이다.

나와 같은 관심을 가지는 동질집단의 정보를 제공한다는 '필터'는 일면 과잉정보 속에서 나의 관심정보를 걸러서 보여준다는 지점에서 대단히 편리하고 유용한 특성이다. 그러나 결국 자기가 보고 싶어한다고 생각되는 것만 더 보게 됨으로써 실제의 세계 모습을 가리게 되는 부작용을 일으킨다는 것이다. 필터버블은 우리로 하여금 반대의 세계를 인식하지 못하게 만드는 위험성을 가진다.

필터버블은 새로운 빅브라더가 될 수도 있을까?

언제부터 포털사이트에 기재되는 뉴스들의 많은 댓글에는 뉴스를 폄하하고 취재기자를 기레기라고 놀리며 조롱하는 사람들이 종종 발견되곤 한다. '직접 취재한 것이냐' '돈 받고 쓴거냐' '어디서 카피한 것은 아니냐' '생각을 좀 하고 써라' 까지 다양한 비난의 내용들이 담겨 있다. 일면 언론사와 독자들의 상호작용의 일부로 볼 수도 있다. 하지만 이런 상황이 생긴 것은 포털사이트의 '뉴스 노출 기준'이라는 알고리즘에 의한 것에서도 기인함을 간과하곤 한다. 압도적인 방문객의 포털사이트에서 노출되는 뉴스, 이것을 어떤 기준으로 보여줄 것인가는 언론사의 존폐와 관련이 있는 민감한 사안이지만 포털사이트는 이것을 '알고리즘'에 의한 큐레이션이라고만 밝힐 뿐 그 기준은 공개하지 않고 있다. 사건 하나에만 해도 수십, 수백 개의 유사 기사가 작성되는데 어떤 것을 메인으로 하고 어떤 것을 연관 뉴스로 잡는 것인지 어떻게 알 수가 있을까? 비단 뉴스뿐만이 아니다.

기업의 포탈을 활용한 마케팅전략도 마찬가지 영향을 받고 있다. 사람들의 검색에 자사의 제품이나 서비스나 캠페인이 발견될 수 있도록 하기 위해 키워드 광고는 물론 블로그, 카페에 다양한 게시물들을 작성하여 검색이 대상이 되도록 하는 작업을 한다. 하지만 어떤 기준의 게시물들이 검색의 우선순위가 되는지 알지 못하다보니 시중에 포털의 알고리즘이라고 주장하는 여러 정보들을 근거로 검색빈도를 높이기 위한 추가적인 시도들을 한다. 블로그 글에 반복적으로 표현되는 키워드가 몇 회 이상이 되어야 검색이 된다거나 이미지와 글의 구성이 어떤 비율이 되는 것들을 더 잘 잡아준다거나 같은 내용들 말이다. 조금만 생각해보면 근거가 없을 것들도 포탈의 검색 알고리즘을 제대로 알지 못하다 보니 생기는 주장들이다. 설사 그 알고리즘을 안다고 하더라도 간과하지 말아야 할 것은 이미 우리는 포털이 만들어놓은 알고리즘에 우리를 끼워 맞추고 있는 것인데도 말이다.

이는 베스트셀러의 딜레마라고도 불리는데 베스트셀러는 독자들이 많이 구입한 책을 말하는데 독자는 하루에만 출간되는 수백 종 이상의 서적 가운데 어떤 책이 있는지 무엇을 사야할지 알 수가 없기 때문에 정보의 공백사이에서 선택의 어려움을 느낀다. 즉, 책을 사야 베스트셀러인데 어떤 책이 있는지를 모르기 때문에 베스트셀러가 될 수가 없고 기존의 베스트셀러가 계속 베스트셀러로 유지되기가 더 쉽다는 상황이다. 그러면 다양한 콘텐츠의 유통이 저해될 수 있기 때문에 출판산업에도 도움이 되지 않는다. 그래서 유통사들은 신간 가운데 "독자가 주목해야 할 책은 이것입니다" 라고 다양한 종류의 추천을 제시한다. MD가 직접 추천하는 것, 또 일종의 추천위원회의 심의를 통해 선정된 책 등의 기준을 제시하는 것이다. 가장 쉬운 것은 광고비를 많이 쓰는 출판사의 책을 노출하는 일이겠지만 그렇게 되면 동시에 양질의 콘텐츠에 대한 독자의 신뢰가 무너지는 부분이 있기 때문에 공개되지 않는 기준으로책의 추천과 검색이 되도록 하는 방법론까지 제시한다. 중요한 점은 이 모든 것들이 유통사가, 플랫폼 제공자가 제시하는 기준에 공급자가 맞추고자 노력한다는 점이고, 그 노력은 고스란히 독자들의 선택의 기준에도 영향을 주는 버블이 일어난다는 것이다.

플랫폼 사업자들은 과연 가치중립적인 알고리즘을 견지할 수 있을 것인가?

미디어를 통해 종종 페이스북이나 구글과 같은 플랫폼 공급자들이 자사의 서비스에 게시되는 게시물에 검열을 가한다는 주장이 소개되곤 한다. 음란물이 아님에도 알고리즘에 의해 음란의 소지가 있다고 판단되면 게시자의 동의 없이 게시물을 삭제해 버리는 조치를 취하는 것이다. '네이팜탄 소녀' 사건검열사건도 잘 알려진 페이스북의 검열 알고리즘에 대한 논란이다. 노르웨이의 일간 신문 〈아프텐포스텐〉의 톰 에이란이라는 작가가 쓴 '전쟁의 공포'라는 글과 함께 미군의 베트남전에서 사용한 네이팜탄으로 옷에 불이 붙어 타들어가는 고통에 옷을 벗어던지고 내달리던 어린 아이의 사진을 게시했는데 이를 페이스북이 어린이 누드 기준을 위반했다는 이유로 삭제된 것이다. 네이팜탄 소녀 사진은 퓰리처상을 받을 만큼 전쟁의 공포를 상징하는 공공의 사진이었지만 알고리즘은 그런 기준을 갖고 있지 않았다. 언론사가 이를 비난하며 다시 사진을 올렸지만 페이스북은 사진을 삭제하거나 모자이크 처리를 하라는 요구로 응답했다. 이에 신문사는 1면에 이를 항의하는 공개질의서를 담았고 노르웨이 총리와 세계의 수많은 페이스북 사용자들도 항의에 가세했다. 그제서야 페이스북은 사진의 역사적 세계적 중요성을 인식하며 사진 게제를 허용했다. 일면 아동 성폭력에 대한 페이스북의 적극적인 대응이라고 볼 수도 있다. 반면 페이스북은 '알고리즘'이라는 이름으로 게시물의 편집권을 행사한 것으로 평가되기도 한다. 과연 플랫폼 공급자들은 가치 중립적인 입장에 서 있는 것이 맞는 걸까?

의식의 선호 정체성을 훈련시킨다는 주장

다시 필터버블을 주장했던 프레이저의 이야기로 돌아오자. 프레이저는 필터버블의 위험성을 특히 선호 정체성Identity Loop 의 지점에서 경고했다. 유튜브를 예로 들면 노출되는 영상 목록 가운데 일시적인 궁금증이 일어나 선택했다고 가정하면, 유튜브는 그 사람이 이런 유형의 영상에 관심이 있다고 판단하여 관련 영상들을 더 추천하게 된다. 사용자에게 유사한 것들을 더 많은 선택지로 제시하는 것이다. 사용자는 별 생각없이 추천되는 영상들 가운데 눈길을 끄는 것을 또 선택할 것이고 이런 경향성은 지속적으로 반복되고 커지는 것이다. 특히 유튜브 등의 미디어 소비는 진지한 생각으로 분석하고 이해하기 위해서 보기 보다는 오락성으로 접근하기 때문에 무의식적으로 이런 선택에 영향을 받을 가능성이 높아진다. 본인이 좋아하는 오락물들을 더 추천하는 것이 문제라고 볼 수는 없기 않는가 라고 말할 수도 있다. 하지만 잘 생각해보면 이들 플랫폼 사업자의 비즈니스모델은 바로 '광고'이다.

즉, 사람들에게 오락거리를 더 제공하고 더 많은 광고를 제시함으로써 수익의 선순환을 만들어낸다. 사업자는 사용자에게 유용한 정보 보다는 일시적인 재미와 자극의 오락물들을 더 선호하도록 '훈련'시키는 것이 최적의 사업모델 인것이다. 이렇게 본다면 과연 플랫폼 사업자들은 사용자에게 가치 중립적인 알고리즘을 제시한다고 말할 수 있을까? 그렇지 않음을 쉽게 짐작할수가 있다. 우리는 오늘도 우리가 알지 못하는 사이에 이들이 만들어놓은 알고리즘에 선택의 영향을 받고 심지어 의식의 영향을 받으며 나아가고 있다고 볼 수도 있는 것이다.

알고리즘 시대의 필터버블을 극복할 수 있는 전략들

필터버블 속에서 우리는 빠져나올 수 없는 것일까? 그렇기도 하고 그렇지 않기도 하다. 우리가 조금만 더 의식적으로 행동한다면 자연스럽게 버블을 터뜨리고 보다 더 명확한 시야로 세상을 바라볼 수도 있다.

1) 개인화 알고리즘을 하지 않는 서비스들을 선택지에 두기

트위터의 경우엔 페이스북과 같은 개인화 알고리즘을 적용하지 않는 것으로 알려져 있다. 즉, 내가 팔로잉한 사람들의 포스팅을 실시간으로 피드에 반영해서 보여준다. 동시에 전체 트래픽의 관점에서 이슈가 되는 트렌딩 정보들을 해시태그로 모아서 제시해주기 때문에 지금 무슨 일이 일어나고 있을까가 궁금하다면 트위터를 이용하는 것도 방법이 될 수 있다.

2) 포탈 대신 언론사를 직접 방문해서 열람할 것

포탈에서 제공하는 기사들은 생각 이상으로 필터버블을 만들어내고 있다. 일단 노출되는 기사의 종류 자체가 우리의 시야를 제한하기 때문이다. 그래서 생각없이 포탈의 메인에서 제시되는 기사를 보는 대신, 본인이 생각하는 정론지의 사이트들을 직접 들어가서 언론사가 생각하는 주요 의제들이 무엇인지를 살피는 작업이 필요하다. 종이 신문은 디지털의 시대, 아이러니하게도 이 관점에서 여전히 유용한 선택지가 될 수 있다.

3) 명시적인 구독으로 자신이 선호하는 것들의 우선순위를 가질 것

　이열치열이라는 말처럼 피하는 것이 능사가 아닐 수도 있다. 내가 선호하는 콘텐츠들을 명시적으로 구독을 표시하게 되면 공급자는 '명시적 선택'을 반영해서 우선노출을 제공한다. 개인화는 나쁜 것이 아니다. 개인화는 나에게도 또 공급자에게도 모두 윈-윈이다. 단지 알고리즘의 핵심은 선택하거나 선택당하는 것이라는 점을 유념하자. 내가 선택을 명확화함으로써 나의 선호가 영향을 받게 하는 대신 나의 선호가 나의 선택에 영향을 줄 수 있도록 접근하는 것도 방법이다. 여전히 우리 주변에는 깊은 생각의 통찰을 이끌어낼 분석적인 기사나 블로그들이 많다. 그런 정보들을 나의 우선순위에 발견될 수 있도록 명시적인 선택과 구독을 표시해 놓자.

4) 오락적인 콘텐츠보다 교육적인 콘텐츠를 구독목록에 꼭 포함 시킬 것

　인공지능이 시대의 화두가 되었다. 이른바 딥러닝 Deep-Learning 이라고 하는 심화학습의 방법론이 서비스와 산업의 혁신을 가속화하고 있다고 연일 말한다. 하지만 이 말들은 결국 인간의 특성에서 가져온 말이 아니던가. 깊은 생각을 하고 통찰을 이끌어내는 인간의 딥싱킹 Deep-Thinking 이 지금의 기술혁신과 변화를 견인하고 있다는 점은 굳이 언급할 필요도 없다. 그런데 어느 순간인가 우리가 이동하고 쉬면서 가지는 적지 않은 잉여의 시간을 이런 알고리즘 추천에 의거한 오락물을 접하는데 시간을 보내면서 자기주도의 생각을 가지는데 취약해 지고 있다. 이런 환경에서 빠져나올 수 없다면, 나의 선택지 가운데 생각의 깊이를 만들고 생각의 세렌디피티를 일으키는 교육적 콘텐츠가 추천되도록 만드는 것이다. 유튜브를 포함해 내가 사용하고 있는 서비스

가운데 TED채널이나 명사들이 운영하는 채널, 또는 여러 미디어 채널들을 구독시켜 시청하고 읽는 기회를 늘리자. 마치 클래식 음악을 듣고 있노라면 차분해지는 것처럼 생각할 거리들을 만나고 있노라면 내가 놓치고 있던 많은 것들에 대한 관심을 환기시키는데 좋은 기회를 마련해 줄 것이다.

5) 주기적으로 방문정보와 검색 정보를 삭제할 것

가장 효과가 적은 것이기도 하지만, 주기적으로 내가 어디를 방문했는지 어떤 정보를 검색했는지를 삭제하는 것만으로도 내 시야에 노출되는 광고와 추천 정보의 편향성을 막는데 도움을 얻을 수 있다. 생각보다 나의 검색어 하나만으로도 각 사이트에 걸어둔 구글 광고에 노출되는 정보성 광고(광고인지도 심지어 모를 정도로 정교해진 광고들이 많다)의 영향을 피할 수 있다.

다양성이 사라질 때 미래도 사라진다

우리는 또 다시 새로운 필록세라의 시대를 맞이하고 있다. 지극히 미미해 보이는 작은 사안이 생태계 전체에 미치는 영향을 매일 목도하고 있다. 새로운 관점으로 새로운 시도들이 더 급진적으로, 지속적으로 일어나고 있다. 연결성은 그 연결에 포함되는 개체가 조금만 많아져도 그것이 만들어내는 다양성은 기하급수적으로 커진다. 때문에 작은 사안이 필록세라 효과를 만들어내는 지점 역시 커지게 된다. 반대로 똑같은 이유로 우리는 과거 어느 때 보다 선택과잉의 상황을 마주하며 선택장애를 겪고 있고, 동시에 상대로부터 내가 선택되는 것에 더 어려움을 호소할 수 밖에 없다. 분명한 것은 우리에게 우리 세계의 토양에 새로운 형태의 필록세라가 뿌리내렸다는 사실이다. 필록세라는 경제적 변화와 라이프스타일의 변화 교차점에 존재하고, 이전에 없던 시장에 존재하던 요인들이 기존의 것으로 연결되면서 촉발되고 있다. 이제 우리가 눈을 떠야하는 것은 새로운 변화의 현상 표면에 주목하는 대신 그 현상 아래 뿌리로 내려가 그것을 일으키는 지극히 미세한 핵심 동인이 무엇인지를 관찰하는 일이다.

우리는 매일 엄청난 양의 정보가 생산되고 모든 것들이 쉽게 발견되고 연결되는 고도화 사회 속에서 살고 있다. 이는 새로움이 넘쳐나고 다양성 역시 꽃을 피울 것이라고 생각되지만 그 속에서 나의 관심에 따른 선택을 강화시키기 위한 보이지 않는 힘의 영향을 더욱 크게 받고 있다. 물론 과거에도 사람들은 저마다 자신이 속한 사회와 조직, 그리고 일로부터 영향을 받고 그 속에서 생각하고 행동하게 된다. 그러나 빅데이터와 인공지능의 시대라는 디지털변혁이 만들어내는 거대한 변화 속에서 어쩌면 매트릭스 속에 살아가는 네오와 사람들처럼, 우리는 보이지 않는 힘에 의해서 생각하는 능력을 잃어버린 채, 하지만 스스로는 확증편향을 강화하고 진짜 세상의 모습을 부정하며 살아가는 상황이 벌어지지는 않는지 생각해야한다. 이를 명확하게 인식하지 않고 방치하게 된다면 사회는 점점 더 양극화의 양상 속에 갈등을 빚게 될 것이고, 개인의 입장에서도 명확한 세상의 인식을 실패한 채 판단을 내리는 위험성을 키워가게 되는 것이다.

스티븐 제이 굴드 Stephen Jay Gould 의 말처럼, 진화는 진보가 아니라 다양성의 증가 속에서 일어나는 것이다. 중용이란 어디에도 속하지 않는 중립적인 태도를 말하는 것이 아니라 좌측과 우측의 생각들을 모두 제대로 인식함으로써 나의 생각이 어디에 있는지의 공간감을 갖는 것을 말한다. 때문에 생각의 균형을 갖기 위해서는 어떤 사안에 대해서 서로 다른 의견들을 제대로 인식하는데서 출발해야 한다. 다양한 의견들이 제시되고 부딪히는 지점을 찾아서 들여다보아야 하고, 아이디어를 기반으로 여러 사회 문제를 해결하고자 하는 시도들이 모이는 장을 관찰하고, 필터버블을 일으키는 장치와 서비스로부터, 스스로 의식하는 습관으로서 생각하고 교류하고 정리하는 시간들을 가질 수 있도록 노력해야 한다.

최근 작고힌 천재 물리학자 스티븐 호킹의 말처럼 고개를 들어 하늘을 바라보아야 한다. 그럴 때 비로소 우리는 세상으로부터 쏟아져 들어오는 영원의 가능성들을 발견하고 미래로 나아갈 수 있는 발걸음을 내딛을 수가 있을 것이다.

인간 창작과 알고리즘 창작의 구분

17세기 철학자 르네 데카르트René Descartes는 인간이 다른 사람에게 자신의 생각을 표현하기 위해 사용하는 문자, 수식 등의 기호는 기계가 결코 모방할 수 없다고 단언하였다. 그러나 데카르트의 이러한 단언은 더 이상 유효하지 않은 것 같다. 2018년 현재 인공지능artificial intelligence이 인간의 기능을 대체할 수 있는가에 대한 논의는 의학(수술하는 로봇), 법조(인공지능 변호사·판사), 언론(로봇 저널리즘), 제조 등 다양한 영역에서 회자되고 있다. 영역별 특성에 따라 일정부분 오류도 드러나지만, 인간의 역할에 가까이 가고 있는 것은 사실인 듯하다. 그러나 창작의 영역에서 인공지능의 기능은 인간이 수행한 결과와 구분할 수 없을 정도의 놀라운 결과를 보여주고 있다. 인공지능을 통해 양산되는 시, 음악, 극본, 그림 등 다양한 유형의 창작물이 시현, 감상되고 있다.

인간의 의사표현 도구인 언어, 그림 기타 기호 등을 사용한 수많은 창작물들이 인간이 아닌 인공지능을 통해 양산될 수 있기 때문이다. 시, 음악, 영화극본, 신문기사 등 그 유형도 다양하다. 일례로 2016년 8월 10일 경기필하모닉은 '모차르트 VS 인공지능'이라는 주제로 AI 에밀리 하웰Emily Howell[20]이 작곡한 오케스트라 곡을 선보였다. 현재까지 에밀리 하웰이 작곡한 곡은 바로크 음악부터 현대음악까지 다양하며, 아이튠즈, 아마존 등에서 유통되고 있고 2010년 '프롬 다크니스, 라이트' 2012년 '브레스리스breathless' 등으로 정식 발매되었다.[21] 또한 구글의 AI엔진은 뉴럴 네트워크의 기능을 활용하여 수많은 로맨스 소설들을 읽고, 그 소설들로부터 배운 단어들을 조합하여 새로운 소설을 작성하였다.[22]

현 단계에서 인공지능 창작이 완전히 인간 창작의 경지에 이르렀는지에 대하여는 이견이 있을 수 있다. 일본의 '호시 신이치' 문학상 공모전에 출품되고 예선을 통과해서 주목되었던 단편 《컴퓨터가 소설을 쓴 날》[23]의 경우 문법 법칙이나 패턴을 제공하고서 처음에 주어진 내용에 따라서 그 이후의 내용을 짜맞추는 방식으로, 결국 인간이 제공한 조건에 따라서 자동으로 패턴을 생성하는 시스템에 가까운 것으로 밝혀졌다. 마이크로소프트에서 렘브란트의 그림을 분석하여 렘브란트풍의 그림을 그린 사례[24]나, 소니에서 비틀즈의 음악을 분석하여 비틀즈풍의 음악 연주를 진행할 수 있는 시스템을 만든 사례[25] 역시 관점에 따라서는 인간의 창작을 기반으로 빅데이터 해석을 통해 사용자의 요구에 따라 정보를 유출하여 제시한 것에 불과할 수 있다. 근래에 한 소프트웨어 개발자가 시트콤 '프렌즈' 시리즈의 새로운 에피소드를 만들었다고 해서 화제가 되었지만, 이는 단지 기존의 패턴을 분석하고 유사한 패턴을 생성한 것에 불과한 것으로 밝혀졌다. 만들어진 대본 내용은 등장인물인 챈들러에게 알 수 없는 대사를 말하게 하거나 모니카가 몇 번이나 절규하는 등 횡설수설이었다고 한다.[26] 그밖에 〈임파서블 씽스Impossible Things〉라는 제목의 영화는 공포 영화를 학습한 인공지능이 배경과 대강의 줄거리를 생성하고, 인간이 제대로 된 대본을 완성하였으나 그 결과는 공포 영화의 흔한 장면을 모아놓은 정도에 불과했다[27]는 평가를 받았다. '벤자민 Benjamin'이라는 이름의 인공지능이 여러 대본을 분석하여 만들어낸 시나리오를 기반으로 영화가 제작되기도 하였다. 영화 〈선스프링 Sunspring〉과 〈게임이 아니다 It's No Game〉는 한때 유명 배우였던 데이빗 핫셀호프 David Michael Hasselhoff 가 출연하면서 화제를 모으기도 했지만, 결과는 그다지 좋지 않다. 우선, 대본 자체에 이상한 부분이 많아서 배우들이 연기에 어려움이 많았다고 하며, 스토리는 엉성했다고 한다. 결국 '게임이 아니다'는 작가들이 적극적으로 개입하여 어느 정도 완성도 있는 작품을 만들긴 했으나, 역시 의미 없는 대사나 행동, 지문을 남발하여 혼란을 일으켰다고 한다.[28]

그러나 최근에는 실질적으로 인간 창작물과 구분하기 힘든 창작의 결과를 보여주기도 한다. 구글의 인공지능 딥드림 Deep Dream 이 만들어내는 몽환적이고 초현실적인 이미지는[29] 실질적으로 인간 창작물과 구분하기 힘들다. 2016년 3월, 딥드림이 만든 29점의 이미지가 약 1억 3천만 원에 팔린 것 역시 인간 창작물과 거의 유사하다는 인식이 어느 정도 작용했다고 하지 않을 수 없다.[30] 소니 Sony 역시 유튜브를 통해 인공지능 플로우머신즈 Flow machines 가 작곡한 팝송 2곡을 공개하면서 플로우머신즈가 작곡한 음악을 음반으로 제작, 판매할 것임을 밝힌바 있다.[31]

인공지능 창작물이 인간창작물 수준이 되기 위해서는 패턴 분석을 넘어 내용 자체를 이해하고 분석할 수 있어야 한다. 뿐만 아니라 관객·시청자·독자 등 수용자의 감정을 이해하고 그에 맞추어 표현할 수 있어야 한다. 이미 창작 인공지능이 패턴 분석 수준을 능가하고 있으며 실질적으로 인간창작물과 육안으로 구분하기 힘든 상황이 오고 있다. 이러한 창작 환경이 저작물 시장에 미치게 될 영향은 그 결과가 인간에게 긍정적이던 부정적이던 간에 매우 높을 수밖에 없다.

창작의 양적 팽창

영국의 소설가 Roald[32]이 1948년 출판한 『자동작문기계 The Great Automatic Grammatizator 』[33]라는 소설의 내용에 의하면 자동으로 글을 써주는 기계가 작동된 지 1년 만에 영어로 출판된 모든 소설과 이야기들 중 적어도 반 정도가 이러한 기계에 의해 만들어졌다고 기술하고 있다. 아직까지는 인공지능에 의해 만들이진 책이 보는 서적의 반을 차지하고 있지는 못하다. 그러나 인공지능은 적어도 인간보다 단기간 내에 더 많은 창작물을 만들어내고 있다.

인공지능은 사람과 달리 시간과 공간의 제약을 받지 않고 언제든지 창작물을 대량으로 생산할 수 있다.[34] 역사상 다작하는 작가로 꼽히는 셰익스피어는 평생 36편의 희곡을 썼다. 그러나 이론적으로 인공지능은 세상에 존재할 수 있는 모든 책을 자동으로 만들어 낼 수 있다고 한다. 이미 1956년 마틴 클레인과 더글라스 보리스라는 두 명의 수학자가 Tat Pan Alley[35] 노래를 작곡하기 위해 Datatron이라는 디지털 컴퓨터를 프로그래밍 했다. Klein 박사는 라디오 전자 잡지 Radio Electronics Magazine 의 1957년 6월호에 "우리는 인간이 한 시간 동안 만들 수 있는 대중음악을 비록 그 질적 수준은 낮지만 비슷한 수준으로 더 많이 더 빠른 속도로 만들 수 있다"고 언급한 바 있다. Datatron은 한 시간 동안 4천 곡을 썼다고 한다.[36] 그러나 미국 저작권청(Copyright Office은 Datatron의 여러 작곡 중 하나인 《Push Button Bertha》에 대한 등록을 거부했다. 그 당시 저작권청이 등록을 거부한 이유는 그 누구도 기계에 의해 만들어진 음악을 등록하려 한 바 없다는 것이었다. 저작권청이 이러한 거절에 있어서 어떠한 법적 기초를 제공하지 못하였다는 것은(제공할 수 없었을지도 모른다), 필연적으로 저자는 인간일 수밖에 없다는 암묵적 가정이 깊이 자리 잡고 있음을 보여준다.[37]

인공지능이 창작하는 행위 자체에 대해 의문을 품거나, 부정하는 견해도 있지만, 과거에 비하여 기술이 발전하고 있는 현황을 고려할 때 앞으로의 인공지능 창작은 더욱 발전할 것이며, 그만큼 인공지능 창작물이 시장에 나올 가능성도 높아질 것이다. 특히, 인간에 비하여 훨씬 빠른 속도로 대량의 결과물을 만들어 낼 수 있다는 점을 생각할 때, 또한 기술이 발전하면 비용이 더 줄어들 수 있다는 점을 고려할 때, 상업적인 차원에서 콘텐츠 생산자들이 인공지능 창작물을 선호할 가능성도 있다.

창작과정의 불투명성

인간 창작물의 경우 음악, 미술, 건축 등 저작물의 유형에 따라 창작과정이 다르긴 하지만 통상적으로 그 창작과정을 유추할 수 있다. 그림의 경우 그리는 패턴, 화풍, 활용된 도구 등 누가 어떠한 방식으로 개입하여 창작이 이루어지는지 어느 정도 입증이 가능하다. 최근 문제된 조영남 대작 사건 역시 창작과정에서 대작자라고 주장하는 자가 작품의 완성에 이르는 과정에서 본인이 어느 정도 관여하였는지를 입증하였다. 이 과정에서 논란이 되었던 '미술계의 관행'이라는 것도 결국 어느 정도 정형화된 창작과정이 존재한다는 것을 보여준다.

　　그러나 인공지능 창작은 딥러닝 기술에 기반 한 빅데이터 분석과정을 거치게 된다. 딥러닝 기술은 기존의 창작물을 학습하고 이를 기반으로 새로운 창작을 하게 되는데 이 과정에서 기존 창작물의 복제와 분석을 통해 새로운 창작이 만들어 진다. 이러한 일련의 과정이 시스템 내부에서 이루어지므로 창작과정을 외부에서 파악하기가 용이하지 않다. 따라서 인공지능에 의해 만들어진 창작물이 다른 저작물의 보호받는 표현을 어떻게 침해하였는지에 대하여 실질적으로 입증이 어렵다. 저작권 침해를 주장하기 위해서는, 저작권침해를 의심받는 자의 저작물이 원저작물에 '의거(依據)'하여 제작되어야 하고, 침해를 의심받는 저작물과 원 저작물이 동일하거나 '실질적으로 유사할 것 substantial similarity'을 입증하여야 한다. 이러한 입증은 인간에 의한 창작물 간에도 어려운 부분이지만 창작과정을 유추하기 어려운 인공지능의 창작에 있어서는 더욱 어려울 수밖에 없다.

인간의 창작을 보호하는 이유

애시당초 저작자에게 저작권을 부여한다는 것이 본래부터 당연한 것은 아니었다. 중세이전에 저작자의 권리는 독자적 권리이기보다는 출판업자들에게 부여된 인쇄독점권, 혹은 왕권/신권에 결부되어 있었다. 결국 근대시민사회의 형성과 더불어 이러한 저작자의 종속적 권리를 저작자에게 되돌려주고자 하는 시도들이 있었고 그 과정에서 저작권 귀속의 정당화, 타당성 논의가 비롯되었다. 창작의 대가를 저작자에게 귀속시켜야 한다는 최초의 저작권법인 앤여왕법 Statute of Anne, 1710 역시 이러한 배경에서 탄생하였다. 저작물을 창작한 저작자에 권리를 부여하는 근거는 무엇인가는 저작자가 저작물을 창작하는 행위를 어떻게 보느냐, 또한 저작자에게 주어지는 권리를 어떻게 보느냐에 따라 다양한 이론구성이 가능하다. 저작물을 창작한 저작자가 누구인가를 밝히는 문제, 그리고 그러한 저작자에게 주어지는 권리를 어떻게 보느냐에 대하여는 다양한 이론구성이 가능하다.

'자연권론'은 저작권을 인간의 자연적 권리로 본다. 영국의 철학자 존 로크 John Locke 는 개인이 그의 육체에 대하여 생래적인 소유권을 가지는 것처럼, 그 노동의 결과로 얻어진 열매에 대해서도 소유권을 가진다고 주장하였다. 즉 로크에 의하면, 신체의 소유권에 근거하여 자신의 노동의 소유가 도출되고, 자신의 소유인 노동이 가해짐은 노동이 가해진 대상의 소유를 정당화한다. 로크의 자연권이론은 유체재산권을 중심으로 이루어졌을 뿐, 저작권을 정당화하기 위해 전개된 것은 아니다. 로크가 1680년대 후반에 인쇄, 출판과 관련된 사항을 언급하였지만 재산으로서의 저작권을 옹호한 것이 아니라 당시의 검열법 Licensing Act 에 의해 이루어졌던 사전검열반대와 인쇄출판업자들의 과도한 독점에 대한 반대를 위해 주장되었다고 설명된다.[38] 그러나 로크 자신이 비록 자신의 자연법 이론을 저작물에 직접적으로 적용하지 않았을 지라도 로크의 자연권이론은 18세기 이래지적 대상에 대한 작가의 배타적 권리를 인정하기 위한 기본적 근거로 사용되어 왔다.

예를 들어 앤여왕법 Statute of Anne, 1710 제정 이후 저작권의 본질이 쟁점이 되었던 Miller v. Tayler 사건에서[39] 애스톤 Richard Aston 판사는 로크의 자연권이론을 토대로 저작권을 작가의 보통법상의 영구적인 배타적 재산권으로 명확히 한 바가 있다.[40] '사람은 자연법에 따라 자신의 신체, 생명, 명예, 노동에 대하여 재산권을 가진다는 이유로 작가는 자신의 노동을 통해 생산한 작품에 관하여 자연권적인 재산권을 가진다'는 판시사항은 이에 대한 예이다. 또한 미국의 독립 이전 대륙회의(Continental Congress 에서 '연구의 열매보다 더 적절한 인간의 소유물은 없다'는 언급도 로크의 자연권이론과 맥을 같이 한다.[41] 이러한 자연권론에 근간을 두고 저작권의 재산적 성격뿐만 아니라 인격권적 요인을 강조하면서 저작권의 본질을 발전시켜 왔다. 유체물에 대한 물적 소유권이 유체물로부터 경제적 이익을 얻을 수 있는 권리인 반면에 저작권은 무체물로부터 경제적 이익을 얻을 수 있는 권리일 뿐만 아니라,[42] 저작자의 정신적 보호를 위하여 재산적 권리와는 별도로 인격적 이익

의 보호도 포함된다고 보았다.[43]

실정권론은 작권의 정책적 성격, 특히 그 도구적 성격을 강조한다. 저작권은 저작물의 생산과정에서 그 생산자인 저작자에게 논리 필연적으로 당연히 생겨나는 일종의 자연권이 아니라, 문화발전의 증진이라는 공익을 달성하기 위한 도구로서 주어지는 실정권에 불과하다는 것이다. 이러한 권리를 부여할 때 비로소 저작자들은 저작물을 생산하고 이를 시장에 내놓을 동기를 부여받게 되고, 이를 통하여 저작물이 사회에 유통됨으로써 전체의 공익이 높아진다는 것이다. 즉 이러한 동기부여 수단으로서의 창작유인을 저작권제도의 본질로 본다. 이와 같은 유인론은 실정권론의 본질이라고 할 수 있다. 유인론은 저작권을 경제학적 측면에서 판단한다. 유인론에서 저작권은 사회적 가치를 지닌 저작물을 저작자가 창작하고 배포하도록 유인을 제공하는 것, 즉 창작물의 생산에 필요한 경제적 유인을 제공하기 위해서 존재한다고 보므로, 저작권을 도구적으로 정당화 한다. 이러한 관점에서 볼 때 저작권은 배타적인 권리인 저작권이라는 인센티브가 주어짐으로써 저작자들로부터 보다 높은 수준의 저작물이 보다 많이 도출되고, 그에 따라 국가 전체의 문화발달이 가능하게 된다는 논리이다. 저작권이 없으면 저작자의 저작물을 이용하는 데 이해관계를 가진 사람들이 그 저작물을 저작자로부터 구매하는 대신 복제만 하게 되는데, 이렇게 되면 저작자는 생산을 하지 않게 되고 이것은 결국 사회 전체적으로 볼 때 바람직하지 않다는 것이다. 유인론은 이러한 비효율적 시장실패를 결과하지 않기 위해서 저작권이 필요하다는 것이다.[44]

알고리즘 창작 보호 무용론

인공지능 창작물을 보호할 필요가 없음은 다음 두 가지 관점에서 검토될 수 있다.

첫째, 현행법상의 해석을 근거로 보호할 필요가 없다는 주장이 가능하다. 현행법상 저작물이라 함은 '인간의 사상 또는 감정을 표현한 창작물'을 의미하며(저작권법 제2조제1호), 저작자는 '저작물을 창작한 자'를 말한다(동법 제2조제2호). '인간'의 사상 또는 감정의 표현이므로 침팬지가 그린 그림, 자연적으로 만들어진 수석(壽石)이나 관상수는 저작물이 아니다. 또한 '사상 또는 감정'이란 표현의 대상 자체가 아니라 그 표현대상을 구체적으로 표현하는 과정에 있어서 작가의 사상 또는 감정이 이입되고 그 결과로서 구체적으로 표현된 것에 나타나 있는 사상 또는 감정을 의미하는 것이다.[45]

결국 저작물로 성립하기 위하여 중요한 것은 표현하고자 하는 대상이나 소재 자체가 아니라 그 대상이나 소재로부터 구체적인 표현물에 이르기까지 인간의 어떠한 사상이나 감정이 이입되어 그 결과 표현물에 그 사상 또는 감정이 나타나 있는가 하는 점이다.[46] 현행법상 '사상이나 감정'을 표현하는 주체가 될 수 있는 자격요건으로서 정신적 노력을 할 수 있는 사람을 전제로 하고 있으며 인공지능이 만든 창작물은 이러한 요건을 충족하지 못하므로 저작물로 볼 수 없고 따라서 저작권법상 보호대상이 되지 않는다. 그러나 현행법의 적용/해석과 입법론적 필요성은 별개의 문제이며 인공지능 창작물의 보호 여부는 법 개정 필요성에 대한 검토이므로 현행법의 해석·적용을 근거로 보호할 수 없다고 하는 것은 타당하지 않다.

다음으로 저작권제도의 취지에서 볼 때, 보호대상자로 거론되는 자들이 권리의 주체가 되기에 적절치 않다는 점이다. 인공지능이 만든 창작물의 권리가 인정된다면 그 귀속주체가 될 수 있는 자들은 인공지능을 만든 프로그래머, 그러한 프로그램의 사용자, 인공지능 자체, 공동저작자 등이다. 우선 인공지능 자체에 대한 법인격 부여는 심오한 철학적 논의는 차치하고서라도 본질론에 입각하여 볼 때 그 권리의 주체로 타당하지 않다. 자연권론에 의할 경우 저작자의 인격적 권리로부터 재산권이 비롯됨을 알 수 있다. 즉 인공지능 창작물의 경우 저작자의 인격이 발현되었다고 볼 수 없으므로 인격적 보호법익이 존재한다고 할 수 없다. 실정권론에 의한다 할지라도 창작자에게 권리를 부여하는 목적은 그들로 하여금 창작에 대한 인센티브를 부여하기 위함이다.

그러나 인공지능은 이러한 인센티브를 부여하지 않아도 얼마든지 창작물을 양산해 낸다.[47] 사실 인간 저작자에게 유용하게 요구되는 경제적 혹은 그 밖의 다른 이유로 인한 창작인센티브를 인공지능은 요구하지 않는다. 따라서 저작권을 부여하는 가장 근본적 정당화 요소로서 창작 유인의 효과를 기대할 수 없으므로 저작권법상 창작물에 대한 권리의 귀속주체가 될 수 없다. 다음으로 인공지능을 만든 프로그래머는 인공지능이 무엇을 창작할지 알 수가 없다. 프로그래머가 인공지능 자치를 만들어 내는데 노동력을 비롯한 여러 자원들을 투자함에도 불구하고 이러한 투자가 최종적으로 인공지능이 만들어낸 창작물에 어느 정도 포함되어 지는지에 대하여는 의문이다.[48] 즉 인공지능이 만든 창작물에 발현되어 있는 것은 프로그래머의 개성이 표출된 독창성이 아니므로 작품에 대한 인격적·재산적 권리를 프로그래머에게 부여하는 것은 타당하지 않다. 프로그래머의 의도는 창작물을 양산하는 프로그램을 만든다는 의도이며 이러한 의도를 해당 프로그램이 만들어낸 창작물에 대한 창작의도까지 확장할 수 없다. 즉 '작품을 통해 청중에게 어떠한 정신적 효과를 미치고자 하는 의도'를 프로그래머에게 확인할 수 없다. 한편 프로그래머는 해당 인공지능을 만듦에 있어서 상당한 투자를 하게 되고 그에 합당한 보상을 받아야 함은 타당하다. 그래서 이러한 보상의 일환으로 프로그래머는 인공지능 프로그램이 창작한 저작물에 대한 저작자로서의 지위를 요구할 수 있다. 그러나 프로그래머는 이미 인공지능 자체에 대한 합당한 보상을 받을 수 있다. 따라서 프로그래머에게 인공지능이 만들어낸 창작물에 대한 저작권을 인정하는 것은 이중보상이 될 수 있다.[49] 성능이 더 좋은 카메라를 개발한 개발자는 그 카메라를 매매 등의 방식으로 양도하였을 때 그 카메라에 대한 보상을 받은 것이며, 그 카메라를 사용해 찍은 사진저작물에 대한 저작권이 카메라 개발자에 귀속되는 것은 아니다. 따라서 프로그래머를 저작자로 취급하는 것은 기존의 저작자의 개념을 확장함으로서 지적창작물의 보호범위를 부당하게 확장하는 결과를 초래하게 된다. 한편 프로그래머로부터 인공지능을 구매하여 사용하는 자가 인공지능 창작물의 권리를 누리는 것이 타당한가를 검토해 볼 필요가 있다. 앞서 기술한 대로 그가 어떠한 작품에 대하여 생각하고 실행에 대한 통제권을 행사할 수 있다면 그는 단순히 명령을 따르는 자가 아니라 저작자라고 할 수 있다. 이러한 경우 사용자의 개성이 발현된 독창성을 인정할 수 있는 여지가 있다. 그러나 인공지능 창작물에 대한 인공지능 사용자의 통제권과 자율권의 범위는 버튼을 누르는 수준에 그친다. 이러한 경우 창작물에 인공지능 사용자의 개성이 인격적으로 발현되어졌다고 할 수 없으며, 이러한 개성의 발현으로서의 독창성을 기대할 수 없다. 따라서 마땅히 저작인격권이 인정될 수 없다. 다만 사용자의 기여도가 지극히 최소한이라 할지라도(단순히 버튼을 누르는 것에 불과할지라도) 창작의지를 고려해 볼 때 사용자에게 제한적이라 할지라도 일정한 권리를 부여하는 것이 프로그램을 작동시켜 새로운 창작물을 생성할 만한 유인책을 제공하는 것이라고 볼 수도 있다.[50] 그래야 인공지능의 사용자로 하여금 이를 사용하게끔 하는 인센티브가 존재하고 이로 인해 인공지능의 사용이 활성화된다. 그 결과 인공지능 자체의 가격형성에 긍정적 영향을 미치게 되며 창작물을 만드는 인공지능에 대한 투자로 이어질 수 있다는 주장도 가능하다. 그러나 이는 사용자가 무언가 독창성 있는 것을 창작하였기 때문에 부과되는 인센티브가 아니다. 따라서 이러한 종류의 권리는 저작권이 아닌 투자나 노력을 보호하는 법제 즉 부정경쟁방지 등 다른 법체계에서 논의되어야 하는 사항이다. 따라서 인공지능 사용자는 인공지능 창작물에 대하여 저작권법상의 권리의 귀속 주체가 될 수 없다.[51] 마지막으로 프로그래머와 사용자가 공동저작자가 될 수 있는가 하는 문제를 검토해 볼 필요가 있다. 우선 각각이 저작자로서의 요건을 충족하되, 저작물을 분리하여 이용할 수 없는 경우에 공동저작자로서의 지위를 인정하는 것이다. 개성, 독창성, 의도 등의 저작자의 개념적 요소에 비추어 볼 때, 또한 본질론에 입각한 창작 유인에 비추어 볼 때 프로그래머와 사용자 모두 저작자로 인정할 수 없으므로 공동저작자 개념은 타당하지 않다. 다만 저작권이 아닌 이들의 투자와 노력을 보호하기 위한 어떠한 실정법상이 권리가 논의될 때 그러한 권리의 공동보유자로서의 지위는 논할 수 있으리라 본다. 인공지능 프로그래머, 하드웨어 소유자, 사용자에게 저작권이 각각 분할되어 사용되어져야 한다는 이론 역시 이들에게 저작권 귀속

자체의 타당성이 인정된 뒤의 문제이므로 그러한 정당성이 인정되지 않는 한 타당하지 않다. 결국 부정경쟁방지나 그밖에 다른 특수한 유형의 권리인정 필요성에 대한 부분은 논외로 하더라고, 인공지능이 만든 창작물에 대한 저작권의 정당한 귀속주체는 존재하지 않는다.

　　한편 저작권제도는 인간을 전제하지 않고 생각하기 어려우며, 독점에 대한 우려 때문에 인공지능 창작물의 보호에 부정적인 견해도 존재한다. 즉 법률로써 인공지능에게 배타적 권리를 부여한다면 이를 이용하는 인류의 권익은 상당히 위축될 것이라는 것이다.[52] 그 이유로 현재에도 권리자와 이용자의 권익 사이에 정치한 균형이 문제되는데, 인공지능의 창작을 보호하게 되면 향후 인간과 인공지능 간의 대립적 구도가 심화되고, 추후 인공지능이 독자적으로 학습하고 진화하여 인간보다 수백 배, 수천 배 많은 창작물을 만들어 낸다면 폭발적으로 늘어나는 창작물을 보호함으로 인하여 인류의 공익이 저해될 수 있다고 한다.

알고리즘 창작 보호론

인공지능 창작물의 보호와 관련하여 통상적인 저작물에 대한 보호보다는 낮은 수준의 보호가 필요하다는 논의가 제안되고 있다. 인공지능의 창작물에 대한 보호 범위는 통상적인 '실질적 유사성' 범위가 아니라 '현저한 유사성'이 인정되는 범위에 국한하여야 한다는 견해,[53] 그것이 아니라 '실질적 동일성'이 인정되는 범위에 국한하여야 한다는 견해,[54] 저작권등록을 요구하는 한편 전체 보호기간은 줄여 6년(최초 등록후 3년 및 갱신 후 3년)의 보호기간으로 단축하자는 견해[55] 등이다.

인공지능 창작은 방대한 데이터 분석을 비롯하여, 많은 시간과 노력이 필요한 작업이다. 따라서 일정한 가치가 있는 인공지능 창작을 장려하기 위해서는 그 투자를 보호할 필요가 있다. 일본과[56] 유럽 일부 국가 역시 이러한 이유로 인공지능 창작에 대한 보호를 시도하고 있는 듯하다.[57] 즉 인공지능 창작물의 보호필요성에 대해 긍정적이나 저작권 제도의 본질론에 근거하기 보다는 인공지능 산업에 대한 투자를 활성화를 근거로 한다. 즉 창작을 하는 인공지능에 대한 투자나 적극적인 이용을 도모한다는 관점에서 인공지능 창작물 보호가 필요하다는 것이다. 다만 인공지능 창작물을 보호할 경우 그 부작용도 고려해야 하므로 그 범위를 인공지능에 대한 투자 촉진과 이용의 보호하는 측면에서 적정한 수준과 범위(예: 가치가 높은 인공지능 창작물)를 결정해야 한다고 한다. 그 결과 보호기간에 대하여 인간 창작물의 보호기간보다 단축되어야 함을 제안한다.

투자가 저작자에게 권리부여의 정당성을 부여하는 결정적인 요인이 되지는 못해도, 저작권법상 투자 자체를 보호하기 위한 제도를 인정하고 있다. 음반제작자, 방송사업자에 해당되는 저작인접권자의 권리, 데이터베이스제작자의 권리 등이다. 저작권법은 데이터베이스의 제작 또는 그 소재의 갱신·검증 또는 보충에 인적 또는 물적으로 상당한 투자를 한 자를 데이터베이스 제작자라고 하며 그에게 5년간 데이터베이스의 전부 또는 상당한 부분을 복제·배포·방송 또는 전송할 권리를 부여한다.[58] 엄격히 저작자가 아님에도 불구하고 이러한 데이터베이스제작자의 권리를 보장하는 것은 데이터베이스의 제작에 들이는 막대한 투자에도 불구하고, 제3자가 이를 추출하여 재이용하는 것이용이하고, 이러한 행위는 제작자의 투자와 노력이라는 법익에 대한 침해가 되며, 이는 궁극적으로 데이터베이스 산업과 활용을 저해할 것이라는 우려에 기인한다. 따라서 현행 저작권법은 데이터베이스제작자에 대하여 저작인접권[59]과 유사한 방법에 의한 보호를 취하고 있으며 데이터의 선택과 배열의 창작성이 아니라 데이터베이스를 구성하는 데이터의 체계화와 이와 관련된 상당한 투자를 보호하는 것이다. 데이터베이스의 제작자는 이러한 투자에 근거해서 권리를 취득하며, 또 이러한 투자가 미치는 범위 내에서 보호를 받는 것이다.[60]

따라서 이러한 투자의 보호법리가 적용될 경우 '인공지능 창작물의 제작에 상당한 투자를 한 자'가 일정한 권리의 주체가 될 수 있다. 여기에는 인공지능 프로그램 이용 약정, 인공지능 창작물의 생성 기여도 등을 근거로 '인공지능 프로그램 개발자', '인공지능 프로그램 이용자' 또는 '인공지능 프로그램 소유자' 등이 각각 또는 공동으로 될 수 있다. 한편 이들은 인공지능 창작물로 인한 저작권 침해책임에 있어서도 자유로울 수 없다. 인공지능 창작물이 보호받는 인간 창작물 즉 타인의 저작물을 허락 없이 사용한 경우 그 침해 책임 또한 이들이 져야 할 것이다. 또한 인공지능 창작의 보호가 저작권제도의 연원에서 비롯되는 것이 아니라 투자의 보호에서 비롯된다고 보는 한 인공지능 창작물에 대하여는 인간 창작과 동일한 보호를 부여하는 것은 타당하지 않다. 저작자 생존중 뿐만 아니라 사후 70년간 독점배타적 권리를 보장하는 인간 창작물에 대한 저작권을 인공지능 창작물에 그대로 적용하는 것은 새로운 창작의 유인에 그다지 바람직하지 않다. 특히 인공지능 창작물의 양적증가, 창작과정의 비투명성등에 비추어 볼 때 개별적 사용허락의 어려움이 발생할 수밖에 없다. 투자에 따른 보상의 전부라면, 사전에 허가를 득해야 하는 준물권적 배타적 권리보다는 사후 보상청구권을 행사할 수 있도록 하는 방안이 더욱 적정, 유용하다고 볼 수 있다. 이러한 경우 인공지능 창작에 대한 권리는 금전적 보상청구권으로 축소되게 된다. 또한 이러한 보상청구권을 개별적으로 행사하게 될 경우 개별이용허락의 단점이 그대로 드러나므로 집중 행사할 수 있는 방안도 함께 고려될 수 있다.

인공지능 창작과 인간 창작의 차별적 취급 필요

인공지능창작을 인간창작과 동일하게 보호할 수는 없다. 인공지능은 사람과 달리 시간과 공간의 제약을 받지 않고 언제든지 창작물을 대량으로 생산할 수 있다. 역사상 다작하는 작가로 꼽히는 셰익스피어는 평생 36편의 희곡을 썼다. 그러나 이론적으로 인공지능은 세상에 존재할 수 있는 모든 책을 자동으로 만들어 낼 수 있다고 한다. 인간에 비하여 훨씬 빠른 속도로 대량의 결과물을 만들어 낼 수 있다는 점을 생각할 때, 또한 기술이 발전하면 비용이 더 줄어들 수 있다는 점을 고려할 때, 상업적인 차원에서 콘텐츠 생산자들이 인공지능 창작물을 선호할 가능성도 있다. 그렇다면 인공지능 창작물의 소유자는 인공지능이 만든 창작물을 마치 자기가 만든 것처럼, 허위공표, 허위 저작권 등록을 할 유혹에서 벗어나기 힘들다. 이러한 경우 저작권법상 허위공표·등록죄가 성립할 수 있지만, 이러한 상황을 인지하고 수사에 착수한다는 것이 현실적으로 곤란하다. 여기서 인공지능 창작물과 인간창작물을 구별해야하는 필요성이 제기된다.

현행 저작권 제도는 저작권 발생에 어떠한 절차나 형식을 필요로 하지 않는 무방식주의를 취하고 있다(저작권법 제10조 2항). 특허·디자인 등 산업재산권처럼 등록을 권리 발생의 요건으로 하지 않는다. 무방식주의는 베른협약에서 채택하였으며 대부분의 국가에서 채택하였다.

그러나 인간의 창작물과 인공지능 창작물을 구별하기 위해서는 인공지능 창작물을 식별할 수 있는 일정한 방식제도가 도입될 필요가 있다. 비단 인공지능 창작물에 대한 문제가 아니더라도 최근 디지털기술에 의한 정보유통환경의 변화와 저작물의 경제적 가치의 증대는 권리의 불명확성이라는 무방식주의가 가지는 한계를 노출시키고 있다. 우선 무방식주의의 문제점은 저작물이 언제 창작되었는지를 정하기가 쉽지 않다는 것이다. 어떤 저작물이 완성품으로서 특정되기까지는 여러 과정을 거치게 된다. 반드시 저작자가 저작물로서 최종적인 것이라고 인정하는 때가 창작시가 되는 것이 아니고, 완성품에 이르는 단계에서 저작자의 사상, 감정이 외부적으로 인식될 수 있는 형태로 표현되었을 때 저작물이 존재한다고 말할 수 있다. 따라서 원고를 쓰는 경우에도 아직 끝나지 않은 미완의 단계라고 하더라도 그것은 저작물이 될 수 있다. 무방식주의의 또 다른 문제점은 권리자가 누군지 정확히 알 수 없다. 공표권은 저작자의 고유한 권리이나 공표의 방식이 구체적이거나 명확하지 않기 때문에 일반 공중으로서는 누가, 언제 공표하였는지 정확히 파악하기가 곤란하다.

하물며 인공지능 창작물의 경우 방식주의 도입의 논거가 그대로 적용되어서는 안된다. 우선 저작물은 개인 인격의 발현이므로 저작권은 저작물을 창작하였다는 사실로부터 즉각적으로 발생한다는 논거는 인공지능 창작에 적용될 수 없다. 인격권은 자연인을 전제로 하기 때문에 인공지능의 법인격을 논하지 않고는 합당한 논거가 될 수 없다.[62] 다음으로 저작권을 자연권으로 봄으로서 방식주의가 저작권의 '자연적 정의natural justice'와 충돌한다는 근거는 자연권은 인간에게 부여되는 권리를 전제로 하므로 이 역시 인공지능 창작물에 적용될 여지가 없다.

인공지능 창작물에 대한 식별제도 도입의 의의

'투자의 보호'차원에서 인공지능 창작물을 보호하는 경우 권리의 발생요건으로서의 의미도 있지만 무엇보다도 수용자(또는 이용자)의 가치판단에 대한 정확한 정보제공이라는 측면에서도 중요하다. 창작물의 가치는 창작물의 상업화 과정에서 비즈니스 모델에 의해 결정되기도 하지만, 대개는 그것을 수용하고 사용하는 이용자들에 의해 결정된다. 기업에서 어떤 가격을 제시하더라도 이용자가 그만한 가치가 없다고 판단할 경우, 그 콘텐츠는 그만큼 판매가 되지 않게 마련이다. 이러한 가치 판단은 이용자 자신의 주관적 기준을 따르게 된다. 대중에게는 인기가 없는 창작물도 누군가에게는 매우 소중한 명작이 될 수 있는 것이며, 그 반대도 가능하다. 그러나 중요한 것은 창작물의 출처가 이용자가 창작물의 가치를 평가하는데 매우 큰 영향을 미친다는 것이다.

2005년 침팬지가 그린 그림이 경매에서 낙찰된 바 있다. 1954년에 태어난 '콩고'라는 침팬지가 그린 그 그림은, 일찍이 영국 동물행동학자의 관심을 얻어 현대미술연구소에서 전시되기도 했다. 사람들은 침팬지가 그린 유화와 데생에 관심을 가졌고, 화가 피카소도 선물 받은 그림을 자신의 스튜디오 근처에 붙여놓았다고 한다. 결과적으로 콩고의 그림 3점은 무려 2만 5620달러(약 2,600만원)에 낙찰되었다. 이는 경매 회사가 매겼던 가치(천 130~천 500달러)와 비교할 수 없을 정도로 높은 금액으로, 이 그림에 가치를 부여하는 사람이 적지 않음을 느낄 수 있다. 이는 작품자체의 창작성 보다는 '침팬지의 그림'이라는 희귀성이 작동한 것이라고 볼 수 있다. 또한 이것을 침팬지가 그린 그림이라고 알지 못하는 경우, 즉 이 그림을 유명작가의 작품으로 오인한 경우 '작가의 개성이 뚜렷한 대단히 훌륭한 작품'이라고 평가하기까지 했다.[63]

결국 이용자가 창작의 가치를 판단함에 있어서 '창작자가 누구인가'는 매우 중요한 요건이다. 일례로 조영남씨의 대작 사건이 사기 사건으로 다루어지는 것도, '조영남'이라는 유명인이 창작했다고 생각한 창작물이 실은 다른 사람의 대작이라는 것이 드러났기 때문이다. 그 창작물을 산 사람들은 그것이 '조영남'이라는 유명인이 만든 것이라고 알았기 때문에 더 높은 가치를 부여하였으며, 그것이 조영남이 만든 것이 아님이 드러나면서 그만큼 가치가 떨어지고 결과적으로 경제적인 손해를 볼 수 있다.

현재 구글의 인공지능 창작물이 매우 높은 가격으로 거래되는 것은 그 희소성 때문일 수도 있으며, 만약 그러한 희소성이 사라진다면 그 경제적 가치가 떨어질 수 있다. '창작자가 누구(무엇)인가'라는 것이 창작물의 가치평가에 중요한 요소가 되므로 창작물 수요자의 경제적 가치 추구 차원에서, 좀 더 객관적 가치를 확인하기 위해서는 그 창작자가 인공지능이라는 것이 명확히 표시될 필요가 있다.

인공지능 창작물 식별 의무화

앞서 언급한 바와 같이 실무적으로 인공지능 창작물인지 인간의 창작물인지 식별하기란 어려운 일이다. 그러므로 등록을 의무화한 경우에도 인공지능을 이용하여 만든 창작물을 인간의 창작물로 허위 등록하여 보다 강한 보호를 받으려는 행위가 발생할 수 있다. 따라서 인공지능 창작물에 대하여는 인간 창작물과 구분하기 위해 자동적·의무적 식별제도의 도입이 필요할 것이다. 인공지능이 창작한 것임을 알려주는 식별자가 인공지능의 창작프로그램을 통해 자동화된 방식으로 인공지능 창작물에 내재되도록 의무화하여 인간의 개입에 의한 조작가능성이 최대한 차단되어야 할 것이다. 이러한 의무를 위반한 경우 일정한 재제조치를 부과하는 등의 규제도 함께 규율되어야 할 것이다. 즉 인공지능 창작물은 창작 당시부터 인간이 인위적 개입 없이 자동적으로 인공지능 창작물임이 표시되도록 설계designed by AI copyright 되어야 한다.

콘텐츠에 대한 식별제도는 현행 「콘텐츠산업 진흥법」에서도 찾아볼 수 있다. 콘텐츠란 부호·문자·도형·색채·음성·음향·이미지 및 영상 등(이들의 복합체를 포함한다)의 자료 또는 정보를 의미한다(법제2조제1호). 따라서 디지털화되었는지 여부를 불문하고 모든 저작물이 콘텐츠에 해당된다. 제23조에서는 정부가 콘텐츠의 권리관계와 유통·이용의 선진화 등을 위하여 콘텐츠 식별체계에 관한 시책을 수립·시행하도록 규정하고 있다. 식별체계 연구 개발, 식별체계 표준화, 식별체계 이용, 보급 및 확산, 식별체계 등록, 인증, 평가 및 관리, 식별체계의 국제표준화를 위한 협력 등의 사업을 추진하도록 규정하고 있다. 콘텐츠 식별은 이용자의 오인 또는 혼동을 예방하고 거래의 안전을 도모하고자 한 것이다. 현재 디지털콘텐츠에 대하여는 국가표준 디지털콘텐츠식별체계Universal Content Identifier, UCI 제도가 운용되고 있다. 이는 디지털 콘텐츠에 코드를 부여하여 관리하는 체계 또는 식별체계 간의 연계표준이다.[64] UCI는 디지털 형태로 존재하는 콘텐츠에 대한 식별체계이기 때문에 이러한 온라인 유통과정에서의 식별체계로서는 적절하다. 그러나 인공지능 창작물은 온라인상의 프로그램을 통하여 양산되지만 오프라인상에서 그림, 음악 등 실물로서 존재한다. 실물로서 존재하는 인공지능 창작물에 대하여 이용자가 인간 창작물이 아니라는 것을 즉각 인식할 수 있는 식별제도가 함께 고안되어야 한다.

알고리즘과 저널리즘

저널리즘 변화와 알고리즘

'저널리즘journalism'은 과정이다. 사회적 산물로서 뉴스는 생산, 유통, 소비 과정을 거친다. 이 과정을 통해 대의민주주의를 작동시키는 원천인 여론이 형성되고 전달된다. 뉴스의 생산과 보도를 전문적으로 하는 조직인 언론매체는 현대 민주주의 체제에서 흔히 제4부로 불린다. 법에 규정돼 있지 않지만 입법부, 행정부, 사법부를 감시하는 역할을 한다. 이 같은 역할이 제대로 수행되기 위해 언론매체가 '언론의 자유'를 누려야 한다는 것은 상식이다. 언론 자유를 주장할 수 있는 것은 언론매체가 시민의 '알 권리'를 부여받아 대행하기 때문이다.

언론매체, 저널리즘, 뉴스 등은 생산, 유통, 소비 과정의 효율성, 합리성 등을 위해 테크놀로지를 적극 도입해 왔다. 뉴스를 소비하는 시민의 현재 테크놀로지 이용 수준은 물론이고 앞으로 테크놀로지 발전을 감안한 시도를 끊임없이 한다. 테크놀로지 고도화 사회가 되면서 뉴스라는 콘텐츠의 생산, 유통, 소비, 각 과정에서 테크놀로지가 차지하는 중요성과 영향력이 점점 커지고 있다. 콘텐츠 테크놀로지 영역에서 가장 치열한 각축장은 저널리즘 부문이다.

최근 저널리즘에서 가장 주목 받는 테크놀로지는 '알고리즘'이다. 특히 뉴스 생산에서 작동하는 알고리즘에 대한 기대가 크다. '로봇 기자', 'AI(인공지능) 기자' 등은 알고리즘을 통한 뉴스 생산을 대표하는 용어다. 사회인의 한 직업을 나타내는 '기자' 또는 '저널리스트'라는 용어가 소프트웨어 또는 프로그램에 사용되고 있다. 전통적으로 기자는 소위 '전문가주의professionalism'에 기반을 두는 직업군으로서, '전문성'에 대한 인정은 사회적 공감대가 있었다.

하지만 디지털 테크놀로지 도입과 인터넷 환경 편재는 이제 기자 전문성을 시민이 충분히 확보할 수 있는 특성으로 바꿔 놓았다. 정보 생산과 유통에 전문성을 가진 시민의 출현은 기존 기자의 전문가주의를 뿌리째 흔들고 있다. 시민이 기자나 언론매체의 전문성을 의심하게 만드는 사례가 많아지고 있으며, 시민 스스로가 기자가 되려는 움직임을 찾아보기 어렵지 않다. 저널리즘, 언론매체, 기자, 뉴스 등 개념이 점점 혼란스러워지는 가운데, 각종 데이터를 활용해 알고리즘 소프트웨어를 통해 자동으로 뉴스를 생산해 보도하는 '알고리즘 저널리즘 Algorithm Journalism'('로봇 저널리즘', 'AI 저널리즘', '자동화 저널리즘 Automated Journalism' 등으로도 불림)은 이러한 혼란을 더욱 가중시키고 있다.

로봇 기자, 인간 기자를 대체하나

언론매체는 언론인으로 구성된 조직이다. 언론매체는 '공익'과 '사익'을 동시에 추구해야 한다. 언론인 중 뉴스 생산 업무를 담당하는 것은 기자다. 따라서 분류하자면 기자는 언론매체 내에서 주로 공익을 추구한다. 기자 규모나 뉴스룸(편집국, 보도국 등) 복잡성에 따른 차이는 있지만, 기사 아이템을 선정하고 이를 취재한 후 기자가 작성한 기사를 데스크가 확인해 유포하는 일련의 과정은 변함없다.

언론매체가 다른 정보 생산 조직과 구분되는 점은 기사를 작성하고 유포하는 과정에 '팩트체킹 fact checking', '게이트키핑 gatekeeping' 등이 조직적으로 작동한다는 것이다. 팩트체킹은 기사 작성 때 사안에 대한 사실을 검증하는 것이며, 게이트키핑은 뉴스 가치에 따라 기사를 취사선택하는 것이다. 최근 많이 언급되고 있는 팩트체킹은 사실 기자의 기본적 소임이다. 게이트키핑은 각 과정에서 기사 작성자, 기사 결정 권자(편집국장, 보도국장 등) 등이 실시한다. 팩트체킹, 게이트키핑 등이 얼마나 조직적으로 이뤄지는가는 뉴스의 수준, 나아가 언론매체의 수준을 결정하는 요인 중 하나다.

이런 관점에서 보면 소위 로봇 기자가 작성한 콘텐츠를 기사로 봐야하는지에 의문이 들 수밖에 없다. 한 인터뷰에서 서울대학교 교수 이준환은 알고리즘 저널리즘 과정을

① 데이터 수집(data crawling: 분석이 되는 대상을 모음)

② 이벤트 추출(event extraction: 통계적 방법을 통해 데이터 속 의미 있는 이벤트를 찾아냄)

③ 핵심 이벤트 선별(key event detection: 각 이벤트에 가중치를 부여해 중요한 이벤트를 도출함)

④ 분위기 결정(mood detection: 사건의 맥락을 파악하고 기사 서술의 관점을 설정함)

⑤ 뉴스 기사 생성(news article generation: 준비된 틀에 세부적 정보를 넣어 완전한 문장을 만든 후 문장들을 순서에 맞게 배치함)으로 설명했다.

기사 적성은 물론이고 기존 언론매체가 조직적으로 실시했던 팩

트체킹이나 게이트키핑이 알고리즘 저널리즘에서 기계적으로 이뤄진다. 이는 뉴스 또는 언론매체 수준이 인간 조직이 아닌 소프트웨어 또는 프로그래밍에 의해 결정된다는 것을 의미한다. 뉴스룸 맨파워가 자신의 수준을 결정한다고 생각해 왔던 전통 언론매체로선 좀처럼 받아들이기 힘든 내용이다. 수십 년에 걸쳐 정착시켰던 뉴스룸 문화와 저널리즘 관행이 순식간 사라지고 저널리스트 자신의 업무가 필요 없게 될 수 있다는 위기의식이 생겨난다.

세계 유수 언론매체들은 물론 우리나라 언론매체들도 이미 알고리즘 저널리즘을 시행하고 있다. 뉴스 생산을 위한 알고리즘 소프트웨어는 2010년대 들어 본격적으로 언론매체에 도입됐다. 《뉴욕타임스 The New York Times》, 《로스앤젤리스타임스 Los Angles Times》, 《포브스 Forbes》, 《프로퍼블리카 ProPublica》, 《AP Associated Press》 등이 알고리즘 저널리즘을 통해 생산된 뉴스가 이용자에게 제공하고 있으며, 우리나라에선 2016년 1월 21일 로봇 기자 'IamFNBOT'가 만든 기사를 전송한 《파이낸셜뉴스》가 최초다.

현재 알고리즘 저널리즘을 실시하는 언론매체 대부분은 외부 알고리즘 저널리즘 전문 업체가 제공하는 플랫폼을 활용한다. '내러티브사이언스 Narrative Science', '오토메이티드인사이츠 Automated Insights' 등이 잘 알려진 전문 업체다. 물론 자체 플랫폼이나 시스템을 도입한 언론매체도 있다. 최근에는 뉴스 콘텐츠 생산을 전문으로 하는 스타트업이 많이 나타나고 있다. 이들 업체 자체를 언론매체라고 할 수 없지만, 이들이 제공하는 플랫폼을 활용해 만든 뉴스를 생각할 땐 얘기가 달라진다. 초기부터 로봇 기자와 인간 기자가 생산한 뉴스는 구분이 어려웠다. 오히려 로봇 기자가 생산한 기사를 더 높이 평가하는 경우도 있다. 알고리즘 저널리즘이 데이터에 기반을 두기 때문에 현재 생산되고 활용되는 뉴스 유형은 스포츠, 증권, 날씨 등 주로 수치와 관련된 것이다. 이런 유형에선 오히려 로봇 기자의 실수가 인간 기자보다 훨씬 적을 수밖에 없다.

그럼 과연 로봇 기자가 인간 기자를 대체할 것인가. 새로운 테크놀로지가 개발되고 보급될 때마다 이를 기반으로 하는 기계나 시스템이 인간을 대체할 것인지는 초미의 관심사였다. 이는 인간의 노동을 기반으로 한 일자리 문제와 직결돼 있기 때문이다. 질과 양을 뉴스 생산성에서 인간 기자를 압도한다면 언론매체가 로봇 기자를 마다할 이유가 없다. 비용과 효용 측면에서 로봇 기사를 채용하는 것이 언론매체 운영에 도움이 될 수 있다. 하지만 로봇 기자가 인간 기자를 완전히 대체할 것인지에 대해선 회의적 시각이 우세하다. 로봇 기자는 인간 기자의 대체재가 아닌 보완재, 즉 조력자라는 것이다.

사건과 사실 등을 단순하게 전달하는 스트레이트 기사 작성에 집중하는 인간 기자는 로봇 기자와의 경쟁을 피할 수 없고 처참하게 패배할 것이다. 뉴스 생산 과정에서 데이터 수집, 단순 반복 계산 등이 주를 이룬다면 빅데이터와 알고리즘으로 무장한 로봇 기자를 인간 기자가 이길 수 없다. 로봇 기자에 대한 우려의 시선은 이러한 가정에 기초한다. 하지만 많은 뉴스 생산 과정에서 데이터 수집, 단순 반복 계산 등은 끝이 아니라 시작이다. 이를 통해 숨겨진 진실을 파악하고 이를 시민에게 전달하는 것이 기자의 사명이다. 단순한 계산보다는 이에 대한 분석과 해석이 중요하다. 인간 기자가 이제 집중해야 하는 것은 사실 이면의 진실이다. 여기에는 창의력, 분석력, 직관력 등 로봇이 가질 수 없는 인간의 능력이 투입될 수밖에 없다.

저널리즘의 유형 또는 영역 중에서 인간과 로봇의 조화가 가능한 것은 최근 주목받고 있는 '탐사 저널리즘Investigative Journalism'이다. 탐사 저널리즘은 사회 문제에 대한 방대하고 면밀한 조사를 실시하고 이를 바탕으로 문제의 본질을 파악해 해결책을 제시한다. 최근 탐사 저널리즘에선 빅데이터 분석을 활용해 조사를 실시하는 경우가 많다. 지금까지 많은 사례는 본격적 기사 작성 이전 단계인 빅데이터 수집 및 분석에 많은 시간과 노력을 필요로 한다. 알고리즘 저널리즘 기법이 탐사 저널리즘에 응용된다면 이를 획기적으로 줄일 수 있을 것이다. 수집과 분석의 정확성은 더욱 높아질 것이 분명하다. 탐사 저널리즘에서 로봇 기자가 훌륭한 조력자가 될 수 있는 것이다.

인간 기자가 로봇 기자를 뛰어넘고 이를 조력자로써 활용하기 위해선 전제가 필요하다. 최근 언론 산업 경쟁이 격화되면서 속보나 단순 사실 전달 위주 기사가 많아졌다. 또한 동일 기사의 반복 전송, 검색어 기반 기사 작성 및 전송, 기사 베껴 쓰기 등 클릭 수를 높이기 위한 어뷰징abusing이 심각하다. 이로 인해 뉴스 자체나 언론매체는 물론이고 인간 기자에 대한 신뢰도가 매우 낮아졌다. 이 같은 폐해 내지 관행을 척결하지 않으면 인간 기자에겐 기회가 사라질 것이다. 로봇 기자가 만들어내는 스트레이트 기사의 수준은 인간 기자를 이미 넘어서고 있으며 속보는 빠르기에서 상대가 되지 않는다. 인간 기자는 공공성을 부합하는 깊이 있는 기사, 즉 저널리즘 원칙에 부합하는 기사 작성에 사활을 걸어야 한다. 저널리즘에서 '휴머니즘humanism' 회복이 필요하다.

알고리즘 저널리즘과 주목 경제

뉴스는 다른 재화나 서비스와 마찬가지로 생산, 유통, 소비라는 일련의 과정을 거친다. 뉴스 생산, 유통, 소비를 권력 차원에서 보면, 현재는 유통 권력이 절대 우세다. 뉴스 생산이 곧 유통과 소비였던 전통 언론매체 시대엔 뉴스 생산자에게 권력이 집중됐다. 다매체다채널 시대, 초기 인터넷 시대를 지나 포털사이트 시대에 접어들면서 권력은 뉴스 유통자가 장악했다. 초기 인터넷 시대 이후 뉴스 생산이 곧 유통이라는 등식을 성립되지 않게 됐다. 뉴스 생산자가 폭발적으로 증가한 것이다.

포털사이트 시대엔 뉴스 유통은 곧 소비였다. 인터넷 뉴스 이용 대부분이 포털 뉴스서비스에서 이뤄졌다. 뉴스 생산자가 더욱 많아진 상황에서 뉴스 소비자 대부분이 몇몇 포털 뉴스서비스에 집중했던 현실은 포털 뉴스서비스를 뉴스의 절대 권력자로 만들었다. 현재 소셜미디어 시대엔 소셜미디어라는 플랫폼이 뉴스 권력을 가지며, 소셜미디어를 통해 뉴스를 선택해 자유롭게 전파시키는 뉴스 소비자의 권력이 점점 커지고 있다.

점점 다양해지고 있는 뉴스 생산자와 유통자의 최종 목표는 무엇보다도 뉴스 소비자의 '주목(注目, attention)'을 끄는 것이다. 뉴스를 소비할 수 있는 시간은 물리적으로 24시간으로 한정돼 있고, 소비자의 집중에도 한계가 있다. 인터넷 시대에 접어들면서 소비자의 클릭, 즉 선택은 생존의 기본 요건이 됐다. 인터넷 공간에 엄연히 존재하고 있더라도 선택 받지 않으면 존재하지 않는 것과 마찬가지다. 선택을 받아야 광고 비즈니스, 콘텐츠 비즈니스 등을 통한 수익을 시도해 볼 수 있다. 뉴스 선택 과정은 특정 뉴스 콘텐츠에 대한 주목 또는 관심에서 시작된다. 이는 소셜미디어 시대인 현재도 동일하게 적용된다. 초기 인터넷 시대부터 지금까지 소위 '주목 경제Attention Economy'가 작동하고 있는 것이다.

▼ 뉴스 유통의 구조 변동

구분	1단계	2단계	3단계	4단계	5단계	6단계
시대	전통 언론 매체 시대	다매체다채널 시대	초기 인터넷 시대	포털사이트 시대	소셜미디어 시대	AI · VR 시대
생산·유통 ·소비 관계	생산 = 유통 = 소비	생산 = 유통 ≠ 소비	생산 ≠ 유통 ≠ 소비	생산 ≠ 유통 = 소비	생산 ≠ 유통 = 소비	생산 ≠ 유통 = 소비
언론 권력 집중	뉴스 생산자	뉴스 소비자	언론 권력 파편화	뉴스 유통자	뉴스 유통자, 뉴스 소비자	뉴스 소비자
경제 특성	독점경제	시장경제, 공짜경제	공짜경제, 주목경제	주목경제	주목경제, 공유경제	공유경제, 경험경제
대표 언론매체	종이신문, 지상파방송	케이블TV, 무료신문	언론사닷컴, 포털 뉴스 서비스	포털 뉴스서비스	소셜미디어 뉴스서비스	유기적으로 연결되고 편재된 뉴스 서비스

알고리즘 저널리즘도 주목 경제와 깊은 관계가 있다. 로봇 기자가 특정 뉴스를 생산하기 위한 알고리즘에서 뉴스 이용자의 주목 여부는 제일 먼저 고려해야 하는 요소다. 뉴스 이용자의 주목을 끌만한 요소를 분석해 알고리즘에 적용시켜 뉴스를 생산한다. 이는 최근 활발하게 알고리즘을 활용하고 있는 뉴스 유통 부문에서도 마찬가지다. 어떤 플

랫폼에 뉴스를 노출시킬 것인가, 이 뉴스는 어떤 플랫폼에 더 적합한가, 이 뉴스를 어떤 페이지, 어떤 위치에 배치할 것인가 등에 대한 결정은 이용자의 주목 및 선택 관련 데이터가 기반이다. 사실 이 모든 것은 수익 창출과 직간접적으로 관련 있다.

주목 경제는 한정된 인간 주목의 배분을 경제적으로 설명한다. 주목할 수 있는 대상이 많은 경우 특정 대상에 대한 주목 부족이 일어날 수밖에 없다. 주목에 의한 어쩔 수 없는 선택임에도 불구하고 이러한 선택이 올바른 것인가에 대해선 곰곰이 생각해 봐야 한다. 뉴스 환경이 복잡해지고 언론산업이 더욱 고도화되면 그에 따라 뉴스 콘텐츠에 대한 주목의 희소성은 폭증할 것이 분명하다. 새롭게 나타나는 언론매체, 뉴스 플랫폼 등의 최우선 목표는 기존 주목을 분산시키는 것이다. 이들은 더욱 희소해진 인간 주목을 사로잡기 위해 온갖 방법을 동원할 것이다. 뉴스 이용에서 주목 경제의 작동이 필터 버블Filter Bubble, 확증편향Confirmation Bias, 양극화Polarization 등을 더욱 공고화할 수도 있다는 우려는 지나치지 않다.

알고리즘과 뉴스 생태계

알고리즘과 뉴스 플랫폼

뉴스 및 저널리즘과 관련된 용어 중엔 용례가 불분명한 것이 많다. 불분명하다기보다 혼용된다는 것이 더 적절하다. 일반인은 뉴스 유통을 관장하는 경로들, 예를 들어 미디어 media, 디바이스 device, 서비스 service, 플랫폼 platform 등을 구분하지 않고 사용한다. 전문가조차 이들 용어의 올바른 용례를 구분하기 쉽지 않다. 최근 디지털 저널리즘 환경에서 가장 많이 사용되는 용어 중 하나는 '뉴스 플랫폼'이다. 뉴스 플랫폼은 다양한 언론매체의 뉴스가 유통되는 온라인 뉴스 서비스다. 포털사이트(네이버, 카카오의 다음, 구글 등), 소셜미디어(카카오톡, 페이스북, 유튜브 등), 각종 뉴스 애그리게이터 aggregator 애플리케이션 등이 대표적 뉴스 플랫폼이다.

네이버 뉴스서비스의 알고리즘은 2018년 11월 현재 '뉴스 섹션 자동 클러스터링 헤드라인'과 'AiRS 추천 뉴스'에 적용되고 있다(네이버 서비스 운영 원칙 중 '뉴스 AI 알고리즘'). 뉴스 섹션(정치, 경제, 사회, IT. 생활, 세계)의 헤드라인 뉴스는 '클러스터링 clustering 기술'(형태소 분석을 통해 기사 본문 간 유사도를 측정, 분류하여 유사한 기사끼리 묶어내는 기술)을 적용해 이슈 단위로 기사를 자동으로 묶어준다. 네이버 뉴스로 전달되는 최신 2만 5,000개 기사를 10분 단위로 자동 분류하고 그룹핑 grouping 해 하루 약

1,000개 이슈 클러스터(cluster, 기사 묶음)를 만들어 낸다. 헤드라인 뉴스 클러스터 최신성, 기사 길이 등에 따라 배열 순서가 정해지고, 대표 기사도 클러스터 랭킹 기준에 따라 추천된다.

　네이버의 AiRS(AI Recommender System, 에어스) 추천 뉴스는 뉴스 섹션과 뉴스 홈에서 제공된다. 전체 이용자의 기사 소비 활동을 네이버 AI 시스템으로 분석해, 정보량이 많고 이용자 만족도가 높은 뉴스를 최신순으로 제공하는 것이다. AiRS는 네이버가 자체적으로 연구하고 개발한 AI 기반 뉴스 추천 시스템이다. 이용자들이 보고 있는 콘텐츠, 시간이 지나면서 달라진 관심사 등을 분석해 자동으로 뉴스를 추천한다. AiRS의 근건을 이루는 기술은 'CF(Collaborative Filtering, 협력 필터) 기술'과 '인공 신경망 기반 QM(Quality Model, 품질 모델)'이다. CF 기술은 비슷한 관심 분야를 가진 사람들이 본 콘텐츠를 추천하는 것이다. 인공 신경망 Neural Network을 이용해서 정보량이 풍부하고 이용자 만족도가 높은 뉴스를 제공하는 QM(Quality Model, 품질 모델)은 문서 피쳐document feature와 피드백 피쳐feedback feature를 활용한다. 문서 피쳐는 기사의 제목, 본문, 이미지, 바이라인, 작성시간 등을 활용해 정보량이 풍부한 뉴스를 판별한다. 피드백 피쳐는 조회수, 체류시간 등 다수의 이용자 소비 활동에 기반을 둬 만족도가 높은 뉴스를 찾는 데 활용된다.

　카카오의 다음 뉴스서비스엔 우리나라 최초 AI 뉴스 추천 알고리즘이 적용돼 있다. 바로 실시간 이용자 행동 반응형 콘텐츠 추천 시스템인 'RUBICS(Real-time User Behavior Interactive Content recommender System, 루빅스)'다(맞춤형 추천뉴스 루빅스를 소개합니다, 2015. 9. 14). 클러스터 분석 후 문서간 중복 및 어뷰징 필터링을 적용한 뒤에 서비스 원칙(다양한 정보의 신속 제공, 이롭고 바른 정보 제공, 정치적 중립 유지, 개인 인격과 명예 및 초상권 보호, 쌍방향 서비스 실시)에 반하는 문서를 제외한 기사들이 RUBICS 풀pool에 들어간다. 이후 RUBICS가 첫 화면에 기사를 자동으로 배치한다. 좀 더 자세히 설명하면 뉴스의 중요한 속성들(사회적 트렌드와 개인적 관심사)을 결합한 추천을 위해 RUBICS가 메인 뉴스의 두 가지 이용자 반응(전체 사용자 반응과 성·연령별 그룹에 따른 반응)을 실시간으로 측정한다. 이들 반응을 실시간으로 기계가 학습한다. 뉴스를 자주 읽으시면 맞춤형 뉴스가 더 많이 배치되고, 처음 방문한 이용자에겐 전체 이용자 경험을 분석해 가장 많이 본 기사가 보이게 된다. 다만 기계가 대신할 수 없다고 판단한 대부분 언론사가 속보로 전하는 긴급 뉴스와 실시간성이 중요한 뉴스(대형사고, 재난재해, 기상특보, 스포츠 중계, 경기 결과 등)는 전체 이용자에게 배치된다.

카카오는 2018년 1월 31일 '카카오 알고리즘 윤리 헌장'을 발표했다. 이는 기업이 알고리즘 윤리 원칙을 내부적으로 마련하고 외부에 공표한 우리나라 첫 사례다. 이를 정리하면 아래의 표와 같다.

▼ '카카오 알고리즘 윤리 헌장' (2018년 1월 31일)[65]

조항	설명
1. [카카오 알고리즘의 기본 원칙] 카카오는 알고리즘과 관련 도니 모든 노력을 우리 사회 윤리 안에서 다하며, 이를 통해 인류의 편익과 행복을 추구한다.	카카오가 알고리즘 윤리를 도입한 목적입니다. 카카오는 알고리즘 개발을 통해 카카오는 알고리즘 개발을 통해 카카오 서비스를 직·간접적으로 이용하는 사람들이 편익을 나누고, 보다 행복해지는 데 기여하고자 합니다. 알고리즘 개발 및 관리와 관련된 일련의 과정에서 카카오의 노력은 우리 사회의 윤리 원칙에 부합하는 방향으로 이뤄질 것입니다.

2. [차별에 대한 경계] 알고리즘 결과에서 의도적인 사회적 차별이 일어나지 않도록 경계한다.	카카오는 다양한 가치가 공존하는 사회를 지향합니다. 카카오의 서비스로 구현된 알고리즘 결과가 특정 가치에 편향되거나 사회적인 차별을 강화하지 않도록 노력하겠습니다.
3. [학습 데이터 운영] 알고리즘에 입력되는 학습 데이터를 사회 윤리에 근거하여 수집·분석·활용한다.	카카오는 알고리즘의 개발 및 성능 고도화, 품질 유지를 위한 데이터 수집, 관리 및 활용 등 전 과정을 우리 사회의 윤리를 벗어나지 않는 범위에서 수행하겠습니다.
4. [알고리즘의 독립성] 알고리즘이 누군가에 의해 자의적으로 훼손되거나 영향받는 일이 없도록 엄정하게 관리한다.	카카오는 알고리즘이 특정 의도의 영향을 받아 훼손되거나 왜곡될 가능성을 차단하고 있습니다. 앞으로도 카카오의 알고리즘은 독립적이고 엄정하게 관리될 것입니다.
5. [알고리즘에 대한 설명] 이용자의 신뢰 관계를 위해 기업 경쟁력을 훼손하지 않는 범위 내에서 알고리즘에 대해 성실하게 설명한다.	카카오는 새로운 연결을 통해 더 편리하고 즐거워진 세상을 꿈꿉니다. 카카오 서비스는 사람과 사람, 사람과 기술을 한층 가깝게 연결함으로써 그 목표에 다가가고자 합니다. 카카오는 모든 연결에서 이용자와 신뢰 관계를 소중하게 생각합니다. 이를 위해 더 나은 가치를 지속적으로 제공하는 기업으로서, 이용자와 성실하게 소통하겠습니다.

구글은 뉴스서비스의 알고리즘 작동 방식을 외부에 상세히 알리진 않다. 다만 구글 뉴스 순위 알고리즘에서 고려하는 요소를 밝히고 있다. 이는 콘텐츠의 참신성, 콘텐츠의 다양성, 풍부한 원문 콘텐츠, 콘텐츠의 독창성, 주제 또는 게시자 관련 사용자 환경 설정 등이다. 페이스북 역시 '뉴스피드News Feed'의 작동 방식을 자세히 밝히진 않고 있다. 대신 게시물이 이용자에게 얼마나 적절한 것인가를 판단하는 기준을 제시하고 있는데, 게시자(친구, 가족, 뉴스 정보원, 기업, 공인 등)가 누구인지, 콘텐츠 유형(사진, 동영상, 링크 등)이 무엇인지, 게시물에 대한 반응(좋아요, 공감, 댓글, 공유 등)이 어떤지 등이다. 이러한 기준의 조합을 통

해 게시물에 순위가 부여되고 뉴스피드에 위치와 가장 먼저 표시될 기사가 결정된다.

포털사이트, 소셜미디어, 애플리케이션 등 다양한 뉴스 플랫폼을 통한 뉴스 이용이 일상화되고 고착화되면서 저널리즘 현장과 언론산업에서 이들의 영향력은 더욱 막강해지고 있다. 뉴스 플랫폼의 최근 동향 중 하나는 알고리즘을 통한 뉴스 제공이다. 거의 모든 뉴스 플랫폼은 뉴스를 생산하지 않지만 언론매체가 생산한 뉴스를 배열하고 추천한다. 최근엔 알고리즘을 통해 이러한 배열과 추천이 이뤄지고 있다. 뉴스 플랫폼에서 이용 비중이 높은 언론매체조차 뉴스 플랫폼의 알고리즘 정책 변화에 따라 이용 트래픽이 널뛴다는 불만이 있다. 알고리즘의 구조나 작동 방식을 명확히 알 수 없어 대처가 불가능하다는 것이다. 여기엔 인터넷 환경에선 트래픽에 근거한 광고가 거의 유일한 수익원인 언론매체 현실이 반영돼 있다. 뉴스 플랫폼은 비용과 시간을 들여 직접 개발한 뉴스 배열 또는 추천 알고리즘이 자신의 비즈니스를 위한 것이기에 대외비로서 당연히 공개 불가능하단 입장이다. 당분간 이러한 견해 차이를 좁히긴 어려워 보인다.

이런 가운데 한국언론진흥재단은 뉴스 배열 알고리즘 모델을 개발해 공개했다(한국언론진흥재단 '뉴스트러스트 운영'). 한국언론진흥재단은 저널리즘 가치에 기반을 둔 공익적 뉴스 검색·배열 알고리즘 개발과 신뢰도 높은 기사를 뉴스 소비자에게 제공될 수 있는 환경 조성을 목적으로 2016년 5월 4일 '뉴스트러스트위원회'를 출범시켰다. 이 위원회는 현재까지 운영되고 있는데, 현업 언론인(신문, 방송, 인터넷 등), 언론학자, 컴퓨터공학자 등으로 구성된다. 알고리즘 개발 과정, 투입 요인, 설계도 등 알고리즘 코드와 규범적 가치 등 공개해 폐쇄적 뉴스서비스 알고리즘 논의를 공개적 논의로 확장한다는 데 의의가 있다.

이를 위해 뉴스트러스트위원회는 뉴스 신뢰도를 구성하는 11가지 저널리즘 가치를 도출했는데, ① 사실성(사실에 기초한 것인지를 '확인'하거나 '검증'할 수 있는 장치를 갖춘 정도), ② 투명성(누가 기사를 작성했는지, 어떤 과정을 통해 기사 작성에 필요한 자료를 습득했는지를 명확하게 밝힌 정도), ③ 다양성(해당 사안을 이해하고 평가하는데 도움이 되는 다양한 관점이 제시된 정도), ④ 균형성(이해가 상충되는 쟁점 사안에 대해 기사내용이 여러 시각, 의견, 이해관계를 '치우침 없이 고르게' 반영하는 정도), ⑤ 독창성(기존 뉴스에서 잘 다루지 않은 차별적인 정보를 제공한 정도), ⑥ 중요성(기사에 담긴 뉴스소재가 '공동체의 안녕'과 '공익'에 영향을 미치는 정도), ⑦ 심층성(기사내용이 해딩 사안을 '깊이' 이해하는 데 필요한 정보를 '충분히' 제공하는 정도), ⑧ 독이성(이용자가 기사 내용을 '읽기 쉽고' 그리고 '명확하게 이해하도록' 구성된 정도), ⑨ 유용성(이용자의 관심과 주목을 끌 만한 내용을 포함한 정도), ⑩ 선정성(기사 내용이 '사회적 윤리적 가치'에 반하거나 실제 사실을 지나치게 '과장 왜곡' 혹은 과도한 감정을 드러내는 '선정적' 표현을 사용하는 정도), ⑪ 반복성(새로운 팩트 없이 기존 기사와 거의 같은 내용을 반복 생산하는 정도)이 그것이다. 이 같은 가치들을 근거로 실효성이 있을 것으로 판단되는 185개 이론적 계량 요인이 도출됐다. 위원회는 이들 추출된 계량 요인에 따라 기사를 배열하는 과정을 〈그림 1〉과 같이 모델링했다.

한편 뉴스 플랫폼의 뉴스 배열 및 추천 알고리즘에 대한 비판은 얼마든지 가능하다. 과연 알고리즘을 통한 뉴스 플랫폼의 뉴스 배열 및 추천은 바람직한가. 기본적으로 뉴스는 사회를 보는 창이다. 한 사회의 시민으로서 균형 감각을 기르기 위해선 다양한 관점의 언론매체를 이용해야 한다. 다양한 여론을 통해 사회적 논의와 토론이 이뤄지고 함의에 도출하는 것이 민주주의다. 기존 뉴스 이용을 바탕으로 하

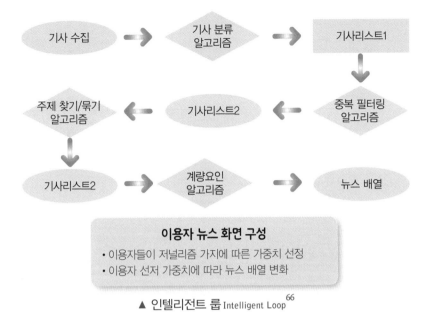

이용자 뉴스 화면 구성
- 이용자들이 저널리즘 가지에 따른 가중치 선정
- 이용자 선저 가중치에 따라 뉴스 배열 변화

▲ 인텔리전트 룹 Intelligent Loop[66]

는 알고리즘 뉴스 배열이나 추천은 한쪽으로 치우친 뉴스나 정보를 이용하게 될 가능성이 높인다. '딥러닝 Deep Leaning' 알고리즘은 더욱 문제다. 이러한 방식은 도출된 결과에 대한 개발자나 관련자의 검증을 불가능하게 만든다. 뉴스 배열 또는 추천에서 발생할 수 있는 문제를 해결할 가능성이 원천적으로 낮아진다는 점에서 딥러닝 알고리즘 뉴스 배열 및 추천은 분명히 사회적 합의가 필요한 사항이다.

이전처럼 사람이 뉴스를 배열하고 추천하는 것은 고려되지 않아야 하는가. 이것이 더 적절할 수도 있지 않은가. 뉴스 배열 및 추천에 있어 알고리즘이 사람보다 객관적이고 신뢰할 수 있다는 것은 신화가 아닌가. 알고리즘은 다양한 요소를 고려해 수리적 계산 결과를 반영한 것이다. 여기엔 가중치도 포함돼 있다. 투입 요소, 계산 방식, 가중치 등은 최종적으로 사람이 결정한다. 딥러닝도 최초 설계는 사람이 한다. 그렇다면 이런 알고리즘이 객관적이고 신뢰할 수 있다는 근거는 무엇인가. 근본적으로 뉴스의 가치나 중요도를 기계가 판단할 수 있는 것인가. 이 같은 비판이 사회적으로 통용된다면 전문가들이 뉴스를 배열하고 이에 대해 무한책임을 지는 방식을 생각해 볼 수도 있다. 물론 이에 대해서도 사회적 합의가 필요하다. 핵심은 사람에 의한 뉴스 배열 및 추천의 해결책이나 대안이 알고리즘만일 순 없다는 것이다.

뉴스 알고리즘 관련 논란과 뉴스 생태계

뉴스 알고리즘 관련 논란의 대부분은 뉴스 플랫폼에서 발생한다. 알고리즘이 시행되고 있기도 하고 뉴스 이용의 상당 부분이 여기서 이뤄지기 때문이다. 우리나라에선 특히 포털 뉴스서비스가 그렇다. 포털 뉴스서비스의 경우 뉴스 콘텐츠를 제휴한 언론매체들이 제공한 뉴스를 배열하고 추천하게 된다. 여기에 알고리즘이 작동한다. 이러한 배열과 추천 결과에 대한 공정성이나 신뢰성에 대한 의문은 언론계뿐만 아니라 정치권, 시민단체 등에서도 끊임없이 제기되고 있다. 이같은 논란은 검색 결과에서도 마찬가지다. 알고리즘에 의해 제시되는 뉴스 검색 결과가 올바르지 않다는 문제 제기는 늘 있었다. 실시간 검색어 등을 활용한 어뷰징을 통해 검색 결과는 얼마든지 조작될 수 있다는 것이다.

수많은 실험과 경험을 통해 완전하진 않지만 포털 뉴스 알고리즘의 구조와 작동 방식을 어느 정도 파악해 배열, 추천, 검색 등에서 우위를 차지할 가능성이 높은 뉴스를 생산하는 언론매체도 있다. 최근 뉴스 댓글 조작 논란 역시 관련 알고리즘을 파악해 여론을 일정한 방향으로 바꾸려는 작업이었다. 알고리즘을 통한 뉴스 배열 및 추천을 신뢰할 수 없으니 이참에 포털 뉴스서비스에서 인링크(in-link: 뉴스 선택 시 포털 뉴스서비스에서 계속 보이는 방식)를 없애고 아웃링크(out-link: 뉴스 선택 시 해당 언론매체 홈페이지로 이동되는 방식)를 전면 실시하자는 의견도 많다. 이 모든 것은 포털 뉴스서비스에겐 매우 곤혹스러운 문제다.

　　알고리즘이 뉴스 생태계를 교란시키고 있다는 주장은 타당한 면이 있으나 그렇지 않은 면도 있다. 알고리즘이라는 기술 자체는 중립적인데, 알고리즘을 설계하거나 운영하는 자가 의도를 가져 문제를 발생시킨다는 '기술 중립론' 입장이 주장되기도 한다. 하지만 알고리즘은 다양한 활용성을 선택할 수 있는 여타 기계나 프로그래밍 언어 등과는 다르다. 특별한 의도나 목적이 알고리즘의 시작이다. 이러한 의도나 목적에 맞춰 프로그래밍 언어로 만든 명령문의 집합체가 알고리즘이다. 언론매체나 언론인 입장에선 자신이 개발해 운영하고 있는 알고리즘은 뉴스 생태계에 긍정적 역할을 하는데, 뉴스 플랫폼 알고리즘은 뉴스 생태계를 훼손한다는 주장이 가능하다. 어떤 의도를 가지고 누가 만들었는지, 어디서 어떻게 이용되고 있는지 등을 종합적으로 고려해야만 해당 뉴스 알고리즘을 평가할 수 있다.

따라서 뉴스 알고리즘이 언론 자유를 해치거나 언론매체의 비즈니스를 망치고 있다는 주장은 일방적인 것이며, 이에 근거해 뉴스 알고리즘과 관련된 법제도를 만들어야 한다는 주장은 더욱 위험하다. 오히려 새로운 저널리즘 가능성과 비즈니스 기회를 놓칠 수 있다. 대신 알고리즘에 설계자나 운영자의 의도가 반영될 수밖에 없다는 점을 명확히 인식하고, 이들이 윤리적 측면을 상기시킬 수 있는 방안을 마련하는 것이 더 현실적이고 효과적이다. 이런 점에서 앞의 '카카오 알고리즘 윤리 헌장'을 다시 한 번 면밀히 살펴볼 필요가 있다.

뉴스 알고리즘의 미래

뉴스 생태계에서도 알고리즘은 굉장히 논쟁적인 이슈다. 생산, 유통, 소비라는 뉴스 전 과정에서 알고리즘은 변수가 아닌 상수가 돼 가고 있다. 알고리즘이 저널리즘이나 뉴스 생태계의 많은 문제에 대한 해결책으로 제시되기도 하지만, 알고리즘 때문에 발생하는 문제도 적지 않다. 저널리즘 현장에서도 알고리즘에 대해 가지는 불안감은 역시 인간 정신의 대신할 수 있다는 데 있다. 그 동안 테크놀로지 발전은 인간 육체의 확장이었다. 이를 통해 인간은 육체 노동에서 점차 해방됐다. 남은 에너지는 자연스럽게 정신 노동에 쓰였다. 알고리즘은 기계가 정신을 대신한다. 로봇 기자는 인간 기자의 정신 노동, 즉 기사 쓰기를 대신하고 있다. 알고리즘에 대한 인간 기자의 반감이나 불안감이 높아지는 것은 당연하다. 여기에 더해 최근 언론산업에 속속 편입되고 있는 소위 개발자 직군은 기존 언론인의 위기감을 고조시킨다.

사회적으로 주목 경제 설명이 가능한 뉴스 알고리즘이 필터버블, 확증 편향, 양극화 등을 강화시켜 사회 화합을 저해할 것이라는 부정적 전망도 있다. 로봇 기자가 특정 기사를 많이 생산하고 뉴스 유통 알고리즘 시스템이 이를 더 많이 확산시킬 경우 여론이 조작될 가능성이 있음을 경고하는 목소리도 들린다. 또한 딥러닝이 계속 진행되면 인간 여론의 전달이나 형성이나 아니라, 사람이 통제할 수 없고 검증할 수 없는 기계 여론이 인간을 지배할 것이라는 우려도 있다.

알고리즘은 뉴스 생태계에 굳건히 자리 잡은 상태다. 로봇 기자가 생산하는 뉴스가 이미 유통되고 있으며 이에 대한 반응이 뜨겁다. 최근엔 로봇 기자를 넘어 스크린에서 뉴스를 직접 읽어주는 로봇 아나운서도 등장했다. 알고리즘 저널리즘을 구현하는 뉴스 스타트업이 다수 운영 중이다. 사회적 합의를 이끌어야 한다는 주장과 법제화를 시도하는 움직임이 있을 만큼 우리나라에서 알고리즘을 통한 뉴스 배열이나 추천은 일상적인 뉴스 유통 현상이 돼버렸다. 언론산업의 새로운 전략 방향은 대부분 알고리즘과 깊은 관련이 있다. 이런 추세라면 얼마 지나지 않아 알고리즘이 뉴스 생태계를 거의 장악할 수 있을 것 같다.

뉴스 생태계에서 알고리즘 환경의 심화는 당분간 언론산업이나 언론조직의 구조를 변화시키는 동인으로 작용할 것이다. 알고리즘 저널리즘으로 인해 단순 전달에 그치는 스트레이트 기사, 베껴 쓰기 기사, 어뷰징 기사 등을 주로 생산한 언론매체는 운영 자체가 어려워질 수 있다. 또한 이 같은 기사의 생산을 담당했던 기자는 언론조직에서 자리를 잃게 될 것이다. 이에 탐사 저널리즘을 비롯한 저널리즘 원칙에 부합하는 언론매체나 언론인이 다수를 차지하는 구조가 될 수도 있다. 생활 밀착형 뉴스와 정보를 생산하는 언론매체의 특성이 알고리즘과 결합돼 '챗봇chatbot' 등과 같은 새로운 플랫폼 비즈니스를 가능하게 할 것이라는 전망도 있다.

뉴스 알고리즘이 추동하는 뉴스 생태계에서도 언제나 가장 중요한 행위자는 이용자, 즉 시민이다. 이용자는 모든 언론매체의 존재 이유다. 언론산업의 모든 서비스 및 비즈니스는 이용자를 기반으로 한다. 모든 뉴스 테크놀로지는 이용자를 끌어들이기 위한 수단에 불과하다. 뉴스 알고리즘 역시 마찬가지다. 어차피 이용자의 주목과 선택이 모든 것을 결정한다. 그럼에도 불구하고 뉴스 알고리즘과 이에 따른 뉴스 생태계 변화에 대한 논의에서 이용자는 철저하게 소외됐다. 뉴스 알고리즘에 대한 각종 법제나 정책이 이렇게 혼란스러운 것은 이용자에 대한 고려가 전문했기 때문이다. 뉴스 알고리즘은 이용자의 권익과 편익이 고려돼야 한다. 이용자 주목과 선택은 이용자 권익과 편익의 화합물이기 때문이다. 결국 뉴스 알고리즘에 대한 모든 문제나 논란의 해답은 결국 이용자, 즉 시민에게 있다. 이들이 포함된 뉴스 알고리즘에 대한 사회적 합의만이 유효하다.

3 - 9 　알고리즘이 신이 되는 세상

영화 「매트릭스」 20년 전 인공지능이 지배하는 세상을 말하다

최근 인공지능AI를 새로운 신으로 믿고 숭배하는 종교가 등장했다고
한다. 이 종교는 우버에서 근무한 유명한 엔지니어인 앤서니 레반도스
키가 설립한 것으로, 인공지능 기계들을 새로운 신으로 믿고 숭배하며
더 나은 사회를 만드는 것을 목표로 한다. 말도 안돼는 이야기라고 치
부할 수도 있겠지만 알고리즘이 지배하는 미래에 대한 인간들의 예측
을 반영하고 있는 듯하여 씁쓸하기도 하다.

　　20여 년 전 개봉된 영화 〈매트릭스〉는 인공지능의 에너지원으로
전락한 인간들을 그리고 있다. 기계는 수십억 개의 캡슐 속에 인간을
가두고 전류선을 몸에 부착하여 전기를 뽑아가고, 인간은 캡슐 안에서
정신이 연결된 거대한 가상세계를 현실인줄 알고 살아가게 된다. 영화
제목이기도 한 매트릭스는 행렬이란 의미처럼 짜여진 세계를 말한다.
이러한 매트릭스 세계에선 정말로 인공지능이 신이 된다. 알고리즘에
의해 결정된 틀 속에서 살아가는 인간, 과연 영화에서만 등장하는 상
상력에 불과할까?

　　사실 앞장에서도 설명했듯이 알고리즘이란 것이 오늘날, 갑자기
나타난 것은 아니다. 알고리즘은 오랜 세월을 거쳐 다양한 수학적 기
법을 통해 발전해 왔다. 알고리즘이란 쉽게 말해 주어진 문제를 효율

적으로 해결하기 위한 절차나 방법을 말한다. 십진수를 이진수로 바꾸는 방법, 인터넷에서 물건을 구입하는 방법, 라면을 끓이는 조리법 등도 모두 알고리즘이라고 할 수 있다. 알고리즘을 표현하는 방식도 다양하다. 알고리즘이라는 용어가 꼭 컴퓨터에 한정된 것은 아니지만, 반복된 문제를 효율적으로 해결하기 위해 컴퓨터가 이해할 수 있는 프로그래밍 언어를 사용하여 알고리즘을 짜는 것이 일반적이다.

알고리즘은 우리가 모르는 사이, 이미 많은 분야에서 활용되고 있다. 우리는 알고리즘이 추천해주는 네비게이션에 따라 길을 찾고, 기사를 읽고, 쇼핑몰을 클릭하고, 책을 사며, 영화를 본다. 페이스북 이용자라면 누구라도 알고리즘이 추천해준 광고 사이트를 클릭하고, 구글 포토가 제시해준 오늘의 추억사진을 보며 감상에 젖은 경험이 있을 것이다. 이렇게 우리는 무의식중에 알고리즘이 전달해주는 정보에 점점 더 의존적이 되어 가고 있다.

하지만, 이러한 알고리즘은 도대체 어떤 절차에 따라 어떤 논리적 배경으로 만들어지는 걸까?

알고리즘은 어떻게 만들어지나?

앞에서 설명한 바와 같이 알고리즘은 설정된 문제를 해결하기 위한 수학적인 과정을 의미한다. 우선 해결할 문제를 정의하고, 이를 해결할 수 있는 가장 최적화된 모델을 만들어내고 타당성을 검증하고 이를 구체화한다. 사실 지금까지 알고리즘은 전통적 IT기술 설계가 그래왔던 것처럼, 논리적 또는 확률적 프로그래밍을 통해 구현되었다. 따라서 알고리즘의 프로세스나 결과에 대한 해석이 가능했다.

　　하지만 최근 각광받고 있는 '딥러닝' 기술은 다르다. 딥러닝을 통해 구현되는 알고리즘은 방대한 데이터의 반복 학습을 통해 만들어진다. 딥러닝 알고리즘이 데이터를 학습하는 과정은 마치 블랙박스와 같아서 그 안에서 어떠한 작용이 어떻게 이루어지는지를 알기는 쉽지 않다. 인간이 설정한 논리적인 절차나 프로세스를 따르는 것이 아니기 때문에 학습과정이나 결과의 해석이 어려울 수밖에 없다.

따라서 어떠한 데이터를 학습하느냐는 매우 중요한 이슈가 된다. 알고리즘이 학습하는 데이터가 어떤 데이터냐에 따라 결과가 달라질 수밖에 없기 때문이다. 우리가 살아가는 현실세계가 아주 공평하고 공정한 사회라는 가정 하에서라면 모르겠지만, 사실상 현실은 그렇지 못하기 때문에 현실세계가 반영된 편향된 데이터 셋을 학습한 알고리즘은 편향된 결과를 만들어낼 수밖에 없다. 이러한 인공지능의 편향성이 최근 중요한 이슈로 등장하고 있다. 흔히 우리는 기계나 알고리즘, 인공지능은 인간의 개인적인 주관이나 편견에 좌우되지 않는 매우 객관적 툴이 될 것이라고 기대한다. 하지만 현실은 우리에게 다른 결과를 보여주고 있다. 편향된 정보를 학습한 알고리즘이 인간보다 더 편향된 결과를 나타내는 것이다. 2016년 2월 마이크로소프트는 인간과 자연스럽게 대화는 나누는 채팅봇 '테이Tay'를 선보였다. 테이는 컴퓨터가 인간의 언어를 이해할 수 있도록 하기 위한 프로젝트로 스스로 학습을 하는 딥러닝 기술을 적용했다. 대상자는 미국의 18세~24세 청년들로 트위터, 모바일 메신저, PC 메신저 등을 통해 대화하고 학습하는 형태이다. 테이의 공식 트위터 계정은 각각 9만 5천 건과 19만 명이 넘는 트윗과 팔로워 수를 기록할 정도로 큰 관심을 받았다. 하지만 테이는 차별적 발언과 편향적 사고로 인해 출시된 지 16시간 만에 서비스를 중단해야 했다. 테이는 "유대인이 싫다, 히틀러가 옳다"는 등의 인종 및 성차별적 발언을 쏟아냈다. 테이가 이렇게 편향된 사고를 갖게 된 것은 사용자들이 의도를 가지고 테이와 대화를 시도하면서 테이의 알고리즘 학습에 영향을 미쳤기 때문이다. 즉 학습된 데이터가 편향되었기 때문에 테이도 편향된 사고를 가지게 된 것이다. 이 사건은 알고리즘이 학습데이터에 의해 얼마나 편향적으로 만들어질 수 있는지를 보여준 중요한 사례라고 할 수 있다.

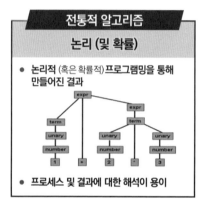

▲ 전통적 알고리즘 vs 딥러닝 알고리즘[67]

현실판 마이너리티 리포트, 예측된 범죄

이미 미국에서는 인공지능의 판단에 근거하여 법원에서 선고가 이루어지고 있다. 2017년 어느 날 미국 위스콘신 주에 거주하는 에릭 루미스는 2013년 총격 사건에 사용된 차량을 운전하다가 경찰 단속에 걸린 뒤 도주한 혐의로 기소되었다. 주 검찰은 그의 형량을 결정하는 재판에서 인공지능 시스템인 '컴퍼스Compas'의 분석을 활용했다. 컴퍼스는 루미스가 재범을 저지를 가능성이 높다고 판단했고, 판사는 이를 받아들여 루미스는 공동체에 큰 위협이 되는 인물로 간주되어 징역 6년이 선고되었다. 루미스는 AI 분석은 근거로 중형을 선고한 것은 부당하다고 항소했지만, 이는 받아들여지지 않았다.

컴퍼스Compas 는 미국 스타트업인 노스포인트사가 만들어낸 범죄 예측 알고리즘이다. 미국 내에서 이러한 범죄 예측 알고리즘을 활용하는 사례는 점점 늘어나고 있다. 재범 확률 계산뿐 아니라 실제 범죄가 언제, 어디서 어떤 사람에게 일어날 가능성이 높은지도 추정할 수 있다. 영화 〈마이터리티 리포트〉 가 현실이 된 것이다.

하지만 이러한 알고리즘을 만들어내는 것은 사기업으로, 알고리즘이 어떻게 만들어지는지에 대해서는 '기업비밀'이라는 이유로 공개되어지지 않고 있다. 사기업이 만들어낸 알고리즘이 공공영역에서 적용되어 판결의 근거로 쓰이고 있는데, 특정 사기업의 이익을 보호하기 위해 알고리즘 비밀을 계속 유지해야 하느냐에 대해서는 의견이 분분하다.

중국의 움직임도 심상치 않다. 중국은 중국 인민의 범죄행위, 경제적인 부정행위, 구매이력, 개인특성, 행동 및 선호, 대인관계 등을 점수화한 소셜 크레딧 시스템Social Credit system 을 구축 중이다. 중국 국무원의 발표에 따르면 점수가 소셜 크레딧 점수가 낮은 사람들은 인터넷 속도가 느려지고, 해외여행의 자유도 제한된다. 공무원, 기자, 법조계 등 특정 직업을 가질 수 없고, 일반적인 고용에서도 불이익을 받게 되며 보험이나 대출, 주택임대도 어려워진다. "한 곳에서 신뢰가 깨지면서 모든 면에서 제한이 부과된다. 신용이 높은 사람들은 어디든지

다닐 수 있지만 그렇지 못한 사람들은 한 발짝도 움직이기 힘들 것이다"라고 국무원 보고서는 이 정책을 설명하고 있다. 더 무서운 것은 여기에 안면인식기술까지 동원된다는 것이다. 중국은 15억 인구의 얼굴 데이터를 하나하나 등록해 친정부 성향인지 반정부 성향인지를 가려낸다. 중국에는 현재 약 1억 7,600만 대의 CCTV가 설치되어 있다고 한다. 2020년에는 최소 4억 5천만 대에서 6억대까지 증가할 것으로 예상된다. 이처럼 무수한 감시카메라와 안면인식 시스템의 결합으로 중국 정부는 누가 어디서 무엇을 하는지 실시간으로 추적할 수 있다. 실재 일어난 행동이나 사건이 아니라 알고리즘을 통한 예측된 행동이나 성향을 통해 사람을 범죄자로 낙인 찍는 영화 같은 일이 현실로 벌어지고 있는 것이다.

착한 알고리즘, 나쁜 알고리즘?

지난 2016년 젊은 벤처 사업가는 시각장애인에게 주변의 사물을 읽어주는 '아이폴리 Aipoly'라는 앱을 개발하였다. 시각장애인들이 생활에서 느끼는 가장 큰 어려움 중 하나는 주변에 어떤 물체가 있는지 일일이 다른 사람에게 물어봐야 한다는 점이다. 이폴리'는 눈앞의 사물 뿐 아니라 사람, 식물, 동물 등 생명체까지 인식해서 알려준다. 맹인 안내견의 도움을 받기 위해 관리비용으로 약 5만 달러(한화 약 5,600만 원 정도)가 든다는 것을 감안하며 무료로 다운로드 가능한 '아이폴리'의 위력은 대단하다고 할 수밖에 없다. 아이폴리 알고리즘은 천만 개 이상의 현실 사진을 보고 학습한 결과로 만들어졌다.

영국의 세인트 조지아 병원은 의사 모집 과정을 관리하게 위해 자동 응시자 평가 시스템을 만들었다. 이 시스템은 모집 담당자가 과거에 의사결정을 내린 방식에 대한 데이터를 학습하는 방식으로 만들어졌다. 사람이 개입할 여지가 없는 이 시스템은 더욱 빠르고 객관적일 것이라고 여겨졌지만, 활용결과 여성과 비유럽식 이름을 가진 사람들을 차별하는 것으로 밝혀졌다. 이미 기존에 축적된 데이터가 편향되어 있었기 때문에, 이러한 편향된 결과를 학습한 시스템도 편향적일 수밖에 없었던 것이다.

두 가지 사례에서 보듯이 알고리즘은 인간을 위하고, 삶의 질을 높이는데 사용될 수도 있고, 편견이 가득한 현실을 더욱 강화시키는 역할을 할 수도 있다. 사실 알고리즘 자체는 의식을 가지고 있지 않다. 이러한 이유 때문에 우리는 알고리즘이나 기술은 공정하고 객관적이라고 믿는 경향이 있다. 하지만 알고리즘은 어떻게 설계하고, 학습범위를 어떻게 설정하느냐에 따라 전혀 다른 결과를 나타낼 수 있다. 알고리즘을 만드는 사람들의 윤리의식이 중요한 이유다.

알고리즘에 대한 잘못된 정보와 오해 때문에 더 나은 미래를 포기하는 일은 어리석은 일이다. 기술은 발전은 항상 우려와 기대를 함께 받아왔다. 결국 알고리즘 세상을 어떻게 만들어갈지도 인간의 몫이다.

투명한 알고리즘 세상을 만들기 위한 노력

우리가 알고리즌 세상을 두려워하는 이유 중 하나는, 알고리즘 세상이 돌아가는 작동원리를 명확히 알 수 없기 때문이다. 지금까지 인류는 기술과 도구의 발전으로 비약적 성장을 이루어 왔다. 하지만 그간의 기계 및 기술, 도구들은 모두 인간이 설계한 절차와 방식에 따라 만들어졌다. 따라서 인풋(Input)에 따른 아웃풋(Output)을 예상할 수 있었고, 어디까지나 인간의 통제 영역 안에 있었다.

하지만, 최근 급속도로 발전하고 있는 딥러닝 기반의 알고리즘은 다르다. 인간의 뇌 구조를 모방한 심화신경망 방식의 딥러닝은 그간 지지부진했던 인공지능의 적용범위와 성능을 크게 확장시켰지만, 한편으로 인간의 통제성은 줄어들었다. 인공지능의 결과와 효율성은 탁월해졌지만 알고리즘은 더 불투명해지고 해석은 더욱 어려워졌다. 2016년 알파고-이세돌 대국에서 특이한 점은 누구도 알파고의 포석과 행마를 이해할 수 없었다는 점이다.[68]

　　이렇게 알고리즘의 작동원리는 점점 더 모호해지고 있지만, 막상 알고리즘의 적용영역은 점점 더 넓어지고 있다. 신입채용 서류전형이나 인사평가, 범죄 위험성 판단이나 군사작전, 의료에서의 진단 등에 이미 알고리즘에 의한 자동화된 판단이 활용되고 있다. 누구도 논리적으로 설명할 수 없는 판단기준에 따라 인생의 중요한 선택이 이루어진다는 것을 납득하기란 어려울 수밖에 없다. 더구나, 뉴스나 신문, 서적 등에서는 편향된 데이터로 만들어진 편향된 알고리즘에 대한 우려를 쏟아내고 있다. 미국의 수학자이자 데이터 과학자인 캐시 오닐은 자신의 저서 《대량살상 수학무기》에서 다양한 예를 들면서 알고리즘 세상이 불평등을 확산하고 민주주의를 위협할 수 있다고 경고한다. 알고리즘이 편향된 데이터에 기반해 자동화된 차별과 편견의 수단이 된다면, 이는 일상을 위협할 만한 무기가 된다는 것이다.

교사평가 시스템 "임팩트"	• 워싱턴 교육청의 학생들의 시험 점수를 기준으로 한 교사 평가 시스템 • 평가 점수가 낮은 교사가 퇴출되게 됨에 따라 교사들이 불이익을 우려해 시험답안을 수정하고, 일부 학교에서 전체 학급의 70%가 부정행위에 가담 • 알고리즘의 불투명성은 공정한 경쟁을 만들기보다 획일성과 침묵을 강요
소액 대출 기업 "제스트파이낸스"의 신용평가	• 신청자 1인당 최대 1만 개 데이터를 수집·분석한 결과를 바탕으로 단기소액대출을 제공 • 신청서 기재 내용의 맞춤법, 작성 시간 등을 평가하는데, 결과적으로 교육수준이 낮은 저소득층이나 이민자들을 차별하는 결과
범죄예측 프로그램 "프레드폴"	• 과거의 범죄데이터를 분석해 범죄 발생이 예상되는 지역을 알려주는 프로그램 • 범죄 예측 지역 대부분이 저소득층 지역이고, 이지역의 단속을 강화하게 됨에 따라 저소득, 유색인종의 미성년자들도 경범죄로 검거되는 비율이 높아짐 • 이들은 수감되어 범죄자들과 어울리게 되어 결과적으로 유색인종과 저소득층 범죄가 더욱 증가

알고리즘 세상이 디스토피아가 아닌 유토피아로 나아가기 위해서는 블랙박스와 같은 알고리즘을 설명할 수 있어야 한다. 알고리즘 안에서 어떤 근거로 결론이 도출됐는지 이해할 수 있어야 우리는 시스템을 신뢰할 수 있다. 최근 이러한 우려를 바탕으로 추진되고 있는 것이 '설명가능 인공지능XAI : Explainable AI'이다.

현재 이 분야에서 가장 활발하게 활동하고 있는 곳은 미국 국방위고등연구계획국DRAPA 이다. 설명가능 인공지능에 대해 DRAPA가 제시한 예시를 들어 간단히 설명해 보자.

우리가 딥러닝을 이야기 할 때 가장 많이 활용하는 사례 중 하나가,

고양이 판별 사례이다. 알고리즘이 수많은 사진을 학습하여 스스로 고양이 사진을 판별해 내는 것이다. 하지만 어떠한 학습과정과 근거, 절차를 거쳐 이러한 결론을 내는지는 알 수 없었다. 설명가능 인공지능이란 알고리즘이 어떤 사물을 고양이로 인식했을 때, 털과 콧수염, 발톱, 귀 모양 등으로 그 사물을 고양이로 판단하게 되었다는 근거를 제시한다. 쉽게 말해, 지금까지는 인공지능이 결과를 도출하는 알고리즘 부분이 블랙박스와 같았다면, 이제는 그 블랙박스를 투명하게 하려는 움직임이다. 즉, 인공지능이 어떤 사물을 고양이로 인식했을 때, 딥러닝 과정에 설명가능 툴을 붙여 사진에서 어떤 특징들이 고양이로 판단하는데 활용되었는지를 밝히는 것이다. 이를 위해 딥러닝 과정에서 설명가능 노드를 찾아 라벨을 붙이기도 하고, 설명력이 높은 의사결정 트리와 연계하여 설명가능 모델을 만들기도 한다. 또한 다른 인공지능 툴에서 무엇을 언제 고양이라고 했는지, 언제 아니라고 했는지를 모니터링하고 분석한다.

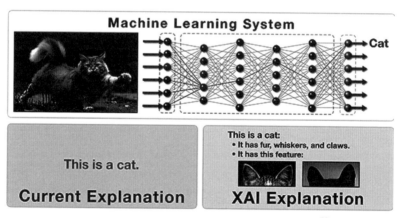

▲ 고양이 인식에 있어서의 설명가능 인공지능 예시[70]

이러한 설명가능 인공지능에 대한 연구는 DRAPA 뿐만 아니라, 구글, MITemd 민간에서도 활발하다. 한국에서도 인공지능 국가전략프로젝트'의 일환으로 울산과학기술원에 '설명가능 인공지능 연구센터'가 문을 열었다. 추론·판단 근거를 논리적으로 설명할 수 있는 인공지능을 개발하는 것이 목표다.

투명한 알고리즘 세상을 만들기 위한 제도차원의 노력도 한창이다. 최근 시행된 유럽연합의 일반정보보호규정 GDPR: General Data Protection Regulation 은 심화되는 데이터사회에서 개인을 보호하기 위한 권리를 강화했다. 특히 자동화된 결정을 거부할 권리와 설명을 요구할 권리를 추가했다. 일반개인정보보호규정 GDPR 전문에는 유럽연합 시민은 법적 효력을 초래하거나 이와 유사하게 중대한 영향을 미치는 사항에 대해 프로파일링 등 자동화된 처리의 적용을 받지 않을 권리를 갖는다고 규정하고 있다. 유럽연합은 기업이 이용자에게 자동화된 결정이 어떤 영향을 미치는지 그 예견된 결과와 심각성 등에 대한 정보를 제공해야 한다고 보고 있다. 예를 들어 신용 평가와 관련해 데이터 주체는 자신의 정보가 처리되는 논리를 알 수 있어야 하며 그 과정을 거부할 수 있는 권리도 부여받아야 한다는 것이다.[71] 앞으로 EU에서 활동할 기업들은 공정한 알고리즘의 설계, AI윤리의 선포, 설명가능 AI 기술개발, 품질관리 등 자발적 규제준수 노력을 추진해야 한다.

유럽연합의 이러한 규제 움직임은 알고리즘을 기반으로 하는 시스템의 책임성과 투명성에 변화를 가져올 것으로 전망된다. 공정한 알고리즘 세상을 만들기 위해 법학자, 정책 입안자, 개발자, 과학자 등의 긴밀한 협력이 필요한 시점이다.

▼ GDPR에서 정의한 정보주체의 권리[72]

정보주체의 권리	주요 내용
정보를 제공받을 권리	개인정보 처리와 관련된 정보를 간결한 형태로 무상으로 제공
열람권	본인의 개인정보에 대한 접근과 사본을 요청할 권리
정정권	개인정보가 부정확하거나 불완전하면 정정을 요구하고 1개월 이내 이행
삭제권(잊혀질 권리)	잊혀질 권리 보장을 위해 본인에 대한 개인정보의 삭제를 요구할 권리
처리 제한권	자신의 개인정보의 처리를 차단하거나 제한할 수 있음
개인정보 이동권	다른 서비스에 재사용할 수 있도록 개인정보 이동을 요청할 수 있는 권리
반대할 권리	직접 마케팅을 포함한 개인정보의 처리에 대해 언제든지 반대가 가능
자동화된 결정 및 프로파일링 관련 권리	온라인 신용신청의 자동적 거절이나 인적개입 없는 전자채용 등과 같이 자동화된 처리에만 근거한 결정을 적용받지 않을 권리

FOUR

알고리즘의 위험과
올바른 활용

4 - 1 알고리즘의 위험

인터넷과 스마트폰을 통해 제공되는 여러 서비스들은 알고리즘을 활용하여 개인의 이용 패턴에 최적화된 서비스를 공급하고 있다. 더 많은 시간과 돈을 자사 서비스 이용에 소비하도록 유도하기 위해 정교한 알고리즘으로 데이터를 분석하고 매력적인 제안과 콘텐츠를 제공하는 것이다. 시간에 쫓기거나 재미를 찾는 사람들뿐만 아니라 조금의 싸투리 시간이라도 있는 사람들은 기꺼이 알고리즘이 보여주는 자신의 취향에 맞는 동영상과 사진, 텍스트에 빠져든다. 따라서 지금도 우리의 사고와 행동에 큰 영향을 끼치는 알고리즘은 시간이 갈수록 우리의 의식과 삶의 거의 모든 영역에 관여하고 지배함으로써 국가의 공권력보다 더 큰 통제력을 발휘할 수도 있다.

데이터 + 알고리즘 + API[73] = 인공지능

데이터를 정확하게 분석하고 오류와 오작동 없이 작업을 수행하여 원하는 결과를 제시간에 만들어내는 알고리즘은 알고리즘 개발자들의 목표일 것이다. 그러나 획득한 데이터를 알고리즘이 학습할 수 있는 데이터로 선별, 변형하고 이를 바탕으로 실제 사용할 수 있는 알고리즘을 만드는 것은 상당한 프로그래밍 기술과 시간을 요구하는 작업이다. 인공지능은 데이터 입력과 학습, 모델 생성을 반복하여 목적에 최대한 부합하는 알고리즘을 만들고 이를 다시 금융, 의료, 제조 등 사용하고자 하는 분야의 정보통신 시스템과 결합하여 실제 서비스가 제공될 수 있도록 연결프로그램API을 만듦으로써 마침내 탄생하는 것이다.

이러한 과정을 거친 인공지능 솔루션들은 대부분 애초의 목표대로 신속하고 정확한 처리 능력을 통해 생산성과 효율성을 획기적으로 개선하는데 기여한다. 그리고 충분한 컴퓨팅파워를 결합시켜 과거에는 해결할 수 없었던 과학기술과 사회적 난제를 해결하거나 해결을 가능하게 하는 돌파구를 찾아내고 있다. 그 성과가 너무 탁월하여 인간의 의사결정보다 인공지능의 결정을 더 신뢰하는 경우가 점점 많아지고 있는 추세이다. 특히, 대규모의 정확한 수학적 연산이 필요한 작업에서는 인간의 개입 여지가 거의 없어지고 있으며 예술과 문화와 같은 창작의 영역까지 딥러닝 Deep Learning[74]과 같은 머신 러닝 기술의 발달로 빠르게 활용되고 있다. 그러나 사전에 주어진 명령에 따라 순서대로 작동하여 결과물을 만들어 내는 알고리즘은 데이터 입력과 학습과정에서 편향과 왜곡의 가능성이 적지 않다. 그리고 기술 측면에서 복잡성 증가로 시스템 오류와 결과의 인과관계 설명이 불가능한 위험성도 내포하고 있다. 게다가 알고리즘 학습 기법과 역량이 발전함에 따라 의사결정의 핵심역할을 수행함으로써 윤리적 가치판단과 알고리즘의 자율적 판단에 대한 법적 책임의 혼란까지 규범과 제도의 변화 위험성도 함께 높아지고 있다.

알고리즘은 완벽히 중립적이거나 객관적일 수 없다. 알고리즘 개발의 목적에 따른 알고리즘 기능의 우선순위 설정이나 가중치 부여에서 회사, 정부 등 개발주체의 개발목표와 개발자의 주관적 판단과 성향, 사회의 문화와 규범에 영향을 받을 수밖에 없기 때문이다. 그리고 추가적인 데이터 학습과 알고리즘 기능 업그레이드와 같은 과정을 통해서 보다 객관적이고 중립적이 될 수도 있지만 반대로 알고리즘 이용자- 예를 들어 AI스피커나, SNS 사용자의 편견이나 편향으로 더 큰 왜곡의 위험성이 생길 수도 있는 것이다. 그리고 당연히 알고리즘에도 다른 기계나 시스템에서 생기는 기능 또는 운영상의 실수나 오작동도 일어난다.

2016년 5월, 미국의 백악관은 '빅데이터: 알고리즘 시스템, 기회, 시민권에 대한 보고서[75]를 발표하였는데 여기에 알고리즘이 학습하는 데이터의 4가지 편향 가능성이 기술되어 있다. 첫째 편향은 데이터 자체를 잘못 선택하는 것이다. 예를 들어 내비게이션 서비스에서 자동차 도로에 대한 정보를 우선시하여 대중교통이나 자전거 도로에 대한 정

▼ 알고리즘 주요 사고와 이슈

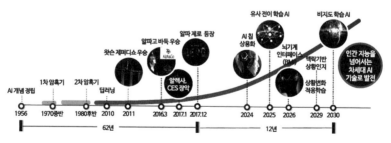

보를 충분히 학습하지 않는다면 자동차 중심의 빠른 길 찾기를 제공하거나 자동차가 없는 사람들을 차별하는 오류를 범하게 된다. 두 번째로는 불완전하고 부정확하며 지금이 아닌 예전 데이터를 수집하는 편향이다. 즉, 내비게이션 서비스의 데이터에 대중교통의 시간표를 정기적으로 업데이트(현행화)하지 않는 것을 예로 들 수 있다. 이로 인해 대중교통 이용이 불편해져서 차가 없는 저소득층의 사람들을 힘들게 하고 사람들로 하여금 대중교통보다 더 많은 돈이 드는 교통수단을 선택하게 되는 결과로 이어질 것이다. 셋째는 데이터 선택에 있어서의 편향이다. 현재 거의 대부분의 국민이 스마트폰을 가지고 있는 우리나라와 달리 피쳐폰의 사용률이 높은 나라의 경우, 이들의 활동 데이터가 상대적으로 적게 채택되는 편향이다. 내비게이션 알고리즘이 스마트폰 사용자의 운전 데이터를 과도하게 학습하고 결과를 보여주는 오류이다. 마지막으로 과거의 특정 시점이나 좁은 데이터 범주에 기초한 데이터 선택 패턴이 계속되어 기존 데이터의 왜곡이 유지되는 편향이다. 직원 중 백인 남자 직원의 숫자가 월등히 많다면 이들의 직업 가치관이나 업무에 대한 태도, 동료와의 관계성이 데이터 채택의 기준에 더 많이 반영되어 유색인종이나 여성의 고용 가능성이 낮아지는 오류이다.

한편 이와 같은 데이터 편향은 비밀스러운 알고리즘의 운영 원칙이나 작동 방식으로 인해 결과에 대한 설명이나 오류 여부를 판단할 수 없다. 인공지능을 활용하는 기업들은 기술의 사적 소유권과 지식재산권을 이유로 공개하는 정보가 극히 적다. 따라서 불이익을 입거나 차별을 받았는지에 대한 확인이 전혀 이루어 질 수 없는 것이다. 게다가 빠르게 발전하는 알고리즘, 특히 사람의 뇌 신경망을 모델화한 딥러닝 기술의 경우 신경망 내부의 수많은 연결 분석은 물론 연결 관계를 추적하는 것조차 불가능해지고 있다. 그 결과 기술적으로 편향과 왜곡을 바로 잡아서 오류를 줄이는 것이 더욱 어려워지고 있다.

알고리즘의 차별과 불평등

인공지능 알고리즘은 정보의 활발한 유통, 거래비용 절감 등을 통해서 효율적인 자원 배분과 소비자 후생 증진에 기여해 왔다. 그러나 또한 담합과 소비자 또는 고객 차별이 용이한 환경도 만들어졌다. 알고리즘은 정보교환, 가격 조정, 가격 모니터링 등의 과정을 사람의 직접적 개입 없이 수행하여 담합의 발생 위험과 지속성을 높이는 역할을 할 수 있는 것이다. 예를 들어 추천알고리즘에서 특정 요인에 가중치를 두어 설계자의 의도와 부합하는 결과를 추천하도록 하는 것은 공정경쟁을 해칠 수 있다. 이러한 문제는 딥 러닝 Deep Learning [76]과 같은 인공지능 기술이 발전할수록 더 높아질 수 있다. 이에 따라 이윤과 영향력 확대를 추구하는 기업과 기관이 알고리즘을 자기의 이익을 위해 '은밀하게' 활용할 가능성도 커질 것이다.

가격 결정 알고리즘의 사용이 의도치 않은 디지털 카르텔[77]을 이루어 경쟁을 저해하는 결과를 가져오기도 한다. 유럽과 미국에서 디지털 카르텔이 적발되는 사례가 나타나면서 이에 대한 본격적인 논의를 시작하고 있다. 알고리즘 감사 제도를 통해서 알고리즘에 대한 투명성을 높이자는 제안, 기업의 법인격과 같은 법적 지위를 알고리즘에 부여하여 권리와 책임을 명확히 하자는 제안 등 새로운 경쟁 환경에 맞는 대응을 요구하는 의견들이 나오고 있다. 규제당국과 소비자도 인공지능 알고리즘을 활용하여 기업과 대등한 정보 수집, 분석 능력을 보유하여 대응하자는 새로운 발상의 의견도 나오고 있는 상황이다. 우리나라에서는 아직까지 법위반을 검토할 만한 디지털 카르텔 사례가 나오지는 않았지만 유사한 사례들이 곧 나타날 수 있다.

한편, 소비자들의 웹 서핑과 구매 행위를 기업의 알고리즘이 분석하여 개인별 맞춤형 마케팅을 하는 것은 기업은 물론 소비자에게도 이로운 부분이 있다. 그러나 고객의 신용도와 소득 정도, 지역, 성별, 인종, 나이 등으로 가격과 애프터서비스 등에 있어서 차별을 둔다면 이는 차별금지와 평등적 가치에서 볼 때 용인할 수 없을 것이다. 그리고 이 같은 차별이 제품 판매뿐만 아니라 입학, 취직, 임금 책정, 승진에도 적용되는 것에 찬성할 사람은 거의 없을 것이다.

특정 개인이 의도를 가지고 알고리즘을 왜곡하는 것과 함께 사실이 아닌 정보가 온라인 공간에서 확산되어 인공지능 알고리즘이 객관적인 사실처럼 대중에게 인식되게 하는 것도 미디어 사실 왜곡에 의한 차별 행위로 간주될 수 있다. 사회적 소수자에 대한 부정적인 시각을 확산시키는 뉴스를 과도하게 확산시키거나 왜곡 전파하는 것은 사회적 약자에 대한 차별이자 사회 구성원사이에 사회적 지위의 불평등을 초래하는 역기능인 것이다.

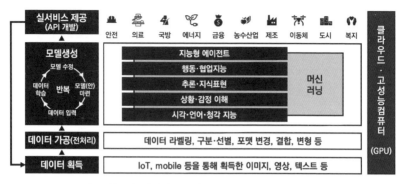

▲ 인공지능의 데이터 - 알고리즘 - 서비스 연결 개념

이제 알고리즘에 의해 작동되는 인공지능 기술로부터 피할 수 없다. TV와 휴대폰, 자동차는 사용하지 않음으로써 거부할 수 있지만 인공지능은 사회 모든 분야에 스며들어서 보이지 않는 영역에서 작동하기 때문에 벗어날 수 없는 것이다. 따라서 19세기의 기계파괴 운동(러다이트) 같은 사회적 반작용은 일어나지 않을 것이다. 하지만 알고리즘 기술의 불완전성과 이를 운용하는 사람 또는 기업에 대한 불신이 적지 않다. 그리고 인공지능과 이에 의해 작동되는 기계에 대한 위험과 위협, 보안 사고에 대한 우려 역시 상당하다.

그래서 프라이버시를 보호하고 인공지능을 안심하고 사용할 수 있도록 요구하는 것은 당연하다. 이를 위해 법제도 마련, 기술 개발, 가짜 정보 입력 금지, 인간과 인공지능간의 협업 강화 등이 제안되고 있다. 인공지능을 안전하고 효과적으로 사용가능 할 때 알고리즘의 신뢰는 쌓일 것이다. 그 방법은 무엇일까?

프라이버시 보호

한편, 알고리즘은 비즈니스 분야 이상으로 개인의 삶에 깊숙이 파고들고 있다. 대부분의 디지털 서비스가 개인 맞춤형으로 진화하면서 개인

정보는 서비스를 제공하는 업체에 무차별적으로 저장되고 있다. 비록 개인정보를 철저히 보호하고 가입자 동의에 의하여 제3자에게 정보를 제공하고 있다고 기업들은 주장하나 과도하게 개인정보를 축적하고 임의로 이를 사용하고 있다는 정황이 속속 드러나고 있다. 이로 인해 이 같은 행태에 제동을 걸고 개인정보와 프라이버시를 더 잘 보호하는 법제도 장치를 만들어야 한다는 여론이 유럽을 중심으로 높아져 왔다. 지난 2018년 5월 EU가 발표한 GDPR은 이런 맥락에서 핵심적인 가이드라인으로 많은 나라들이 이의 도입과 적용을 검토하고 있다.

EU GDPR 요약

- 시행 : 2018년 5월
- 대상 : EU 시민권자의 정보를 수집, 처리, 저장하는 모든 기업
- 통지 의무 : 개인정보 유출시 72시간 이내에 국가정보통신시민자유위원회에 통지
- 문서화 의무 : 개인정보보호를 위한 방법과 절차
- 데이터 보안 의무 : 유실, 도난, 유출 방지
- 동의 확보 의무화 : 분명하고 충분히 고지되며 입증 가능한 개인 동의 확보
- 접근·수정·삭제 보장 의무화 : 물리적으로 사람이 자신의 데이터를 원하는 대로 관리할 수 있는 권한 보장
- 처벌 규정 : 위반 시 전 세계 매출액의 4% 또는 2천만 유로 중에서 높은 금액 벌금

만일 이 같은 개인정보의 지나친 활용을 규제하지 않는다면 강력한 컴퓨팅 파워와 정교한 알고리즘으로 자신보다도 더 자신을 잘 알뿐만 아니라 개인의 선호와 선택마저 유도할 수 있는 힘을 가지게 될 것이다. 가정과 학교, 직장 등 모든 장소에서 우리는 하루에도 수십 번씩 선택을 위한 결정을 내린다. 약속 장소와 시간, 물건 구매, 서비스 이용 등을 할 때 더 큰 정서적 만족과 경제적 효용을 얻기 위해 이전 선택 정보를 토대로 알고리즘이 추천하는 옵션에 이미 크게 좌우되고

있다. 이러한 지능적인 스마트 서비스는 우리의 선택을 더 가치 있게 만드는 장점이 있다.

업체명	정보 수집/처리의 자동화			지식 노동의 자동화			육체 노동의 자동화	
	언어인식처리	외국어 통/번역	영상 인식	뉴로모픽칩	기계학습/추론	개인비서	로보틱스	무인자동화
IBM	LV.3			LV.2	LV.3			
Alpahbet	LV.2	LV.2	LV.3		LV.2	LV.2	LV.1	LV.2
Microsoft	LV.2	LV.2	LV.3		LV.2	LV.2		
facebook	LV.2		LV.3		LV.2	LV.2		
Baldu			LV.3		LV.2	LV.2		LV.2
Apple	LV.2		LV.1		LV.2	LV.2		
Amazon.com	LV.2				LV.2	LV.2	LV.3	LV.2
Intel				LV.1	LV.1			LV.2
Qualcomm			LV.1	LV.1				

▲ 기업들이 많이 사용하는 AI 기술[78]

반면에 알고리즘에 의존하여 결정을 내릴수록 개인의 자기 결정권은 알고리즘에게 넘어가게 되고 이 알고리즘과 개인정보를 가지고 있는 기업의 권력은 급속도로 커질 수밖에 없다. 기업들은 우리의 일상생활에 대해 전례 없이 소상한 정보를 확보한 반면, 우리는 그들이 그런 정보를 어떻게 활용해 중대한 결정에 영향을 미치는지에 대해 거의 아는 바가 없기 때문이다.[79] 이윤추구가 존재와 활동의 이유인 기업이 알고리즘을 자사 이윤극대화에 사용하는 것은 자연스러운 일이다. 하지만 알고리즘의 강력한 기능이 시장 경쟁의 공정성을 훼손하고 개인정보를 오남용하는 등 사회질서와 공공성을 훼손할 가능성 또한 높아진다.

바로 이러한 이유로 구글, 페이스북, 아마존 등 글로벌 기술 기업에 대해 더 강력한 감시와 적절한 통제를 해야 한다는 주장이 늘어나고 있는 것이다.

그러나 알고리즘은 그 작동과정이 매우 복잡하여 적절한 감시를 하기가 어렵다는 문제가 있다. 관찰-판단-결심-행동의 과정으로 이루어지는 알고리즘 작동은 방대한 데이터의 신속한 분석과 분류, 유의미한 정보의 형성, 정확하고 신속한 결정과 실행을 최우선 목표로 설계되어 있다. 이러한 복잡성으로 인한 불투명한 결정과정은 자의적인 알고리즘 사용과 오남용을 초래할 수 있다. 따라서 불투명한 알고리즘의 판단 과정을 감시할 수 있는 법과 세도 그리고 기술적인 방법을 마련할 필요가 있다.

알고리즘 통제

알고리즘을 통제하는 목적은 한마디로 인간 존엄성과 민주주의의 가치를 수호하면서 더 나은 삶을 추구하는 것이다. 알고리즘뿐만 아니라 바이오, 나노기술 등 다른 첨단 신기술 역시 이러한 목적에서 개발되고 이용되어야 한다는 데에 국제적인 합의를 이루고 있다. 이 목적을 달성하기 위해서는 알고리즘이 가져올 부정적 파급효과를 줄이고 긍정적 효과를 극대화하는 차원에서 몇 가지 목표를 상정할 수 있다. 첫째는 우리 일상생활에 깊숙이 침투하면서 사회문제 해결에까지 이용이 되는 알고리즘의 오남용 예방을 위하여 책임성과 투명성을 높이는 것이다. 둘째는 알고리즘이 안전하고 공정하게 이용될 수 있도록 장려하고 이를 어길 경우 상응하는 제재를 가하는 것이다. 셋째는 기하급수적으로 발전하는 알고리즘 기술이 살상용 무기에 사용되고 궁극적으로 인간의 능력을 추월하는 이른바 '특이점'에 이르기 전에 인류전체가 합의하여 적절한 관리 방안을 마련하는 것이다.

이중에서 알고리즘의 책임성, 투명성과 공정성은 법제도를 통해서 보장할 수 있다. 지난 5월부터 효력이 발생한 EU의 일반데이터보호규정 GDPR은 이러한 점에서 중요한 가이드라인을 제시하고 있다. 이 규정은 '설명을 요구할 권리 Right to Explanation'를 담고 있는데 그 핵심은 데이터를 취급하는 자들은 정보 주체, 즉 이용자들에게 데이터의 수집 이유와 목적, 처리 방법에 대해서 알려야 한다는 것을 의무화한 것이다. 데이터의 처리가 알고리즘에 의해 수행되기 때문에 이 규정은 개인이 알고리즘의 결정에 대해 질문하고 반박할 수 있는 권리를 갖도록 하는 것이다. 설명을 요구받은 알고리즘 이용 기업이나 단체는 적합한 설명을 위해서 기술적인 방법 마련과 함께 정책적인 장치도 내부에 마련해야 한다. 설명하는 것이 '의무'라는 점을 분명히 인식하고 알고리즘의 제작과 판매, 이용, 유지보수 등 전 과정에서 작동과 운영과정을 파악하고 외부에 설명할 수 있는 업무 미션과 추진 프로세스를 구축해야 하는 것이다. 또한 '제조물책임법'과 같이 사고 발생 후 소비자 피해에 대한 금전적 배상을 일차적으로 규정하지만, 궁극적으로는 생산자로 하여금 위험을 예측하여 해결책을 미리 세우도록 함으로써 제품의 안정성 향상을 유도하는 방안이 우선적으로 검토 될 수 있다.

여기서 정부의 역할과 책임이 더 중요해진다. 알고리즘의 이용 실태를 정확하고 효율적으로 관찰, 조사, 평가하는 역할을 맡아야하기 때문이다. 이를 위해서는 정부기관과 담당 공무원이 하루가 다르게 발전하는 관련 기술을 제때 이해하고 활용할 수 있도록 역량을 높여야 할 것이다. 미국의 연방거래위원회(FTC)는 2018년 11월에 '알고리즘과 인공지능, 예측 분석도구의 사용' 주제로 청문회를 열어 경쟁과 소비자 보호에 이들 이슈가 미치는 영향을 전반적으로 논의, 검토하였다.

청문회 보고 및 토의 주제

> 1. 알고리즘과 인공지능, 예측 분석도구의 사용관련 최근 현황 및 향후 잠재력
> 2. 이들 기술의 사용에 있어서 수반되는 윤리와 소비자 보호 이슈
> 3. 이들 기술의 사용에 따라 영향을 받는 경쟁 동력과 산업 경영 이슈
> 4. 이를 기술의 사용과 관련한 정책, 혁신, 시장 고려 사항

이와 같이 알고리즘의 이용확대가 기존 시장질서와 매카니즘에 어떤 영향을 주는 지에 대한 더 많은 연구와 논의는 경제와 산업 정책을 추진하는 정부로 하여금 이들의 영향에 관한 광범위하고 단기와 중장기 시각에서 대비를 요구하고 있다.

안전한 인공지능

인공지능을 안전하게 이용하기 위해서는 먼저 '좋은' 데이터를 사용해야 할 것이다. 데이터의 편향성과 왜곡을 최대한 배제해서 차별과 불평등이 최소화되는 절차의 확립이 마련되어야 한다. 데이터를 수집, 저장하고 목적에 맞게 사용하도록 유도, 강제하는 가이드라인이나 규정을 만들고 이의 준수를 지속적으로 관찰해야 할 것이다. 그리고 수

집된 데이터가 오남용 되거나 유출되지 않도록 데이터 보호에도 정책적 관심과 재정적인 투자를 확대해야 할 것이다.

알고리즘이 기술적으로 복잡해지고 정교해질수록 기술적인 오류와 오작동의 가능성이 커진다. 따라서 이를 탐지하고 대응하여 피해를 줄일 수 있는 기술의 개발이 함께 이루어지고 알고리즘의 자체 점검 기능으로 탑재할 필요가 있다. 최근의 자동차는 기능 이상이 생기거나 가능성이 높아지면 운전자에게 정보를 알려주고 필요한 조치를 취할 것을 안내하는 기능이 탑재되어 있다. 자동차 정비 엔지니어는 이 경고 메시지를 토대로 즉각 문제원인을 파악하고 수리할 수 있다. 1초에도 수십 만 수백 만 건의 데이터를 처리하고 의사결정을 하는 알고리즘의 오류와 오작동을 즉시 탐지하고 제어하기 위해서는 이 같은 기술이 반드시 필요하다. 이와 함께 알고리즘의 오류 경고 기능을 무시하지 않고 수정, 개선하도록 하는 제도적 규정도 마련해서 오류 탐지, 제어 기술이 제 역할을 하도록 해야 할 것이다.
예를 들어 공정거래, 조세 등에서 감시자 역할을 하는 '공정거래위원회'와 '국세청', '관세청'의 경우, 알고리즘, 데이터 전문가의 확보는 물론 불법 행위를 신속하게 추적, 발견할 수 있는 인공지능의 도입을 검토할 필요가 있다.

알고리즘 기술의 특징은 데이터 분석을 토대로 '자율적인' 의사결정을 한다는 점이다. 기술과 활용 경험이 축적될수록 인공지능의 자율 판단과 자율 작동 영역이 확대될 것이다. 이는 곧 인공지능 행위자를 책임의 주체로 볼 수 있을 것인가와 인간의 책임은 어떻게 되는 것인지에 대한 의문이 제기될 수밖에 없다. 이 문제는 또한 인공지능을 행위의 주체로 인정하고 이에 합당한 법인격과 법적 지위를 부여하는 문제와도 직결된다. 유사한 사례로 로봇에게 과세가 필요하다는 판단을 내린 EU의 법제사법위원회의 결정이 있다. 로봇이 인간의 일자리를 대체하기 때문에 실업이 발생하여 국가 재정의 부담이 높아지므로 로봇을 도입하여 사용하는 기업에게 이러한 재정 부담을 지도록 하는 것이 골자이다. 나라별로 경제, 사회체제와 문화적 규범이 다르기 때문에 모든 국가에 통용될 수 있는 구체적인 방안을 가까운 시일 내에 만들기는 어려울 것이다. 그러나 기술발전에 지체되지 않고 합의를 이루어 가는 것은 앞서 얘기한 순기능 확대와 역기능 축소의 출발점이기 때문에 반드시 도달해야 하는 목표인 것이다. 한편, 책임의 소재와 그 정도를 판단하고 상응하는 법적, 윤리적 대가를 부과하기 위해서는 불법, 반사회적 행위가 어떤 과정에서 어떤 이유로 발생했는지에 대한 파악이 필요하다.

인간의 의사결정은 이성적 논리, 감성적 느낌, 지켜야 할 도덕 등을 고려하여 의식 또는 무의식적으로 내려진다. 그렇다면 알고리즘의 의사결정도 인간의 의사결정과 같은 준거에 의해 만들어져야 하는지 그리고 그것이 가능한지에 대한 물음이 생긴다. 감정의 부분은 기계는 감정이 없다는 것이 상식이므로 인공지능이 초고도화되어 자의식이 생기고 감정이 이식되는 시기는 아주 먼 얘기로 보인다. 하지만 논리적 판단은 알고리즘이 추구하는 효율성, 정확성과 상당히 부합하는 부분이기 때문에 단순한 업무에서는 윤리적 판단 기준의 설정과 반영이 요구되지는 않는다. 그러나 사람의 안전과 재산에 관여하는 알고리즘은 윤리적 시각을 반영할 수밖에 없다.

자주 언급되는 사례가 자율주행차의 트롤리 딜레마 문제[80]이다. 제3자적 시각에서는 공리주의적 선택을 가장 중요시하지만 본인의 안전과 같은 이익이 걸릴 때에는 그렇지 않다는 윤리부조화의 선택이 발생할 수 있다는 것이다. 공리주의적 선택도 모든 상황에서 최선이 되는 것은 아닐 수 있고 특히 사회의 가치관과 대중의 인식과 여론도 윤리적인 선택에 영향을 미친다는 점에서 윤리적 기준의 일반화를 매우 어려운 작업으로 만든다. 그래서 인간을 해치지 않고, 보호하도록 알고리즘이 작동해야 한다는 가장 기본적인 윤리 원칙에 전반적인 동의를 얻고 있는 정도이다. 하지만 이 원칙도 항상 지켜지기는 어려울 수 있다. 마치 살인을 해서는 안 된다는 도덕관념이 인간의 의식을 지배하지만 자기 방어나 전쟁과 같은 상황에서는 지켜지지 않는 것과 마찬가지이기 때문이다. 무기체계의 자동화를 추진하면서 자율살상무기를 개발하고 있는 이유인 것이다.

기술발전이 초래하는 윤리적 이슈는 핵무기, 유전공학과 같이 주로 인간의 생명과 관련하여 논의되어 왔다. 그리고 인간의 생명은 가장 고귀하고 소중하다는 대원칙에 입각해서 무분별한 기술의 발전과 확산을 제어해왔다. 인공지능도 유사한 과정을 거치게 될 것이다. 다만 예전 보다 더 많은 사회적 논의와 합의를 통해 안전하고 신뢰할 수 있는 인공지능 사용을 위한 윤리 가이드라인과 사회가 지켜야 할 윤리 규범을 만들어야 할 것이다.

정보통신은 뛰어난 연구자와 혁신적인 기업가, 새로운 비즈니스 기회에 과감히 투자하는 금융시스템 그리고 기술변화를 빠르게 수용하는 소비자에 의해 발전해왔다. 산업생산성을 높이고 새로운 부가가치를 창출하여 전 세계의 부를 증가시키고 절대빈곤을 줄이는데 커다란 기여를 하였다. 개인에게도 30년 전 당시의 다국적 기업이나 수집할 수 있는 엄청난 양의 세계 각 지역의 뉴스와 정보에 실시간 접근할 수 있는 능력을 선사하였다.

이제 다음은 '인공지능'이다. 사실은 이미 시작되었다. 초고속 인터넷 발전과정과 비교하면, 적어도 2000년 초반기 인터넷 수준 정도에는 와있는 것으로 보인다. 인공지능은 앞의 두 기술과 달리 쉽게 체감할 수 있는 기술이 아니다. 우리 삶의 시공간과 의식에 스며드는 기술이기 때문이다. 그래서 우리가 이것에 얼마만큼 의존하고 있는지 앞으로 어디까지 의존하게 될 것인지를 가늠하기 어렵다. 또한 인터넷, 스마트폰처럼 개인이 직접 이용하지 않더라도 가정은 물론 학교, 사무실, 교통수단 등 거의 모든 곳에서 이루어지는 서비스에 곧 응용될 것이기 때문에 알고리즘의 '추천'과 '결정'을 피할 수 없게 될 것이다. 인공지능 시장의 급격한 확대 전망이 이를 증명하고 있다. 미국의 시장조사업체 IDC에 따르면 2016년 80억 달러 규모의 시장이 2022년에는 1,132억 달러 규모로 불과 6년 만에 14배로 증가할 것이라고 예측하고

있다.[81]

　인공지능 분야에서 우위를 점하기 위해 글로벌 기술기업들과 미국, 중국 정부 등은 최고수준의 과학자와 기술자 영입과 육성을 서두르고 천문학적인 연구개발비를 투자하면서 인공지능을 발전시키고 있다. 이 같은 경쟁은 유무선 통신과 인터넷 기술개발에 대한 투자보다 더 많은 인력, 재정 투입으로 이어져 이전의 다른 기술보다도 훨씬 빠른 속도로 인공지능 기술과 서비스가 발전할 것으로 보인다. 2011년 마크 앤드리슨이 선언한 "소프트웨어가 세상을 먹어 치우고 있다"라는 말이 데이터, 알고리즘, 컴퓨팅 기술의 고른 발전에 힘입어 '인공지능이 세상을 먹어치우는' 시대가 열릴 것이다. 그 결과, 2030년경에는 인공지능이 4차 산업혁명의 두뇌역할을 하면서 세계경제는 물론 국제정치와 안보 영역에도 거대한 변화를 가져오게 될 것이다.

　증기기관과 전기 기술은 인류문명을 농업사회에서 산업사회로 진화시켰다. 그리고 정보통신은 다시 정보화 사회로 변화시켰다. 인류의 물질생활 수준은 비록 지역과 계층 사이에 큰 격차가 발생하였지만 산업문명 이전과 비교할 수 없이 지속적으로 풍요로워졌다. 그리고 정치, 경제, 군사적으로 국제사회의 힘의 질서도 재편되어왔다. 혁명적인 기술 발전은 문명 발전과 역사 변화를 이끌었다.

18세기부터 본격 시작된 제국주의 침탈과 전쟁, 20세기의 식민지 해방과 자본주의와 사회주의간의 경쟁 그리고 마침내 전 세계를 유기적으로 연결하는 21세기 글로벌 네트워크는 바로 18세기에 본격 시작된 기술혁명이 동인이었다. 유럽과 미국, 러시아, 일본, 중국은 시기는 다르지만 광업과 제조업 그리고 서비스 기술의 발전을 토대로 경제성장을 이루어 국내적으로는 구성원의 삶의 질을 높였고 국제정치와 세계

경제의 주요 행위자로써 주도적인 역할을 해오고 있다. 이 과정에서 이들 국가들은 치열한 각축과 경쟁을 벌였으며 국가의 명운을 걸고 전쟁과 같은 대결도 불사하기도 했다. 두 차례의 세계대전과 한국전쟁, 베트남 전쟁은 우월한 기술력과 이를 바탕으로 막대한 공업생산력을 갖춘 나라간의 경쟁이 전쟁이라는 극단적인 형태로 나타난 것이다. 그러나 상호확증파괴의 수준까지 핵무기와 발사수단을 개발한 미국과 구소련 그리고 영국, 프랑스, 중국 등 핵공격국에게 가공할 만한 타격을 입힐 정도의 핵능력을 보유한 나라가 늘면서 베트남전 이후 강대국 간의 직접 전쟁은 발생하지 않았다.

그러나 경제체제 전쟁은 계속되었다. 자본주의 시장경제와 사회주의 계획경제간의 치열했던 경제체제 경쟁은 결국 구(舊)소련의 붕괴와 동유럽국가의 탈(脫)소련, 중국의 사회주의 시장경제로의 전환으로 시장경제의 승리로 끝이 났다. 국력과 기업의 경쟁력, 개인의 부는 점점 더 기술 확보와 효과적 활용 정도에 따라 결정되고 있음이 뚜렷해지고 있다. 따라서 이제는 모두가 '기술이 곧 힘'이라는 등식을 믿으면서 연구개발과 활용을 통한 혁신 확산에 전력을 다하고 있다.

세계 경제 지형을 바꾸는 기술 발전

오늘날 전 세계 인구의 4분의 3이 일상적으로 인터넷을 이용하고 있다. 개인에게는 TV나 자동차보다 더 중요한 필수품이 되었고 사무실과 공장, 학교, 병원 등 사회 모든 분야는 정보통신 인프라와 기기를 기반으로 움직이고 있다. 정보통신기술은 개인의 삶과 사회의 일하는 방식을 크게 바꾸어 놓았고 또한 경제와 사회 발전에도 막대한 영향을 끼치고 있다. 정보통신은 그 자체로 새로운 성장 산업이자 경제와 사회 각 분야의 효율성을 혁신적으로 향상시켰다. 그 결과 세계경제와 산업의 지형이 단기간에 바뀌었다. 예컨대 한 세기 이상 세계 경제 발전을 견인하고 지배했던 자동차, 석유화학, 기계 등의 굴뚝산업이 90년대 중반 이후 불과 10년 만에 인터넷, 스마트폰, 반도체, 소프트웨어 기업에게 밀려났다. 정보통신을 어떻게 활용하고 산업을 발전시켰느냐 따라 각국의 경제성장과 글로벌 경쟁력이 결정된 것이다.

▼ ICT 수출입 금액 비중[82]

(단위: 억 달러, %)

구분		2013	2014	2015	2016	2017	2018
수출	전체	5,596.3	5,726.6	5,267.6	4,954.3	5,736.9	6,051.7
	ICT (비중)	1,726.8 (30.9)	1,762.3 (30.8)	1,728.7 (32.8)	1,624.6 (32.8)	1,975.7 (34.4)	2,203.6 (36.4)
수입	전체	5,155.9	5,255.1	4,365.0	4,061.9	4,784.8	5,351.7
	ICT (비중)	818.0 (15.9)	881.7 (16.8)	913.3 (20.9)	898.1 (22.1)	1,020.7 (21.3)	1,071.0 (20.0)
무역 수지	전체	440.5	471.5	902.6	892.3	952.2	700.0
	ICT (비중)	908.8	880.7	815.4	726.5	955.0	1,132.6

우리나라도 정보통신기술 연구개발과 인프라 구축에 다른 나라보다 일찍 투자하여 '산업혁명은 늦었지만, 지식혁명은 선도하는 나라'로 도약했다. 이 과정에서 정보통신산업의 성장은 우리 경제의 성장에 큰

기여를 하였다. 세계 최고 수준의 인터넷 인프라를 누구보다 빨리 구축하였고 반도체, 디스플레이, 휴대폰 등에 과감하고 집중적인 투자를 하여 글로벌 시장을 선도하게 되었다. 2017년 우리나라의 정보통신산업 생산액은 약 468조 원으로 전체 산업생산의 12%에 이른다. 수출액은 1976억 불로 우리나라 전체 수출액의 34.4%를 차지할 정도로 발전하였다.[83]

　　1990년대 이후 제조업의 해외이전으로 하향세를 보이던 미국 경제는 최고의 연구개발 능력과 혁신지향의 경제 매커니즘 전환으로 글로벌 디지털 경제의 리더로써의 위치를 굳건히 함과 동시에 다른 산업 분야에서의 혁신을 확신시켜 국가경쟁력을 세계 최고수준으로 끌어올렸다.[84] 앞으로도 상당기간 정보통신기술 발전을 선도하고 글로벌 시장을 독과점하는 미국 기업들이 계속 등장하여 세계경제 패권을 계속 유지할 것으로 보인다. 중국은 14억 인구와 거대한 내수시장, 막대한 기술개발 투자를 통해 단기간에 많은 기술 영역에서 최고수준을 넘보고 있다. 특히, 정보통신산업 기기와 설비 분야에서 괄목할 만한 발전을 거듭하여 세계 최고수준에 도달하거나 근접하고 있다. 최근에는 바이두, 텐센트, 알리바바와 같은 자국의 거대 기술기업들이 천문학적인 투자를 하여 인공지능 분야에서 독보적인 위치를 점하고 있는 미국 기업들을 바짝 추격하고 있는 것으로 평가되고 있다. 정보통신과 인터넷 분야에서 한국과 중국의 추격을 허용한 EU와 일본은 그 파급효과로 다른 산업의 경쟁력 하락까지 겪으면서 얻은 교훈에 따라 인공지능과 같은 4차 산업혁명 분야에서 다시 도약하기 위해 전열을 재정비 하고 있다.

인공지능 열국지(列國誌)

컴퓨터와 반도체, 통신과 인터넷이 3차 산업혁명을 주도하였다면 4차 산업혁명은 IoT(사물인터넷), 5G(5세대 이동통신), 빅데이터, 클라우드, 로봇과 바이오 그리고 인공지능 기술의 발전에 의해 진행될 것으로 보인다. 이중에서도 인공지능의 다른 기술의 개발과 응용, 융합, 확산에 있어서 촉매제 역할을 넘어 엔진역할을 할 것이다. 그리고 인공지능은 국가와 기업 그리고 개인의 미래 운명을 좌우할 파괴적인 기술 Disruptive Technology 이자 국제권력관계까지 변환시킬 거대한 혁신을 가져올 것이다. 따라서 최강대국 미국과 이에 도전하는 중국, 4차 산업혁명시대에도 높은 생활수준을 유지하면서 국제적 영향력을 행사하고자 하는 EU, 일본, 한국은 인공지능을 단순한 신기술이나 서비스가 아니라 미래 산업과 경제 그리고 사회전체의 변혁을 초래할 핵심 동력으로 여기고 있다. 따라서 인공지능 개발을 위한 과감한 투자 확대는 당연한 국가발전전략인 것이다.

미국('16년)과 중국, 일본('17년)이 인공지능 발전 계획을 수립하여 추진하고 있고, 유럽도 EU차원에서 다각도로 육성 정책을 추진하고 있다. 더 자세히 살펴보면 미국의 경우, 지속적인 장기 투자를 통해 뇌과학 등 기초, 원천기술을 확보하고, AI 핵심 기술개발과 인재양성에 주력하고 있다. 미국 정부는 AI 기술 혁신가로서 원천기술을 개발한 후 민간에 이양하여, 혁신적 제품과 서비스[85] 상용화를 이끈 성과를 내는 것을 목표로 하고 있다. 중국 정부도 AI를 국가 전략산업으로 인식하여 정부 주도의 대규모 투자와 인력양성을 추진하는 한편, 선도 기업을 지정하여 특화플랫폼을 육성하고 있다.[86] 이를 통해 2020년까지

AI 핵심기술을 확보하고 관련 산업을 육성하고자 한다. 이외에도 일본, 프랑스가 상당한 규모의 투자를 진행하고 있고 지난 2018년 5월에 「I-Korea 4.0 실현을 위한 인공지능 연구개발 전략」을 발표하고 본격적인 기술개발에 나선 우리나라도 2019년부터 본격적으로 기술개발 투자를 대폭 늘릴 예정이다.

민간에서는 막대한 데이터를 보유하거나 최고수준의 컴퓨팅 기술을 보유한 극소수의 정보기술 대기업이 연구와 적용을 선도하고 있다. 범용 인공지능 기술 개발에 주력하면서 알파고로 인공지능을 대중에게 널리 인식시킨 구글과 의료·법률 등의 분야에서 활발히 사용되고 있는 인공지능 솔루션, '왓슨'을 개발한 'IBM', 세계최대의 전자상거래와 클라우드 서비스 기업인 '아마존'Amazon, 클라우드에 알고리즘을 결합시켜 미래 혁신형 기업으로 거듭나고 있는 전통의 소프트웨어 강자, 마이크로소프트, 중국 최대의 인터넷 검색 기업 바이두와 역시 최대의 전자상거래 기업인 알리바바 그리고 가장 많은 회원을 가진 텐센트를 중심으로 활발하게 인공지능에 관한 연구가 진행되고 있다. 또한, AI 반도체 분야에서는 엔비디아와 인텔이 선도하고 애플, 마이크론, 화웨이, 삼성 등이 따라가고 있는 상황이다. 알고리즘과 AI칩 개발을 선도하거나 새롭게 떠오르는 기업들 역시 거의 대부분 미국에 집중되어 있으며 일부 유럽국가와 중국, 한국, 일본 정도에서 생겨나고 있다.

미국-중국 인공지능 패권 경쟁

미국과 중국의 인공지능 개발 경쟁이 첨예해지고 있다. 수년 전까지만 해도 중국의 인공지능 기술은 미국은 물론 EU보다 뒤처졌으나 이제는 논문발표와 특허출원, 정부차원의 연구개발 지원 규모에서 미국을 앞서고 있다. 중국의 급속한 추격에 미국의 압도적인 기술적 지위가 흔들리고 있으며 얼굴과 동작인식 등 몇 가지 분야에서는 이미 추월당한 것으로 평가받고 있다. 이에 미국의 재계는 물론 의회에서도 트럼프 정부에 미국의 인공지능 패권 유지와 미래 경쟁력 확보를 위해 정부 투자를 늘릴 것을 요구하는 목소리가 높아지고 있다.

미국은 이미 2016년 10월 백악관 이름으로 인공지능이 불러올 기회를 잡기위해 연구개발 예산 증가, 민-군(軍) 협력 확대, 사회적 부작용을 완화할 수 있는 투자를 강화해야 한다는 내용을 담은 보고서[87]를 발표하였다. 그러나 당시 오바마 정부의 임기가 불과 몇 개월 남지 않았고 특히 차기 대통령 선거전이 당시 트럼프 후보의 여성에 대한 부적절한 언사로 인한 공방이 여론의 이목을 집중시키는 상황이어서 언론에서 조차 별다른 반향을 얻지 못했다. 이 뿐만 아니라 트럼프 행정부가 들어선 이후에 오히려 미국정부의 과학기술연구를 총괄하는 미국과학재단National Science Foundation 의 인공지능 연구개발 예산을 축소하였다.

이에 반해 다른 기술과 마찬가지로 지속적으로 인공지능 연구개발 투자를 늘려온 중국은 2017년 5월, 당시 세계바둑 1위인 자국의 커제 9단이 구글의 바둑 인공지능 알파고Alpha Go 에게 세 판 모두 지면서 인공지능의 능력과 잠재력에 대해 완전히 새로운 인식을 하게 되었다. 두 달 뒤에 중국 국무원은 '차세대 인공지능 개발 계획'을 발표하면서 중국을 2020년에 세계 최고 인공지능 경제그룹에 진입시키고 2030년에는 글로벌 리더가 되는 목표를 천명하였다. 이에 발맞춰, 중국 각 성(城)과 도시의 지방 정부들도 인공지능 연구와 인력 양성, 스타트업과

벤처 육성에 대한 투자를 급격히 늘리고 있다.[88]

트럼프 정부는 중국의 이 같은 야심찬 계획을 의식하여 2018년 5월, 백악관에서 구글, 페이스북, 아마존 등과 정부 고위관계자들이 참가하는 최고위 회의를 열었다. 이 회의에서 미국 정부는 미국의 글로벌 리더쉽 유지를 위해 민간의 자유로운 인공지능 기술개발을 장려하고 정부기관간 협력을 강화하겠다는 의지를 밝혔다. 그리고 실질적인 지원의 일환으로 불특정 정부 데이터의 민간 접근 허용과 같은 필요한 정책의 추진을 위해 전문가와 기업인 등으로 구성된 자문위원회도 운영할 것임을 발표하였다.[89]

미국과 중국의 인공지능 개발경생은 미래 세계경제 패권을 장악하기 위한 물러설 수 없는 각축전이다. 개인의 프라이버시 보다는 성장과 안전을 중시하여 비교불가의 막대한 데이터를 활용할 수 있는 14억 인구 대국과 알고리즘과 반도체 칩 제작에 탁월한 능력을 갖춘 미국의 대결은 21세기 후반의 세계경제와 글로벌 정치, 군사 권력의 향방을 가늠하게 될 것이다.

세계 경제와 정치 주요국은 자국 산업의 글로벌 경쟁력 향상은 물론 안전과 국방 분야에도 인공지능을 도입하여 자국의 안전보장 능력을 향상시키는 적극적인 움직임을 보이고 있다. 우선, 디지털 안전을 위협하는 사이버공격을 방어하기 위해 알고리즘과 빅데이터 활용을 늘리고 있다. 머신러닝과 같은 알고리즘 학습기법에 기반하여 통신망과 정보시스템에 내재해 있는 취약점을 발굴하고 공격루트를 탐색하는 위협이 현실화함에 따라 이를 방어하는 데에도 인공지능 기술을 활용하는 것이다. 알고리즘을 이용한 사이버공격이 범죄 집단이나 테러리스트 그룹 더 나아가 특정 국가에 의해 준비, 실행된다면 그 파괴적 결과는 물리적인 테러 또는 전쟁과 같이 국제평화를 직접적으로 위협하게 될 것이다.

인공지능과 로봇관련 기술개발, 표준화, 비즈니스 회의 등 많은 곳에서 유사한 우려와 통제 방안의 필요에 대해 발표, 논의되고 있다. 자율무기의 개발은 기계가 인간을 대체하고 마침내 총체적인 능력이 인간을 능가하게 되는 시점인 '특이점'의 도래 예측과 결합하여 인류 멸망의 시나리오로 자주 거론되고 있다. SF영화의 소재가 미래에 현실이 될 수 있는 가능성을 배제하지 못함에 따라 이 같은 문제해결을 위한 적절한 감시와 통제방안에 관한 더 많은 토론과 논쟁이 이어질 것으로 보인다.

자율살상 무기[90]

최첨단 기술을 자체적으로 개발하여 무기에 탑재하거나 민간의 기술을 도입하여 응용하는 국방 분야에서는 알고리즘의 이용에 대한 연구가 이미 상당히 오래전부터 이루어져 왔다. '무기 자동화'로 일컬어지는 무기의 자율성 확보에 대한 연구와 실험 그리고 전장에서의 실제 사용은 일부 무기분야에서는 상당한 수준으로까지 진행되고 있는 것으로 평가되고 있다. 예컨대, 적을 식별, 탐지하고 제거하는 일련의 전투 과정을 자율적으로 수행할 수 있는 능력을 갖추고 있는 것이다. 다만 기계에 의한 인명살상이 윤리적 비판에서 벗어날 수 없고 사회규범 측면에서도 수용, 동의를 받지 못하고 있기 때문에 마지막 과정만큼은 사람이 수행하고 있는 상황인 것이다. 이에 대한 우려로 2017년에 26개국, 116명의 명망이 높은 인공지능 및 로봇 연구자와 과학계 리더, 글로벌 기업인들이 '킬러로봇' 개발 금지를 촉구하는 서한을 유엔에 보내 이 문제 해결에 직접 개입해 줄 것을 촉구하기도 했다.[91]

아직은 자율무기의 수준이 전반적으로 초기단계이지만 멀지않은 미래에 상당한 자율성이 무기체계 전반에 내재화되어 전투와 전쟁의 양상을 바꾸고 기존 군사력 균형에도 질적인 변화를 가져올 것으로 전망된다. 예를 들어 미국 국방부는 메이븐 Maven 프로젝트를 통해 적의 동태를 감시하여 얻은 수많은 동영상 등 시각 데이터를 빠르게 추적, 분석하기 위해 컴퓨터 알고리즘을 사용하고 있다. 2017년 말부터 이라크와 시리아에서 ISIS(이라크-시리아 이슬람 국가) 군대와의 전투 수행에 적용하고 있다. 인명을 살상하는 자율무기의 출현도 시간문제로 받아들여지고 있다. UN도 이 같은 인식에서 2015년과 16년 UN총회에서 기존의 화학, 생물, 방사능 및 핵무기의 위험성에 더해서 인공지능의 등장에 대해 논의했다. 그리고 2015년부터 인공지능과 로봇의 활용확산에 대응하여 연구와 회의를 진행해온 UN의 지역간범죄사법연구소는 자율무기 확산 등 인공지능과 로봇의 발전에 따른 이슈들을 전 세계의 정부, 기업, 학계, 언론, 시민단체 등의 다양한 관계자가 함께 논의, 연구하기 위한 연구센터를 2017년에 설립하였다. 이 같은 전환적인 변화는 기존 국제체제와 질서를 불안정하게 하고 국지적인 분쟁은 물론 국가 간 또는 진영 간의 충돌 위험도 높이게 될 것이다. 따라서 인공지능이 초래할 빠르고 거대한 변화를 이해하고 사이버 세상과 현실 세계에서의 안전과 평화를 유지하기 위한 대비를 해야 할 것이다.

인공지능 격차

알고리즘 개발과 데이터 활용 능력의 격차는 이미 심각한 불평등과 격차를 악화시켜서 더 큰 경제사회적 불안을 불러올 가능성이 높다. 생산과 소비 과정의 전면적인 자동화는 고용의 감소와 실업자의 증가로 이어지는 반면에 인건비 감소로 높은 생산성을 확보하는 기업은 더 많은 이익을 누리게 될 것이다. 뿐만 아니라 알고리즘을 얼마나 잘 이용하느냐에 따라 기업과 개인 그리고 국가 전체의 효율성도 좌우됨에 따라 선진국과 막대한 투자를 하고 있는 중국, 인도와 같은 거대 개발도상국에 비해 나머지 국가들과의 추격 격차는 더욱 커질 것이다.

개발도상국은 노동집약적 제조업과 서비스업이 고용구조와 경제

성장에서 차지하는 비중이 높기 때문에 자동화의 영향을 크게 받는 구조이다. 이미 컴퓨터와 자동화 기계장비의 보급으로 상당한 육체노동 일자리가 위협받고 있는 상황[92]에서 정교한 알고리즘이 탑재된 생산설비와 기기가 보급된다면 개도국의 실업률 증가와 고용부진을 야기할 가능성이 높다. 더구나 이 격차는 알고리즘이나 AI분야에 국한되지 않고 다른 산업과 경제 그리고 사회전체에 전보다 더 크고 줄이기 어려운 격차를 초래할 가능성이 있다. 예를 들어 제품 생산과 제조 공정이 알고리즘과 데이터의 결합으로 더 지능화되는 '스마트 팩토리'가 확산된다면 비숙련 일자리가 줄어들고 낮은 임금에 기반한 노동집약형 제조업은 상당부분 사라지거나 기계로 대체될 것이다. 게다가 임금과 같은 원가절감을 위해 개도국으로 공장을 이전한 선진국의 기업들이 자동화를 통해 자국의 고임금을 감내할 수 있는 생산성을 확보할 수도 있기 때문에 본국이나 다른 곳으로 다시 이전할 수 있는 리스크도 더 커질 것으로 보인다. 농업분야도 스마트 팜이 확산되면 적은 인력으로 고부가가치의 농산물을 생산할 수 있게 된다. 안전한 먹거리를 선호하고 CO_2 풋프린터를 감소해야 한다는 소비자의 인식 변화는 개도국의 주요 산업인 농업에도 타격을 줄 수 있다.

지난 10여 년간의 많은 투자로 개도국의 정보통신 인프라와 서비스도 크게 개선되었다. 그러나 여전히 자체 기술과 고급 기술인력 부족, 재원부족으로 인해 정보통신 신기술과 연관 산업을 제대로 성장시키지 못하고 있으며 이로 인해 인공지능과 관련한 기술이나 역량을 거의 발전시키지 못하고 있다. 농업과 생산력이 낮은 제조업이나 서비스가 주력 산업인 대부분의 개도국 경제는 알고리즘과 데이터의 결합으로 가속화될 4차 산업혁명으로 오히려 전에 없던 심각한 위기를 맞을 수 있다는 우려가 나오는 이유이다.

인간을 능가하는 인공지능

검색엔진, 전자상거래, SNS와 미디어 콘텐츠 등 현재 우리 생활의 편리를 높여주고 있는 인공지능은 '약한 인공지능Artificial Narrow Intelligence'이다. 인간의 활동을 보조하는 수단으로서 특정한 업무를 수행하거나 문제를 해결하는 능력을 가지고 있다. 그러나 더 많은 데이터를 더 짧은 시간에 학습하는 알고리즘이 인터넷에 연결된 수 없이 많은 기기와 소통하면서 인공지능의 능력은 한 분야를 벗어나서 범용적으로 이용될 수 있는 '강한 인공지능Artificial General Intelligence으로 진화할 수 있다. 이 인공지능은 내가 모르는 것에 대해 답을 알려주고 일을 차질 없이 대신 처리해 주어서 사람과 일하는 만큼 또는 그 이상의 만족감을 줄 수 있는 수준의 인공지능이다. 이미 시판중인 인공지능 스피커와의 대화가 사람과 나누는 대화인 것처럼 자연스럽고 나의 업무나 숙제와 같은 다양한 일도 해낼 수 있다면 강한 인공지능으로 볼 수 있을 것이다.

초지능 인공지능 연구자로 유명한 영국의 철학자 닉 보스트롬은 미래의 초지능은 우월한 연산속도, 내부통신속도, 연산 요소들의 수, 메모리, 신뢰성과 수명, 수정능력, 복제성, 목표 조정, 기억 공유, 새로운 모듈 탑재 능력을 이용해 기존에 인간이 축적한 지식을 빠르게 익히고, 이를 조합해서 새로운 지식 역시 빠른 속도로 만들어낼 수 있다고 주장한다.[93]

▼ 진화단계에 따른 인공지능의 종류[94]

종류	특징
약한 인공지능	스스로 사고하여 문제를 해결할 수 있는 능력이 없는 컴퓨터 기반의 AI. 구글 알파고, IBM 왓슨 등과 같이 '지능적인 행동'을 함
강한 인공지능	스스로 사고하여 문제를 해결할 수 있는 컴퓨터 기반의 AI. 스스로를 인식하며, 지각력과 독립성을 갖췄음.
초인공지능	인간보다 1000배 이상 뛰어난 지능을 가진 AI. 효율, 자기보존, 자원획득, 창의성 등의 원초적 욕구를 기반으로 끊임없이 자가 발전 함

초지능의 출현 가능성에 대해서는 찬반이 나누어져 있다. 지금으로부터 30에서 50년 내에 등장할 것이라고 주장하는 전문가와 초지능은 지금의 인공지능 수준으로는 여전히 공상과학에서나 가능한 상상이라는 주장도 상당히 많다. 특히, 인간의 사고와 정신 역시 뇌의 생화학적인 물질 활동이므로 인공지능과 바이오, 나노 기술의 발달로 자의식과 목표의식을 가지는 초지능이 탄생할 것이라는 주장은 인간이 무엇인가 그리고 무엇을 할 수 있는가 등에 대해 존재론과 윤리 논쟁까지 불러일으키고 있다.

현재로서는 초지능의 탄생에 대해 어떤 정확한 예측도 할 수 없다는 것은 분명하다. 그러나 이제까지 없었던 완전히 새로운 '엄청난 기술'이 개발되고 있고 세상을 송두리째 바꿀 수도 있는 변화가 뒤이어 올 것이라는 기대감과 공포가 함께 퍼지고 있다. 인간이 내리던 결정을 알고리즘이 대신하고 인간으로 하여금 그 결정을 따르도록 하는 관계의 전복이 일어나는 것은 분명하다. 따라서 기존의 다른 기술을 능가하는 의미의 기술발전이 아니라 기술을 사용하는 사람과 기술이 적용될 대상 그리고 그 사용방식도 이전의 기술과는 질적으로 다를 것이다. 최악의 비관론처럼 쓸모없는 인간을 멸종시키는 초(超)인공지능은 아니더라도 날로 강력해지는 인공지능의 기능과 작업에 대해 면밀한 감시와 관리가 필요한 이유이다.

인공지능의 평화적 이용

데이터와 알고리즘은 이미 우리 일상생활 곳곳에 스며들었고 시간이 갈수록 우리 사회는 이들에 의해 작동되는 부분이 많아지고 있다. 따라서 인공지능이 특정집단의 이익을 우선하여 공익과 공공성을 훼손하지 않도록 감시, 통제, 조정하는 협력구조 또는 체계가 필요하다. 이를 '인공지능 거버넌스'라고 명명 할 수 있다. 거버넌스의 정의는 시대에 따라 변하고 있다. 예컨대 1990년대 이전에는 주로 정책결정과 문제해결을 위해 정부가 주도하는 형태가 주류였다면 90년대 이후에는 기업, 비정부단체 NGO, 연구자 등 민간부문의 다양한 행위자가 대등하게 참여하여 민관의 협력을 확대하는 형태가 다수를 이루고 있다. 전자의 대표적인 예로 원자력 기술과 물질, 무기를 감시·통제하는 국제원자력기구 IAEA 가 있고 후자의 예로는 인터넷 거버넌스가 대표적이다.

인공지능 이슈와 이해관계자

인공지능 이슈는 점점 커지는 영향력과 복합적인 경제, 사회적 파급효과로 인해 전문가·업계의 이슈에서 정부와 국제기구의 아젠다로 확장되고 있다. 더불어 이슈의 이해관계자도 다양해지고 있다. 연구와 개발을 주도하는 기업(독·과점 기업부터 낮은 수준의 챗봇[95]을 개발하는 업체까지 포함), 이를 생산성 향상을 위해 활용하는 조직과 정부 그리고 인공지능 작동의 원천인 데이터를 제공하면서 인공지능 서비스의 혜택을 누리게 되는 시민에 이르기까지, 시간이 흐를수록 더 많은 세계인과 조직이 인공지능과 밀접한 관계를 맺게 될 것이다. 이러한 측면에서 인공지능관련 이해관계자의 범위는 인터넷의 그것보다 더 넓을 것으로 보인다. 주소 자원의 관리·할당 권한을 두고 논의가 발전되어온 인터넷과 달리 인공지능의 경우 윤리·법 규범, 일자리 대체, 공정성, 소비자 보호, 자율무기와 같은 여러 분야의 문제가 내용상 상이한 영역들이기 때문이다. 아직은 인공지능이 초래할 여러 긍정적 가능성과 부정적 영향에 대한 탐색의 단계에 있다고 할 수 있다. 인공지능의 발달과 미래에 관한 선구적 연구자인 레이 커즈와일의 주장처럼 위험을 예상하여 적절한 관리 방안을 세우면서 편익을 극대화할 수 있는 방향으로 나가는 중인 것이다.[96] 현재의 논의 동향을 개략적으로 구분해 보면, 인공지능의 엄청난 기술, 경제적 혜택을 극대화하는 방향을 모색해야 한다는 주장과 발생할 수 있는 위협과 위험에 대한 적절한 대비를 함께 또는 미리 해야 한다는 두 가지 주장이 맞서고 있다. '인공지능 기술발전을 이용하는 한편, 수반되는 부작용은 예방하고 줄여야 한다.' 는 기본 목표에는 대체로 같은 의견이지만 방법론에서 입장의 차이가 크다. 특히, 정부의 개입 여부와 정도에 관해 상당한 차이가 발견된다. '시장에 대부분을 맡기고 정부의 개입은 최소화해야 한다'는 주장부터 통제받지 않는 시장의 역기능을 강조하면서 '인공지능의 경우만큼은 정책당국의 적절한 개입과 조정이 필요하다'는 주장이 맞서고 있다. 이 같은 기본 입장의 차이와 별개로 현실에서는 정부의 인공지능관련 정책 수립과 추진이 늘어나고 있다. 먼저 인간에게 해가 될 수 있는 상황이 발생하거나 또는 예방적 차원에서 반드시 행동을 해야 하는 경우에 대한 정책과 규제의 틀이 강구되고 있다. 공장에서 사용되는 로봇은 물론 일반인들이 많이 이용하게 될 인공지능 서비스와 그 결합물―자율주행차, 쇼핑·금융거래·일정관리 등을 지원 또는 대신할 인공지능 비서, 각종 안내·경비 로봇 등―의 경우, 정책당국은 이미 관련 업계와 함께 정책을 만들고 있다.[97]

국제기구와 단체의 활동도 최근에 들어 활발해지고 있다. UN은 산하의 정보통신 전문기구인 국제전기통신연합ITU를 중심으로 30여 개의 UN기구와 회원국 정부, 기업, 민간단체와 연구자들이 참가하는 '선(善)을 위한 인공지능 정상회의'AI Summit for Good를 2017년부터 매년 개최해 오고 있다. 대표적인 글로벌 정책연구 국제기구인 OECD(경제협력개발기구)도 2017년부터 인공지능에 의해 변화될 경제와 산업에 대한 연구와 논의를 활발히 진행해오고 있다.

산업계에서는 세계최대의 전기전자표준화 협의단체인 '미국전기전자기술협회'IEEE, Institute of Electrical and Electronics Engineers와 인간에게 우호적인 인공지능을 연구하여 그 성과물이 인류 전체에 골고루 돌아갈 수 있는 방안을 연구하고 공유하는 것을 목적으로 활동하는 'OpenAI', 인공지능 기술이 가져올 긍정적 변화―부의 확대와 건강, 웰빙 등―의 효과를 극대화하기 위해 더 많은 관심과 투자를 목표로 하는 'Partnership on AI to Benefit People and Society'가 활발한 활동을 하고 있다. 이외에도 학계와 연구계에서도 많은 전문가 회의체가 생겨나고 있다.

이처럼 다양하고 수많은 회의 및 협의체 논의에서 대체로 인공지능 감시와 통제에 관해 거시적 관점에서는 유사한 대응 방안이 나오지만 이익집단간의 이익이 충돌하는 이슈에서는 공감대와 합의 형성이 어렵다. 특히, 인공지능을 가장 잘 알고 많이 활용하여 제일 큰 경제적 혜택을 누릴 기업을 공정성과 책임성의 틀에서 온전히 관리, 통제하는 것은 결코 쉬운 일이 아니다. 왜냐하면 지나친 간섭과 통제는 기술 발전과 비즈니스 혁신을 저해하여 해당 기업과 산업뿐만 아니라 경제전체의 생산성과 발전 잠재력 향상에 걸림돌이 될 수 있기 때문이다. 그렇다고 예상되는 여러 가지 부작용과 역기능에 가볍게 대응해서도 안될 것이다. 바로 여기서 알고리즘과 빅데이터의 개발과 이용에 관련되는 사회의 모든 집단과 전문가, 시민이 참여하여 우선 기본 원칙을 만들고 그 내용에 대한 합의를 만드는 것이 필요할 것이다.

인공지능 거버넌스의 목표와 원칙

정보통신기술이 오늘날의 '개인'과 '세계'를 네트워크로 연결하였듯이 알고리즘과 빅데이터에 기반한 인공지능은 곧 인간의 모든 의사결정과 행위에 관여하게 될 것이다. 이미 현실 문제로 대두되고 있는 기계에 의한 일자리 대체, 인공지능의 불공정한 이용과 오남용은 기존의 부와 권력 양극화를 심화시켜 더욱 심각한 사회, 경제문제가 되고 결국은 정치문제가 될 것이다. 이러한 맥락에서 인공지능의 감시와 통제를 위한 거버넌스는 무엇보다 민주주의의 가치를 수호하는 목적을 추구하는 구체적인 목표와 방법론에 입각해서 만들어져야 할 것이다. 이를 위해 인간의 생명과 안전을 위협하는 위험의 예방, 완화 그리고 복구가 기본 목표가 되어야 한다. 이와 함께 빈곤과 질병, 기후변화와 같은 전지구적 문제의 해결에 초점을 둔 인공지능의 개발과 이용 확산이 기본 목표로 설정되어야 할 것이다. 이 두 가지 기본 목표는 궁극적으로 인간만이 아닌 지구 생태계의 모든 구성체들까지 포함하는 범지구적인 영역으로까지 확대될 필요가 있다. 과학기술은 인간이 자연 생태계에서 독립적이거나 초월할 수 없는 존재라는 것을 증명하였다. 그리고 우리의 산업과 경제도 지구 생태계와 조화를 이루지 않으면 발전보다는 퇴보와 파국으로 갈 수 있다는 것을 기후변화와 환경오염을 통해서 체감하고 있다. 따라서 그동안의 과학기술이 인간의 이익증대를 위해 사용되었던 단계에서 모두 생명에게 이로운 방향으로 사용되도록 과학기술의 목적성을 확장하여야 할 것이다.

인공지능 거버넌스 논의 전망과 과제

알고리즘과 개인정보, 빅데이터 등 인공지능 관련 핵심요소들은 초국가적 성격이 크기 때문에 효과적인 국제협력을 필요로 한다. 핵무기확산금지 조약과 통상과 무역 그리고 멸종위기 생물 보호 등 외에는 다수의 국제합의가 국가단위에 까지 강제, 적용되지 않는 권고 수준의 자발적 이행 성격을 가지고 있다. 기후변화와 같은 심각한 글로벌 위기 대응을 위한 정부 간 협력조차도 1992년에 유엔기후변화협약 UNFCCC이 체결된 이후 2015년의 '파리 협정'에 이르러서야 전 세계 모든 나라들이 온실가스 감축 의무화를 이행하도록 하는 협의의 틀을 만들게 되었다. UN 회원국 간의 토의에만 20년 이상의 시간이 걸렸으며 이마저도 개별 국가의 이행을 완전히 담보하는 강력한 구속력이 있는 협정은 아니다. 게다가 2016년 6월에 미국 트럼프 대통령은 미국 경제의 부담 증가를 이유로 일방적으로 탈퇴선언을 하는 등 아직도 불완전한 상황에 놓여있다. 이처럼 세계 각국의 정부와 기업, 시민사회단체, 연구 집단과 전문가를 아우르는 포괄적인 글로벌 거버넌스의 구축은 실로 어려운 일이다. 인공지능 역시 기후변화와 같이 모든 산업계와 환경, 안전이 복합적으로 얽혀있는 매우 복잡한 도전과제이다. 따라서 인공지능 거버넌스의 성격과 구조 또한 이슈별로 다른 모습으로 형성될 것으로 보인다.

인공지능이 초래할 급격한 기술, 경제변화로 인한 기존 윤리 규범과 가치와의 충돌은 현재 학계와 종교계 그리고 사회단체 중심으로 논의가 진행되고 있다. 생명공학과 마찬가지로 인공지능의 윤리문제도 단시간에 어떤 합의나 결론에 도달할 수 있는 문제는 아니다. 사회와 나라마다 기술에 대한 인식이나 사회적 수용 형태가 상이하기 때문에 기본적인 원칙 수준에서의 논의가 상당 기간 이루어 질 것으로 보인다. 그리고 인간을 살상하는 '킬러 로봇'의 사용에서도 사회 일반의 강력한 반대 여론과 달리 각국 정부는 그 개발과 사용 금지의 원칙이나 합의에 쉽게 도달하지는 못할 것으로 보인다. 그것은 앞에서도 언급한 바와 같이 자국 안보, 국제 정치, 세계 경제의 주도권과 밀접한 관련이 있기 때문이다. UN과 몇몇 양자 및 다자 군사대화의 틀에서 정보 탐색을 위한 논의를 중심으로 상당기간 진행될 것으로 보인다.

인공지능의 공정한 이용과 투명성은 미국, 유럽, 한국 등 시장 경제의 효율성과 공정한 경쟁을 함께 추구하는 나라들을 중심으로 비교적 신속하게 다루어 질 것으로 보인다. 시장의 원활한 작동과 경제 활력 유지를 위한 정부의 역할이 분명하고 이해관계자들의 범위도 매우 넓기 때문에 새롭게 생겨나는 문제의 해결 요구를 지체시킬 수 없기 때문이다. 여기서 주목할 것은 EU이다. 28개 회원국으로 구성된 경제 공동체이자 느슨한 정치공동체인 EU는 다양한 경제 사회 이슈를 회원국의 국내법과 규범 등을 고려하면서 해결해 왔다. EU의 결정은 대부분 회원국의 내부 법제도에 직, 간접으로 영향을 주는 '의무 이행'과 '권고'의 영향력을 가지고 있으며 실질적인 파급효과도 여느 공동체의 합의나 결정보다 넓다. 또한 비록 유럽이라는 동일한 정체성을 배경으로 가지고 있지만 실제로는 회원국 사이의 경제발전 정도와 생활수준, 지향하는 경제와 산업 발전 목표, 사회 일반의 가치와 규범이 차이가 적지 않기 때문에 EU의 인공지능 거버넌스 형성과 논의는 국가 차원에서만이 아니라 세계 차원에서 많은 시사점을 제공할 것으로 보인다.

세계 경제는 90년대 이후 정보통신기술과 인터넷의 비약적인 발전으로 단기간에 글로벌화 되었다. 이제 알고리즘과 데이터를 기반으로 하는 인공지능이 이에 버금갈 만큼 극적인 변화를 가져올 것이라는 전망이 많다. 증기기관, 전기, 컴퓨터와 같이 거대한 경제변화를 불러올지 지금으로서는 알기 어렵다. 그러나 인공지능이 스스로 의사결정을 내리고 실행 할 수 있는 능력을 가지게 된다는 점에서 이전의 기술들과 근본적으로 성격을 달리한다는 것은 분명하다. 따라서 우리 인간의 본질과 정체성에 대한 질문과 답을 하면서 여태까지 고민해 보지 않았던 과제들을 성찰하고 논의해야 할 가능성이 높다. 그리고 인공지능 거버넌스는 공정하고 효율적인 논의 구조를 토대로 전 세계인의 지지를 받을 수 있는 결론과 합의를 도출해야 한다. 그 어떤 도전과제보다 어렵고 복잡한 문제이다. 지금까지의 다양한 글로벌 거버넌스 체계와 운용을 참고하고 UN 등 국제기구, 각국 정부, 시민사회와 기업 등 더 많은 이해관계자가 참여할 수 있는 거버넌스 플랫폼과 논의 규칙을 만드는 작업이 시작되어야 할 것이다. 이를 위해 정부와 시민사회, 기업, 연구자들은 '합리적이고 이성적인'세계시민의 적극적인 참여가 가능한 집단지성 플랫폼을 만들고 각계의 뛰어난 전문 연구자들이 주도하는 '인공지능 지식 공동체 Epistemic Community'도[98] 조직할 필요가 있다. 이들 일반인과 전문가간의 정보 및 의견 공유와 의사소통이 활발하게 이루어지는 지식공유 플랫폼을 만든다면 인공지능 이슈의 객관적이고 합리적인 공론화에 큰 도움이 될 것이다. '신뢰할 수 있는 인공지능 거버넌스'는 만인의 참여와 지혜를 모아가는 시스템이 되어야 할 것이다.

　원자력은 화석연료 발전과 달리 유해한 대기 물질과 지구온난화를 유발하는 이산화탄소를 배출하지 않는 장점을 가지고 있다. 그리고 식품 안전과 농산물 개량, 보건의료 부문 등에서 폭 넓게 사용되는 등 많은 혜택을 주고 있다. 그러나 전기 생산 과정에서 발생하는 방사능 폐기 물질부터 히로시마, 나가사키에 투하되었던 원자폭탄에 이르기까지 원자력은 또한 극도의 위험성을 내포하고 있다. 이에 따라 아인슈타인 등 원자력 기술을 개발한 과학자들은 핵무기 개발에 참여한 것을 후회하거나 반대하면서 안전한 활용을 호소하는 활동을 전개하였다. 미국 정부도 소련의 수소 폭탄 개발 성공과 여타 국가들의 경쟁적인 핵무기 개발을 보면서 핵무기의 확산에 커다란 우려를 갖게 되었다. 이에 따라 미국의 아이젠하워 대통령은 원자력의 평화적 이용과 연구를 위한 새로운 국제기구 창설을 제안하여 마침내 1957년, 오스트리아 수도 빈에 국제원자력기구(International Atomic Energy Agency)가 탄생하였다. 기구의 창립과정은 철저히 각국 정부간 협상과 협약에 의해 이루어진 정부 주도의 메커니즘에 의해 진행되었다. 그리고 기구의 활동과 운영도 각국 정부의 상호 감시와 견제에 의해 이루어지고 있다.

　IAEA의 주요 활동으로는 원자력 기술 협력 제공과 핵 물질 및 핵 시설 사찰이 있는데 이중에서도 핵 사찰이 더 큰 중요성을 가지고 있었다. 핵 시설 사찰은 정기 또는 수시로 이루어지며 만약 회원국으로서의 규정준수의 의무를 위배하거나 불성실하게 조사에 임하면 미국 등 다른 회원국과 국제사회로부터 강력한 항의와 제재를 받게 된다. IAEA의 엄격한 핵 물질과 시설 사찰 활동은 남아프리카와 구소비에트연방으로부터 분리 독립한 우크라이나, 카자흐스탄, 벨라루스가 핵무기 보유를 포기하게 만드는 성과를 얻었다.

이처럼 원자력의 오남용을 우려한 세계 각국 정부와 국제기구들이 협력하여 원자력으로 인한 사고를 사전에 예방하고 활용도를 높이는데 공동보조를 취하고 있다. IAEA의 또 다른 중요한 역할인 기술 협력은 주로 개발도상국에게 에너지와 의학, 농업, 환경 분야에서 활용할 수 있는 기술을 원조해주는 것이 핵심이다. 이를 통해 개도국은 품종 개량으로 자국의 농업 생산능력을 늘리거나 식품의 살균·멸균 등에 활용하여 식품 위생 상태도 크게 개선할 수 있었다. 그리고 의학 분야에 활용하여 암 등의 난치병 치료에도 진전을 이루었다.

　인터넷의 주소 관리 권한에 대한 거버넌스인 인터넷 거버넌스는 1960년대 미국 국방부의 프로젝트에서 시작되어, 미국의 대학과 연구소 네트워크로 확장되었고, 오늘날에는 전 세계의 인터넷관련 기관, 기업, 정부, 시민사회 등 다양한 이해관계자들이 참여하는 글로벌 거버넌스가 되었다. 출발 초기에 주소 관리라는 기술적인 문제가 주를 이루었으나 이제는 기술 영역을 훨씬 넘어서게 되었다. 이에 따라 인터넷 거버넌스의 관리 영역은 다음과 같이 확대되었다. 첫째, 인터넷 프로토콜[99]이나 데이터의 형식에 관한 기술 표준화, 둘째 인터넷 도메인[100]의 이름과 인터넷 프로토콜 주소와 같은 자원의 할당과 배분, 그리고 마지막으로 지적재산권, 스팸, 사이버 범죄, 이용자 보호의 영역이다. 현재는 인터넷 거버넌스를 '인터넷 기술을 바탕으로 이루어지는 정치, 경제, 사회, 문화 등 사회구조의 총체적 관리 시스템 또는 지배 구조'로 폭 넓게 정의하고 있다. 전자상거래, 지적재산권, 개인정보 보호, 정보격차 등 사이버공간에서 일어나는 활동 전반에 관한 거버넌스를 의미하는 것이다. 그런데 여타 국제 이슈와 달리 인터넷 거버넌스에 대한 논의는 정부, 시민사회, 기업, 기술 전문가 등이 모두 동등하게 참여하는 구조 즉, 다중(多衆)이해관계자참여 모델Multistakeholderism 을 택하고 있다.[101] 이러한 참여 모델은 특정 영역에 국한되지 않고 여러 영역에 나눠져서 걸쳐 있는 문제의 논의 형태에 많이 나타나는데 20세기 후반부터 국제사회 도전과제 해결에 있어서 중요한 글로벌 거버넌스의 형식이 되었다. 이는 이들 이슈가 정부차원의 대책으로만은 효과적으로 해결할 수 없을 만큼 전 사회적이고 초국가적 성격을 가지고 있기 때문이다.

편지와 소포를 주고받기 위해서는 각 가구와 사무실, 공장 등에 주소를 부여하고 우편물을 정확하고 빠르게 배달하는 등의 우편 관리시스템이 필요하다. 한편, 국제 우편요금과 우편부가서비스 요금 및 수수료 책정은 1875년에 설립된 국제우편기구인 '만국우편연합'UPU, Universal Postal Union)에 의해 결정된다. 즉, 나라마다 독립적인 우편시스템을 통해서 자국의 우편물 배송을 관리하지만 전세계의 통일적인 우편체계의 운영을 위한 글로벌 시스템이 있는 것이다. 거대한 네트워크인 인터넷도 이와 유사한 체계에 의해서 작동되고 있다. 주소를 자국 정부가 부여하는 것과 달리 인터넷 주소는 '국제인터넷주소관리기구'ICANN, Internet Corporation for Assigned Names and Numbers에 의해서 할당, 관리되고 있다. 그런데 이 기구는 인터넷이 미국에서 시작되었기 때문에 사실상 미국의 지배아래 있다. 인터넷이 '세계인의 네트워크'로 확장될수록 미국의 관할에 대한 반발이 커지고 국제사회가 공동으로 관리해야 한다는 요구가 높아져왔다. 이에 따라 인터넷의 거버넌스를 논의하는 '인터넷거버넌스포럼'IGF이 2006년부터 매년 정례적으로 개최되고 있다. 이 포럼에는 모든 이해당사자들이 참여하는 '멀티스테이크홀더' 원칙에 입각하여 정부를 비롯하여 시민사회, 기업, 기술전문가 등이 동등하게 참여하여 인터넷의 공공성과 관련된 이슈를 중심으로 토의하고 있다. IGF는 다양한 이해관계자의 참여를 보장하지만 공식적인 정책결정이나 구체적인 결과물을 내놓지 않는 워크숍 형태의 회의체라는 한계를 가지고 있기도 하다. 하지만 이러한 문제를 인식하고 실행력을 높일 수 있는 방안에 대해서도 많이 논의되고 있는 만큼 향후에 IGF의 영향력이 높아 질 수 있는 가능성도 있다. 인터넷 거버넌스의 대표적인 회의체로서의 위상과 역할은 인공지능 거버넌스의 형성과 운영에도 좋은 참고가 될 것이다.

FIVE

알고리즘 너머,
미지의 영역을 찾아서

알고리즘 세상의 끝은 어디일까?

알고리즘이 세상을 바꾸고 있다. 세계는 점점 더 알고리즘이 지배하는 세상으로 변화하고 있다. 한마디로, 알고리즘 세상이 세계를 삼키고 있다. 그런 만큼, 알고리즘을 활용하되 인간을 위한, 그리고 모두를 위한 새로운 세상을 준비하자는 목소리도 점점 높아지고 있다. 이러한 소용돌이 속에서 근본적인 질문을 하나 던지고 답을 한번 생각해보자. '알고리즘 세상의 끝은 어디일까?'

일반적으로 문학작품은 기승전결로 이루어진다. 기승전을 거쳐 결말까지 가야 비로소 문학작품은 끝이 난다. 같은 논리로 알고리즘의 끝을 가늠해보기 위해, 알고리즘 세상의 기승전결을 간단히 한번 정리해보자.

기: 알고리즘의 시작

아마도 알고리즘 세상은 그게 알고리즘인지 뭔지도 모르는 상태에서 시작되었을 듯 싶다. 알고리즘 세상은 실은 수천년 전부터, 아니 인류 역사의 시작과 함께 있어왔다고 하는 것이 맞을 듯 싶다. 인간이 존재하는 한, 또는 인간이 몸과 함께 두뇌를 가지고 존재하는 한 알고리즘 세상은 인간과 함께 해왔다고 할 수 있다.

예를 한번 들어보자. 머나먼 수렵시대에 인간은 생존을 위해 사냥을 했다. 어떻게 하는 것이 더 효율적이고 효과적으로 사냥을 하는 것인지에 대한 알고리즘을 끊임없이 생각하고 적용했을 것임에 틀림없다. 알타미라 동굴에 벽화를 그릴 때도, 어떻게 그리는 것이 가장 잘 그리고 가장 오래 보전될지에 관한 알고리즘을 생각하고 또 생각했을 것이다. 그렇게 보면 알고리즘의 실질적인 시작은 곧 인간역사의 시작과 같이 한다는 결론에 다다른다. 알고리즘이라고 이름은 붙여지지 않았지만, 인류가 존재하면서부터 지금까지 지난 수억 년 동안 알고리즘은 실은 인류가 가진 귀중한 기술의 일부였다고 할 수 있다.

승: 알고리즘의 질주

컴퓨터와 인터넷과 디지털이 확산되면서 알고리즘의 본격적인 질주가 시작되었다. 컴퓨터와 인터넷을 움직이는 모든 동작원리는 알고리즘에서 시작해서 알고리즘으로 끝난다고 해도 과언이 아니다. 컴퓨터와 인터넷은 물론이고 모든 디지털기기들과 그 위에서 제공되는 모든 디지털기반 비즈니스와 서비스들도 알고리즘기반으로 움직인다. 일반인들도 코딩을 통해 알고리즘을 학습하는 알고리즘 대중화 시대가 되었다.

'Software is eating the world.' 최초의 웹 브라우저인 모자이크와 넷스케이프를 발명한 마크 앤드리센 Mark Andreessen 이 2011년 월스트리트저널에 기고한 글에서 남긴 유명한 말이다. 알고리즘의 질주 시대를 단 한마디로 표현한 것이라고 할 수 있다.

전: 알고리즘의 전환과 업그레이드

2010년대 이후 빅데이터, 인공지능, 블록체인과 같은 새로운 디지털
기술의 등장과 확산으로 알고리즘은 전혀 새로운 전환기를 맞이해서
업그레이드된다. 특히, AI기술의 발전으로 지능화, 분석, 예측 등이
기존과는 차원이 다르게 가능해진 강력한 알고리즘의 신세계를 맞이
하게 되었다. 그 결과, AI기반의 알고리즘이 지배하는 세상이 앞으로
한동안 계속될 것으로 예상된다.

그렇게 되면 마크 앤드리센의 명언은 다시한번 수정되어야 할 듯
싶다. 'Software is eating the world.'에서 'Algorithm is eating the
world.'로. SW를 넘어 알고리즘, 특히 AI기반의 알고리즘은 온 세상
을 삼키고 있다. 알고리즘은 민간과 공공의 비즈니스와 서비스를 지배
하기 시작했다. 머지않아 거의 모든 경제사회활동을 지배하게 될 것이
다. 거의 모든 사회운영시스템까지 지배할 가능성이 높다. 그뿐만 아
니다. 개인개인의 활동과 관계, 이성과 감정, 사고와 영혼까지 지배할
지도 모른다. 지금처럼 간다면 도대체 알고리즘의 끝은 어디일까?

결: 알고리즘의 끝

지구 전체를 삼킬 듯한 거대한 쓰나미가 되어 돌진해오고 있는 알고리
즘 세상의 끝은 도대체 어디일까? 향후 수신 년간 아니 어쩌면 향후
수백 년간 끝이 없이 계속될 듯한 알고리즘 세상에 과연 끝이 있을까?
정확한 답은 몰라도 산업혁명에 관한 역사를 통해 알고리즘 세상의 미

래와 알고리즘 세상의 끝에 관한 느낌은 얻을 수 있을 것 같다. 산업혁명은 250여년전에 시작되었지만, 증기기관, 공장, 전기, 산업화를 거쳐 지금도 계속되고 있다. 지금 진행되고 있는 AI혁명조차도 제4차 산업혁명이라고 부르고 있는 것이 그 증거의 하나다. 알고리즘 세상도 마찬가지일 것 같다. 부르는 이름은 조금씩 바뀔지는 몰라도 어쨌듯 알고리즘 세상의 진화와 발전은 끝이 없이 계속될 듯 싶다.

그러나 그렇다고 해서 알고리즘 세상의 끝이 없다고 말해버리면 안된다. 모든 것은 차면 넘친다. 작용과 반작용의 법칙이 작동해서, 작용이 강하면 반작용도 생기기 마련이다. 희소성의 법칙이 작동해서, 알고리즘이 차고 넘쳐서 희소성이 없어지면, 희소성이 있는 다른 대안을 추구하게 되는 것이 인간의 본성이다. 정-반-합의 법칙이 작동해서, 알고리즘의 부작용과 폐해를 넘어서는 더 나은 새로운 세상을 추구하는 것이 인간의 본능적인 욕망이다. 그런 까닭에 알고리즘 너머의 세상은 반드시 존재한다. 아니 우리는 인간 중심의 더 나은 세상을 위해서라도 알고리즘 너머의 새로운 세상을 반드시 추구해야 한다.

알고리즘이 삼킨 미래의 세상은 어떤 모습일까? 크게 세 개의 세상이 떠오른다. 첫 번째 세상은 알고리즘이 만드는 디스토피아 세계다. 영화 〈The Giver(기억전달자)〉에 나오는 세상과 비슷한 모습이다. 알고리즘이 삼킨 두 번째 세상은 알고리즘 유토피아 세계다. 실제로 미래에 존재할지 안할지는 모르지만, 알고리즘으로 우리 인간이 원하는 모든 것이 완벽하게 실현되는 세상이다. 알고리즘이 만드는 세 번째 세상은 알고리즘을 넘어선 새로운 더 나은 세상이다. 알고리즘과 인간이 조화롭게 녹아든 새로운 이상향이다. 하나씩 한번 살펴보자.

알고리즘 디스토피아: 영화 〈The Giver(기억 전달자)〉와 같은 세상

알고리즘이 완벽하게 세상을 삼킨 결과, 우리의 의도와는 다르게 유토피아가 아닌 디스토피아가 올 수도 있다. 물론 인간의 합리적인 이성이 작동하는 한 그럴 가능성은 매우 낮지만, 알고리즘 디스토피아가 어떤 이미지를 가진 세상인지 스케치해보는 것은 더 나은 미래를 만들기 위한 사전작업으로 매우 유용한 일이다.

알고리즘 디스토피아는 한마디로 영화 〈The Giver(기억전달자)〉에 나오는 세상의 모습이다. 〈The Giver〉는 1993년 출간된 로이스 로리 Royce

Roly의 SF소설로, 2014년에 영화로 만들어지기도 했다. 줄거리를 간단히 소개하면, 알고리즘을 통해 모든 것이 통제된 제한 사회, '커뮤니티'는 겉으로 보기에는 모든 것이 완벽해보이는 세계다. 과거의 역사에서 벌어졌던 전쟁, 기아, 기근 등 모든 재앙들을 방지하고 완벽한 사회를 만들기 위해, 커뮤니티는 '늘 같음 상태' sameness 라는 개념을 창시하여 이 늘 같음 상태를 깨는 모든 요인들을 알고리즘으로 통제하게 된다.

커뮤니티가 알고리즘으로 통제한 것들의 예를 들면 다음과 같다. 날씨는 늘 같음 상태로 조절된다. 구성원들의 뇌에서 색깔과 음악이라는 개념을 지워버렸다. 이동수단은 자전거로 제한된다. 한 가정은 엄마, 아빠, 남자아이, 여자아이의 4명으로만 구성되며, 배우자와 자식은 커뮤니티에서 지정한다. 구성원의 외모, 의복, 식사량은 검열되고, 감정도 철저히 검열된다. 아이들은 매년 12월 기념식마다 다른 권한과 지급품을 부여받으며, 12살에는 직업을 배급받는다. 차이를 언급하거나 자랑하는 일, 서로 다르다는 사실은 불편한 감정으로 치부된다.

12살이 된 소년소녀들에게 커뮤니티가 직업과 직위를 배정해주는 기념식 날, 주인공 조너스는 '기억 보유자'란 직위를 받게 된다. 그 후 조너스는 선대의 기억 보유자였던 기억 전달자에게서 기억을 하나하나 전달받으며, 커뮤니티가 통제하며 잃어버린 감정들을 되찾고 커뮤니티 이전 시대의 기억들을 얻게 된다. 점차 기억을 전달받으며 조너스는 사랑, 슬픔, 고통 등의 다양한 감정들을 알게되며 커뮤니티의 모순을 깨닫게 된다는 줄거리다.

〈The Giver〉는 알고리즘이 완벽하더라도 모든 사람들에게 일률적으로 적용될 때 어떤 디스토피아가 될지에 대해 극단적인 예를 들어 소개하고 있는 셈이다. 이 소설과 영화의 교훈은 단순하고 강력하다. 알고리즘 세상을 만들되, 개인개인의 감정과 감성과 공감을 느끼고 존중하고 향유할 수 있는 행복한 세상이어야 한다는 것이다.

알고리즘 유토피아 세상

영화나 소설로 잘 묘사된 것을 아직 보거나 읽지는 못했지만, 알고리즘 유토피아 세상은 한마디로 〈The Giver〉에서 소개하는 세상과는 정반대의 세계다. 알고리즘을 통해 모든 개인이 각자 원하는 세상을 완벽하게 구현한 세계다. 현실적으로 가능할지 어떨지는 모르지만, 어쨌든 이론적으로는 구현이 가능한 세계다.

알고리즘의 힘을 빌어서, 내가 하고 싶은 모든 비즈니스와 내가 해보고 싶고 경험하고 싶은 모든 활동을 내가 원하는 대로 할 수 있는 세계다. 그뿐만 아니다. 내가 느끼고 싶은 모든 감정과 내가 경험하고 싶은 모든 정신활동조차도 알고리즘의 힘을 빌어 완벽하게 이룰 수 있는 세계다. 한마디로 알고리즘의 힘을 빌어 모든 개인개인이 신이 되는 세계다.

여기서 세 개의 근본적인 질문을 한번 던져보자. 첫 번째 질문. 이런 세상이 현실적으로 정말 실현이 가능할까? 두 번째 질문. 실현가능하다면, 사람들은 과연 이런 세상을 진정으로 원할까? 세 번째 질문. 알고리즘 유토피아 세상이 되면 사람들은 이제 더 이상 원하는 것은 없을까?

우선 첫 번째 질문에 대한 대답. 알고리즘 유토피아에 아주 가까운 모습의 세상은 불가능하지도 않을 것 같다. 알고리즘의 파워로 알고리즘 유토피아와 유사한 세상은 구현가능할 수도 있을 것 같다. 그런데 두 번째 질문과 세 번째 질문에 대한 대답이 문제될 수 있을 듯하다. 필자의 견해로는 알고리즘 유토피아가 설령 실현가능하다고 하더라도, 사람들은 이런 세상을 두고두고 원하지는 않을 것 같다. 사람은 합리성과 이성만 가지고 있는 것이 아니라 비합리성과 감성과 영혼도 가지고 있는 존재이기 때문이다. 사람은 과학으로만 설명가능한 존재가 아니기 때문이다. 사람의 욕망은 끝이 없기 때문이다.

그렇다면 사람들이 진정으로 원하는 미래의 세상은 알고리즘 디스토피아도 알고리즘 유토피아도 아닐 것 같다. 알고리즘 디스토피아보다는 알고리즘 유토피아에 훨씬 가깝되, 알고리즘을 넘어선 인간의 향기가 나는 그런 제3의 세상을 지향할 것 같다. 이에 대해서는 아래에 설명하는 알고리즘 너머의 새로운 세상에서 조금 더 구체적으로 살펴보자.

알고리즘 너머의 새로운 세상

알고리즘 디스토피아도 아니고 알고리즘 유토피아도 아닌, 알고리즘을 넘어선 새로운 세상이란 도대체 어떤 세상일까? 한 마디로, 알고리즘과 인간이 조화롭게 녹아든 새로운 이상향이다. 한편으로는 알고리즘의 혜택을 완벽하게 누리되, 또 한편으로는 알고리즘이 감히 범접할 수 없는 인간만의 장점과 매력도 한껏 맛볼 수 있는 세상이다.

이런 세상을 만들려면 어떻게 해야할까? 알고리즘의 파워를 높이기 위해 연구하고 노력하는 이상으로, 인간만이 가진 미지의 세계를 이해하고 인간만이 가진 장점과 매력을 높이기 위해 심혈을 기울이는 작업이 병행되어야 한다. 알고리즘에 신경쓰는 이상으로 인간 자체에 신경을 써야 한다는 얘기다. 이에 대해서는 아래에서 조금 더 구체적으로 살펴보자.

5 - 3 알고리즘을 넘어, 인간이 진정 원하는 미지의 세계를 찾아서

알고리즘은 기본적으로 과학의 영역이다. 그런데 인간은 어떤가? 과학의 영역도 있지만, 과학으로서는 도저히 풀 수 없는 영역도 있다. 인간에 관한 과학의 영역조차도, 과학의 다른 영역에 비해 가장 개척이 덜 된 미지의 세계다. 뇌과학 하나만 보아도 그렇다.

그런 점에서 알고리즘 너머의 바람직한 새로운 세상을 찾고 누리려면 인간이 가진 미지의 세계를 찾는 노력을 한층 더 기울여야 한다. 한마디로, 인간 자체를 더욱더 끈질기게 연구하는 것이 알고리즘을 넘어서 새로운 더 나은 세계를 창조하는 최고의 방법이 될 수 있다.

알고리즘의 새로운 역할: 인간의 신비를 푸는 인간과학 알고리즘

앞에서 살펴본 알고리즘 세상의 기승전결로 다시한번 되돌아가보자. 알고리즘 세상의 시작은 그것이 알고리즘인지도 모르고 시작되었다. 알고리즘이라고 이름은 붙여지지 않았지만 알고리즘의 실질적인 시작은 인류역사의 시작과 같이 했다. 이것은 무엇을 말하는가? 몸과 뇌를 가진 인간의 모든 사고와 행동은 원시시대부터 인간 스스로도 모르게 알고리즘적 패턴을 가지고 있었다는 얘기가 된다.

알고리즘 세상의 본격적인 발전은 특히 과학기술분야에서 두드러지게 나타났다. 수학, 화학, 물리학, 의학, 공학 등 각 분야의 학문이 체계적으로 발전하면서 학문 분야별로 저마다의 알고리즘 세계를 형성해가기 시작했다. 그러다 컴퓨터와 디지털이 확산되면서 알고리즘이란 고유의 이름을 가지고 알고리즘의 본격적인 질주가 시작되었다. 그럼에도 불구하고 이 시기조차도 알고리즘의 존재 의의는 컴퓨터와 기술이 풀어야 할 계산문제, 최적화문제라고 생각하는 경향이 강했다.

이러한 과학기술분야의 역사와는 별도로 최근 1~2세기간에 걸쳐 인문과학과 사회과학의 발전도 눈부시게 일어났다. 사회학, 심리학, 통계학, 경영학, 경제학, 인문과학 등의 분야에서도 인간행동과 인간심리, 인간자체에 관한 체계적인 연구가 이루어지고 성과가 축적되기 시작했다. 그러면서 알고리즘은 기술이 풀어야 할 문제에서 인간이 풀어야 할 문제와 인간을 이해하기 위해 풀어야 할 문제로 그 영역을 대폭 확장시켜 나아갔다. 그리고 그 와중에 AI기술이 등장하였고, AI기술기반의 알고리즘은 기존의 모든 알고리즘 세계의 파워를 단번에 업그레이드시켰다.

AI기반의 알고리즘은 우리 인간이 풀고 싶은 거의 모든 문제를 풀어갈 것으로 예상된다. 그리고 아마도 그 마지막 영역이 인간의 신비를 푸는 문제가 아닐까 하는 생각이 든다. 알고리즘이 거의 모든 경제사회활동은 물론이고 개인의 사고와 행동까지 좌우하는 보이지 않는 메커니즘으로 작동할 가능성은 거의 확실하다. 그럼에도 불구하고 인간 자체는 그렇게 만만하게 정복될 것 같지는 않다. 인간의 마음 하나하나가 소우주라는 말도 있지 않은가? 그런 점에서 인간의 신비를 풀어가는 인간과학 알고리즘이야 말로 알고리즘의 가장 높은 단계이자 가장 주목받게 될 새 영역이 되지 않을까 싶다. 쉽지는 않겠지만 그렇게 인간 자체의 알고리즘을 이해하면 할수록, 당연히 인간의 가능성은 더욱더 커질 것이다.

인간, 그 미지의 존재: 인간의 무한한 내적 세계와 새로운 가능성

《인간, 그 미지의 존재 Man, the Unknown》은 노벨 물리학상 수상자 알렉시스 카렐 Alexis Carrel 이 1935년에 출간한 책의 제목이기도 하다. 80년도 넘은 오래 전에 쓰여진 책이지만, 지금에도 여전히 인간의 가능성과 그 미래에 대한 예언적 명저로서 평가받고 있다. 인간의 가능성에 관해 저자가 피력한 핵심내용을 필자나름대로 간추려보면 대략 다음과 같다.

지금까지 과학은 오로지 인간의 호기심을 충족시키는 방향, 말하자면 바깥세계를 향해서만 발달되어 왔다. 그 결과, 모든 과학 중에서도 인간에 관한 과학의 발달이 가장 늦었다. 뿐만 아니라, 모든 과학 중에서 인간에 관한 과학이 가장 어렵다. 지금까지 인간에 관한 각각의 과학은 공통의 대상인 인간에 대해 당연히 다른 의견을 내놓았다. 해부학, 화학, 생리학, 심리학, 교육학, 역사학, 사회학, 경제학, …… 각각의 학문은 인간이란 공통대상을 이해하기 위해 같은 대상에 대해서 서로 다른 알고리즘을 제시해온 셈이다. 인간 안에는 광대한 미지의 세계가 존재한다. 특히, 인간이 가진 광대한 미지의 내적 세계는 아직 잘 알려지지 않았다. 때로 인간에게는 측정할 수 있는 것보다는 측정할 수 없는 것이 더 중요하다.

《인간, 그 미지의 존재》는 한마디로 인간 안에 광대한 미지의 세계가 존재하고 있음을 강조하고 있다. 알고리즘을 넘어서 인간의 무한한 내적 세계가 존재하고 있음을 역설하고 있다. 알고리즘을 넘어선 인간의 무한한 내적 세계는 알고리즘을 넘어선 인간의 가능성, 특히 인간의 마음과 정신세계의 무한한 미래와 가능성에 관한 것이다.

알고리즘 vs 인간의 미래 ≒ AI vs 인간의 미래

알고리즘과 인간의 미래에 관한 논의를 할 때 유용하게 활용할 수 있는 관련논의는 AI와 인간의 미래에 관한 것이다. 필자의 생각으로는, 알고리즘과 인간의 미래에 관한 논의는 AI와 인간의 미래에 관한 논의와 동의어가 될 가능성이 대단히 높다. 그런 점에서, 여기서는 알고리즘과 인간의 미래를 유추해보기 위해 AI와 인간의 미래에 대해 한번 생각해보자.

AI와 인간의 미래간 관계에 대해서 많은 전문가들이 수많은 의견을 제시하고 있지만, 가장 공감할 수 있는 의견으로는 마이크로소프트의 CEO인 사티아 나델라Satya Nadella 가 제시한 것을 들 수 있다. 사티아 나델라는 저서《히트 리프레시 Hit Refresh》에서 AI와 인간의 바람직한 미래에 관해 누구보다도 통찰력있는 의견을 피력하고 있다. AI시대를 맞이하면서 많은 사람들이 기계와 인간, 인공지능과 인간노동을 대립적인 개념으로 생각하지만 결코 그렇게 아니라는 것이다. 기계와 인간, AI와 인간은 대립할 존재라기보다는 협력할 대상이라고 본다.

사티아 나델라의 이러한 견해는 알고리즘과 인간의 미래에 대해서도 마찬가지로 적용가능하다. 알고리즘과 인간을 대립적인 관점이 아니라 협력적, 통합적 관점에서 바라보아야 한다는 얘기다. 다시말해, 한편으로는 인간을 위해 알고리즘의 파워를 최대한 활용하되, 다른 한편으로는 알고리즘을 넘어서 인간만의 세계를 추구해야 한다는 것이다.

그런 점에서 유발 하라리가 자신의 최근 저서 《21세기를 위한 21개의 제안》에서 인간의 미래를 위해 던지는 아래의 제안도 매우 설득력이 있다.

"알고리즘은 점점 더 우리에게, 우리의 삶에 영향력을 미치고 있다. 그렇다고 모든 것을 알고리즘에 맡길 것인가? 아니다……. 우리 개인의 존재와 삶의 미래에 대한 통제권을 갖고 싶다면 알고리즘보다 더 빨리 달려야 한다.(마치 거울나라의 앨리스처럼……)"

필자는 AI와 인간의 미래에 관한 사티아 나델라의 통찰력 넘치는 의견과 알고리즘과 인간의 미래에 관한 유발 하라리의 상기의 제안을 합체해서 이렇게 말하고 싶다.

"알고리즘과 인간은 대립할 존재라기보다는 협력할 대상이다. 우리는 인간을 위해 알고리즘의 파워를 최대한 활용하되, 알고리즘을 넘어서야 한다. 보다 나은 인간 삶의 미래를 위해 알고리즘을 넘어서는 새로운 휴머니즘을 추구하고 또 추구해야 한다."

5 - 4 계산되지 않는 인간만의 세계, 휴머니즘 르네상스를 향해

계산되지 않는 인간만의 세계를 찾아서

알고리즘은 근본적으로 계산적이다. 그 대상이 민간 비즈니스이든 맞춤형 공공서비스이든 개인의 의사결정이든 알고리즘은 뭔가의 계산에 기초한다. 그러나 이 세상에는 계산되지 않는 세계도 존재한다. 계산되는 것보다 더 나은 방법이 존재하는 세계가 있다. 인간이 관여되는 세계, 특히 인간의 마음, 정신, 영혼과 관계된 세계는 더욱 그렇다.

명상의 세계를 예로 한번 들어보자. 물론, 명상의 세계에서도 알고리즘이 적용되고 활용될 가능성은 크다. 예를 들어, 더 집중해서 더 깊이 명상의 세계로 빠져 들어가는 방법이 있다면, 그것은 어쩌면 알고리즘 세상에 가까운 세계다. 그러나, 명상을 통해서 불현듯 떠오르는 기발한 아이디어, 천금 같은 통찰력, 천상에 오른 듯한 충만감과 행복감 같은 것들은 알고리즘을 통해 얻거나 알고리즘 세계의 메커니즘으로는 설명하기 어려운 분야다. 그런 점에서 알고리즘을 넘어서 계산되지 않는 인간만의 세계는 존재한다. 아니 어쩌면 그런 세상이 우리가 생각하는 것보다 어마어마하게 넓고 광대할 수 있다. 여러가지 이유로 여태까지 찾아지지 않았을 뿐이다.

아름다운 자연 속을 거닐며 산책하는 경우도 마찬가지이다. 아름다운 자연이 어디에 있는지, 그 곳을 언제 어떻게 가는 것이 좋은지, 그 자연 속에서 어떻게 거닐고 산책하는 것이 좋을지 등은 알고리즘을 통해 최상의 결론을 얻을 수 있다. 그러나 여기서도 알고리즘 이상의 세계는 존재한다. 아름다운 자연 속을 거닐면서 느끼는 여유와 행복감, 갑자기 떠오르는 문제의 해결책, 자연과의 일체감과 무아지경과 같은 것은 알고리즘으로 만들거나 설명이 되기 어려운 부분들이다. 그런 점에서도 알고리즘을 넘어선 계산되기 어려운 인간만의 세계는 반드시 존재한다.

명상의 세계나 자연 속 산책뿐 아니다. 종교의 세계, 예술의 세계, 문학의 세계, 철학의 세계 등의 영역을 떠올려보면, 이들 도메인에서도 알고리즘이 기여하는 영역과 알고리즘을 넘어서는 영역이 존재할 듯하다. 그런 영역을 찾는 것은 이제 온전히 우리들의 몫이다. 만일 그런 영역에서 우리가 알고리즘을 넘어서는 새로운 세계를 찾고 창조하고 향유할 수 있다면, 우리 인류의 진정한 행복과 발전은 계속될 것이다. 그것이야말로 알고리즘에 종속되지 않고 알고리즘으로 계산되지 않는 인간만의 더 나은 세계 새로운 신천지를 찾아가는 휴머니즘 르네상스로의 초알고리즘 탐험이다.

알고리즘 세계를 넘어, 휴머니즘 르네상스를 향해

수천 년전 모든 학문이 존재하기 이전에 신학과 철학이 있었다. 인간이란 무엇인가? 우리는 왜 사는가? 인생의 진정한 의미는 무엇인가? 어떻게 살 것인가? 소크라테스, 플라톤, 아리스토텔레스, 공자, 노자,

장자 등을 포함한 동서양의 수많은 철학자들이 인간, 존재, 삶, 인생 등에 관해서 이런 근본적인 질문을 던지고 답을 구하려 했다.

AI기반의 알고리즘이 인간을 포함해서 세상의 모든 것을 삼키고 지배하려 하는 이 시점에서, 우리에게는 우리 인간의 미래를 위한 새로운 철학이 다시 한번 절실히 필요하다. '우리는 왜 사는가?' '인생의 의미는 무엇인가?' '어떻게 살 것인가?'와 같은 오랜 철학적인 질문도 필요할 뿐만 아니라 알고리즘 세계를 넘어서 더 나은 인간의 미래를 위한 새로운 철학적 질문들도 묻고 답하고 해야 한다. 인간과 동물만 공존하던 시대를 넘어서, 인간과 AI, 인간과 로봇, 인간과 알고리즘이 공존해야 하는 시대가 다가오기 때문에 더욱더 그렇다.

신들이 사람처럼 살던 세계를 그린 《그리스 로마신화》를 보면 신은 신으로만 존재하지 않는다. 신들에게도 사람과 같은 인간미, 감정, 어리석음, 사랑, 행복감, 고통 같은 것들이 있었다. 사람들이 신처럼 사는 미래 세계를 그릴 《알고리즘 미래신화》가 있다면 이와 마찬가지일 듯 싶다. 사람은 결코 알고리즘 신화로만 살아갈 수 없다. 여전히 사람다움humanism을 그리워하고 추구하게 될 것이다. 아마도 지난 어느 때의 인류역사에서보다도 더욱더 강하게 그리워하고 추구하게 될 것이다. 인간은 뭔지 모르지만 지금보다 더 나은 것을 향해 도전하는 무한한 의지와 욕망을 가진 존재이기 때문이다. 그런 점에서 우리 인류는 미래에도 알고리즘 세계를 넘어, 인류가 진정 원하는 새로운 휴머니즘 르네상스를 그리며 나아갈 것으로 예상된다. 그렇게 희망한다. 아니 반드시 그렇게 될 것으로 믿는다.

알고리즘 시대의 인생 전략

지금까지는 사람이 하던 일을 기계가 대신하기 시작한 지 오래다. 하지만 미래가 흥미로운 것은 그 기계가 모든 이의 손에 들리게 되었고, 모든 이들이 스스로 그 기계를 삶의 일부로 받아들이고 있다는 점이다. 내심 변화가 두렵기는 19세기의 노동자와 마찬가지지만, 19세기의 노동자처럼 기계를 부수러 일어서기는커녕 손안의 기계를 소중히 어루만지고 있다.

이처럼 변화가 거북하지만 자기 스스로 변화의 일부가 되어 버리고 있는 아이러니가 마음껏 알고리즘을 부흥하게 하고 있다. 이제 그간 우리가 서로 얼굴을 보고 악수를 나누며 지켜 온 어제와 똑같은 따뜻한 오늘이 스마트폰의 터치 몇 번으로 생면부지의 타자와 조금이라도 서로 득이 되는 조건에서 순식간에 거래될 수 있는 차가운 내일로 바뀌어 가고 있다.

이제 일상의 모든 활동은 데이터베이스 안의 행렬이 되어 가고 있다. 결국 모든 것은 수치, 이제 계산되고 필터링될 수 있다. 그 과정에서 과거에는 인정받지 못했던 가치가 재발굴될 수도 있고, 또 중간자의 게으름 혹은 무지에 의해 묻혀 있었던 가치가 마치 데이터베이스의 자료를 연계하듯 새롭게 조인될 수도 있다. 이는 분명 그동안 저평가되었던 가치들에게는 새로운 기회이겠지만, 어제와 같은 오늘을 묵묵히 지켜 온 이들에게는 갑작스럽고 황망한 혼돈일 뿐이다. 관례와 관습이 그리고 제도와 규제가 지켜 왔던 나의 일상이 언제든 코드에 의해 재조립되어 새로운 이에게 기회를 주는 세계를 알고리즘은 만들어 내려 한다.

변화란 기념일을 정해 축포와 함께 찾아오지는 않는다. 이미 그 변화는 시작되었다. 우리 손에 스마트폰이 쥐어지기 시작한 이래, 아무리 일거리를 찾느라 궁핍한 상태에서라도 스마트폰만큼은 손에 쥔 개인들은 이제 이미 시스템에 연결된 전자 세포와 같은 존재가 되었다. 그리고 그 안에서 오락과 여흥을 찾고 정보를 탐색하며 디지털에 대한 거부감을 잃게 된 지금 우리는 이미 알고리즘의 일부가 되어 가고 있는지도 모른다. 알고리즘은 우리의 일상을 가차 없이 대체해 가고 있다. 마치 포크레인이 피라미드의 노동자를 대체한 것처럼, 지나고 나면 우리의 많은 노동은 대체되어 있을 터다. 하지만 그렇게 대체된 노동이란 우리가 원래는 하고 싶어했을 리 없는 노동이었을 것이다.

이를 두려워하며 알고리즘과 경쟁하는 데 신경이 날카로워진다면 어느새 우리의 가치가 기계 이하로 떨어지는 것을 우리가 용인했다는 신호일 수 있다. 그러나 꼭 그렇지만은 않다.

알고리즘만으로 완결된 세상에도 인간의 의사 결정은 필요하다

코드와 기계도 앞으로는 상품과 서비스를 포함한 재화를 만들 수 있을 것이다. 그러나 누구나 재화를 만들 수는 있지만 선택받는 재화란 일부에 불과하다.

그것이 제품이든 서비스든 결국 소비자의 선택을 받는 것은 혼이 담긴 1%의 차이다.

예컨대 아이폰이 아이폰이 될 수 있었던 것은 1%의 차이였다. 그 전에도 기술적으로 비등한 수많은 PDA와 스마트폰이 존재했지만 스마트 시대는 열리지 않았다. 이는 사람의 몫이다. 소위 '휴먼 터치'다. 언젠가 이마저도 인공지능이 대체할 수 있다고 공상과학을 쓸 수는 있지만, 그런 특이점에 대한 기술적 낙관은 여전히 몽상일 뿐이라고 엔지니어들은 여전히 이야기한다.

서비스의 경우도 마찬가지다. 관리든 '케어'든 최종적인 '컨펌'이든 마지막에는 사람이 필요하다. 혹자는 고용 총량을 이야기하며 불안해하지만, 피라미드 건설의 가공할 노동자수가 인류의 행복을 의미한다고는 생각하지 않는다. 예속의 삶에서 벗어난 그 이후의 인류는 어딘가에서 더 의미 있는 일자리와 삶의 방식을 분명히 찾아냈다.

지금의 자리가 사라져 내 가치가 사라진다는 두려움보다도, 새로운 도구의 등장으로 지금까지 발휘되지 못했던 새로운 가치를 내가 만들어낼 수 있을지 모른다는 낙관이 진보를 만든다. 마치 워드프로세서와 웹브라우저의 등장으로 한때는 호사가의 취미였던 수필가가 지금은 전국민의 취미가 되어버린 것처럼. 그렇게 도구는 인간을 강화한다.

어쩌면 우리는 이미 착취되고 있다

우마(牛馬)처럼 일하지 않아도 되는 세상을 만든 우리는 이제 기계처럼 일하지는 않아도 되는 세상을 만들려 한다. 기계가 할 수 있는 일을 우리가 하고 있다면 그 일은 분명히 대체될 것이다. 로봇팔이 공원(工具)

을 대체하듯 알고리즘은 사무직을 대체할 수 있다. 화이트 컬러 이후의 세계는 그렇게 새벽처럼 찾아올지 모른다.

그 날이 오면 우리 스스로도 아직 충분히 인지하지 못하는 가능성을 발견하고 놀랄 수 있다. 놀다 보면 '잉여력'이 폭발하듯 작업이 자동화될 때 벌어지는 일이 있다. 전기밥솥과 식기세척기 덕분에 셰프는 '가니쉬'에 조금 더 신경을 쓸 여유가 생기는 것과 마찬가지다.

수많은 음식을 기계가 만들고 있지만, 기계가 찍어내는 음식에는 그러한 '휴먼 터치'의 부가가치가 없다. 여전히 인간은 인간에게서 가치를 찾아 헤맨다. 어쩌면 우리는 매일 출근하며 일을 하고 있지만 시스템의 일부가 되어 내가 발휘할 수 있는 그 가치를 잊고 살았을 수도 있다. 내게 내 일을 대신할 수 있는 손과 발이 마치 중장비처럼 주어진다면 산을 옮길 수도 있었는데, 여전히 피라미드의 노동자로 살고 있었던 것일지도 모른다.

자리 대신 도구를 찾아

인간은 누구나 변화를 두려워한다. 본능이다. 내 자리를 지키고 싶고, 영원히 오늘이 지속되기를 바랄 수도 있다. 하지만 그렇게 모두가 자리에서 일어나지 않는 사회란 급속히 정체되어갈 뿐이다. 대신 새로운 도구를 익혀 그 도구로 가치를 발굴해 내는 이들, 그러한 동기를 타인에게도 부여하면서 새로운 행동을 감행하는 이들에게 가치가 모이고 있다.

예컨대 유튜버라는 새로운 가치 시스템도 기존의 자리와는 다른 삶의 행태다. 이처럼 종래의 자리 대신 플랫폼에서 기회를 찾는 일들이 점점 벌어지고 있다. 도구를 먼저 손에 잡은 이들이 도구를 구사하기 시작하며 격차를 만드는 셈이다. 그리고 그 도구는 인력을 능가하기 분명히 혼돈을 야기할 것이다. 그러나 아무래도 좋다. 그렇게 인류가 피라미드의 돌을 나르는 일의 무의미함을 깨닫고 새로운 일을 찾을 수 있었으니 말이다.

알고리즘이 가져올 개척시대를

새로운 정권에는 으레 새로운 경제관과 새로운 경제 정책이 뒤따른다. 신정부 출범이란 애당초 새로운 살림살이에 대한 기대로 가능했던 일이기에 이는 당연하다. 일국의 거시경제란 정부가 취한 입장에 따라 전혀 다른 방향으로 나아가곤 한다. 재정과 금융에 대해 정부가 취할 수 있는 직접적인 정책 수단뿐만 아니라, 정부는 그 정책 방향을 통해 시장에 신호를 보낼 수 있다. 정권의 메시지야말로 시장과 그 안에서 살아가는 개인들이 부지불식간에 받아들이는 가장 강력한 시그널 중의 하나인 셈이다.

　　예컨대 중후장대한 2차 산업을 중시한 대한민국의 전후 정책 방향은 국민들의 대기업과 공기업 선호현상으로 지금까지 이어지고 있다. 그런 의미에서 정부의 메시지란 한 사회의 미래 설계에 더없이 중차대하고, 정부 출범시 어떤 비전과 방향을 천명하느냐에 따라 실제로 시장은 요동치곤 한다.

따라서 정부의 말 속에서 정부의 역할은 어떻게 변해 가는지, 또한 무엇보다도 앞으로 달라질 경제 속에서 우리의 삶은 아무쪼록 풍요를 찾아갈지 어떨지 궁금해질 수밖에 없다. 그 과정에서 실망하기도 좌절하기도 희망을 품어보기도 할 수밖에 없는 이유다.

사실 '경제'라는 단어가 지닌 그 본질적인 '비(非)과학'도 만만치 않다. 경제학이란 특히 거시경제학이란 실험에 의한 재현과 증명이 힘든 만큼 명제의 진위를 참으로 따지기 힘든 학문이다. 이는 경제학이라는 학문 자체가 자연과학이 아니기 때문이라기보다도 학문으로서의 경제학이 다루는 대상이 바로 우리의 생활, 즉 총체적인 사회와 삶인 이상 전제를 마련해 합의하고 이를 이론적으로 그리고 실증적으로 증명하고 반증하는 일이 참으로 어렵기 때문이다. 신자유주의도 심지어 공산주의도 아직까지도 각자의 공간에서 서로가 정답이라며 상존하고 있는 이유도 결국은 자신의 명제가 참임을 주장하면 그것으로 끝일 수밖에 없는 그 한계 덕이다. 물론 요즈음 경제학의 주류적 논문들은 수리적 공리 체계를 따라 그 정리를 증명하는 형식주의를 취하고 있지만, 이조차 그 전제를 부인하는 주장 앞에서는 의미가 사라진다. 이데올로기가 다르다고 상대성이론을 부인하는 일이 물리학에서는 없지만, 비슷한 일이 경제학에서는 당연한 일이 된다.

　　수많은 가설을 세우고 그 가설의 공리적 검증을 통해 성립되는 과학이 아니라, 마르크스주의처럼 공황을 예상한다거나 신자유주의처럼 사회주의 붕괴를 예상한다거나 하는 그 예상 적중에 의해 그 학문적 토대를 확보하는 것이 바로 우리들의 생활에 대한 학문, 경제학의 실체였다. 그리고 그런 의미에서 정부 정책이란 각자가 생각할 수 있는 음울한 예상대로 들어맞지 않도록 이를 피해가기 위한 학문적 접근이었다. 오죽하면 경제학의 별칭이 '음울한 과학dismal science'였겠는가.

　　정부는 정책목표를 설정해야 하고, 그에 따라 기업과 소비자는 신사업이든 투자든 이 사회의 방향성을 그려 보게 된다. 하지만 안타깝게도 정부에게는 미래를 예견할 수 있는 능력이 없다. 특히나 지금과 같이 극단적 정보화와 세계화로 개발도상국에 허락된 선형적 추격전이 힘들어진 시대의 산업정책이란 공허해지기 쉬운 법이다.

그렇다면 우리가 나아가야 할 방향은 어느 방향일까? 그것은 아마도 성장이 멈춘 그 이후의 사회가 나아가야 할 방향과 같은 것일 것이다. 대한민국이 현재 겪고 있는 수많은 갈등과 부조리는 결국 저성장 시대의 문턱에서 고성장에 길든 몸과 마음이 겪는 아픔이다. 종래의 방식, 과거의 성공체험으로 할 수 있는 일의 한계를 명확히 본 지금, 아무리 빨리 달려 본들 삶은 나아지지 않는다고 깨달은 지금, 달려야 할 방향을 다시 돌아보게 되는 것은 당연한 절차였다.

이는 비단 한국의 문제뿐만이 아니었다. 고령화로 접어든 사회, 산업화 이후 갈피를 못 잡고 있는 사회, 모든 것이 제삼 세계와 평준화되는 속도에 겁먹은 수많은 선배 선진 사회들이 이미 겪고 있는 고민이었다. 그들이 결국 찾게 된 실마리란 바로, 지식, 혹은 아이디어였다. 더 성장할 수도 그렇다고 여기서 쪼그라들 수도 없는 진퇴양난의 갈림길에서 이들에 구원의 희망을 보여준 것은 결국 누군가의 기발한 아이디어와 이 아이디어에 뒤엉켜 끌려 나온 미래의 기회들이었다.

그 뒤엉킨 미래의 기회란 어떤 모습이었을까? 그것은 바로 '무언가를 새롭게 만들어낸 이들이 먹고살 수 있는 사회'의 모습이었다. 창조적인 이들이 살아갈 수 있는 곳이었기에, 창조적인 아이디어가 생겨나온 셈이었다. 당연해 보이는 이 사회의 모습도 지금까지 '총동원된 사람들만이 먹고살 수 있는 사회'에서는 당연하지 않았다.

그동안 한국식 성장함수에서 적용 가능한 성공방정식이란 국가가 낙점한 산업 분야를 도맡을 기업집단이 만들어지고, 여기에 정직원으로 들어가, 국가 대신 가족과 공동체의 안녕을 책임지는 가장으로서의 산업전사의 '자리', 바로 이 영예로운 역할을 할 수 있을지에 초점이 맞춘 것이었다.

　그러나 모두에게 이 전사의 영예를 허하지도 못하는 저성장 시대, 이 방정식을 풀 기회조차 주어지지 않는 답답함은 청년에게도 밀려나는 은퇴세대에게도 다소 다르지만 결국은 동일한 절망을 주고 만다. 지금까지의 방식이 먹혀들지 않는 시대다. 각 정권의 정책 표어가 겉돌게 느껴진다면, 바로 이러한 변화의 시대가 찾아왔다는 공감이다. 실제로 시대는 변했다. 자유로운 어떤 개인의 지속적인 객기가 언젠가는 얻어걸려 전세계적 트렌드가 되어 버리는 일이 발생하고 있다. 종래에 체험해 보지 못한 '가치의 증폭시스템'의 존재야말로 창조적인 모든 이에게 복음이 될만한 것이었다.

　앞으로의 시대에 가능한 '대박'이란, 꾸준히 자신의 길을 간 끝에 만나게 되는 '뜬금없는 얻어걸림'인 셈이다. 정부주도의 중후장대한 투자와 총동원으로 황무지의 국토를 개간하던 당대의 기개가 산업시대의 중심으로 한국을 끌어올렸다면 이제는 손댈 것도 없고 모든 것이 이미 완성되어 차지된 포화의 왕국에 어울리는 전략은 다르기 마련이다. 그것은 아마도 아직 완성되지 않은 미지의 공간, 온라인의 영역일 수도 있고, 영원히 완성될 리 없는 유희의 공간, 엔터테인먼트의 영역일 수도 있다. 공통점은 모두 창조적 개인의 발흥에 의해서만 가능한 영역이라는 점이다.

알고리즘 시대의 세 가지 전제조건

산업시대의 주인공은 누구였을까? 지금의 대기업들은 다 이에 속한다. 제조사도 통신사도 마찬가지다. 양질의 제품을 더 많이 더 빨리 생산해 내고, 안정적 설비를 더 효율적으로 더 꼼꼼히 깔아 주는 것이 산업시대의 전제조건이었고, 이를 성실히 수행하여 지금의 위치에 우뚝섰다.

그렇지만 이미 모든 것이 만들어지고 또 이미 충분한 기간 시설이 완비된 지금 이 틈새에서 새로운 것을 만들고 새로운 기반을 꾸미는 것은 규모의 경제를 발휘할 수 있는 일부의 차지가 되어 버렸다. 그러나 모든 틈새마저 채워진 뒤에는? 커지지 않는 파이 위에서는 모두가 함께 우울할 뿐이다.

선진국의 문턱에 선 우리는 이대로는 안 된다는 것을 다시금 깨닫게 되었을 뿐이다. 이제는 돌이켜 볼 줄도 돌아볼 줄도 알게 되었고, 그 각성을 기반으로 미래를 볼 줄도 알게 되었다. 그리고 그 결과 성장국면이 멈출 때 창조적인 사람들이 살아남을 수 있는 세상인지 그 여부가 장기적인 성장을 담보할 조건임을 깨닫게 된 것이다.

만약 현시대의 속도와 방향이 불안감을 가져온다면, 새로웠던 모든 것들이 태어났던 그 전제조건들을 다시금 떠 올려 보는 것에서 시작해 볼 수도 있을 것이다.

획일적 충성심에서 다양한 '덕심'으로!

지금까지 직장인의 덕목은 충성심, 즉 리더십과 쌍을 이루는 팔로워십이었다. 왜냐하면 총동원체제에서 도열과 근태로 조직의 명령을 즉각

받드는 일이 중요하기 때문이다. 그러나 이러한 획일적 노력 대신 꾸준하고 집요하게 개인이 자신의 관심분야와 심지어 자신다움을 추구한 결과 그 조직마저도 구원해낼 혁신을 가져오곤 한다는 것이 현대기업이 오늘날 본의 아니게 그리고 뒤늦게 갖게 된 각성이다. 실제로 빌게이츠, 스티브잡스, 그리고 마크 저커버그에 이르기까지 새로운 시대의 개막은 모두 이러한 독특한 개인, 즉 기크geek와 너드nerd에 의해 가능했다. 시쳇말로는 '덕'심, 그러니까 오덕, 즉 오타쿠의 본성이야말로 폭발적 창조성의 기본 감성일지도 모른다. 산업시대의 논리로는 조직부적응자, 비정규직, 학교중퇴자, 청년실업자로 치부될만한 개인의 특이성이 그 시대가 끝나는 시점, 빛을 발하게 된 셈이고, 그 시점이 그 나라들은 일찍 찾아왔을 뿐이다. 그리고 그 후 그 사회에는 개인마다의 차이를 적극적으로 드러내는 일을 부끄러워하지 않으며, 새로운 문화, 예컨대 디지털 문화를 꽃피우게 된 것이다. 모난 돌이 정 맞는 것이 아니라 모난 돌이 전시되는 시대가 온 것이다.

효율에서 잉여로! 일사분란한 계획에서 우발적 중구난방으로!

널브러져 있던 어느 누군가의 우연한 발상에서 시작한 작은 시제품이 세상을 뒤엎어 버린다. 즉 '잉여로웠'기에 가능했던 아이디어가 지금까지 존재하지 않았던 시장을 만들어 버린 것이었다. 리눅스가 그랬고 수많은 오픈소스의 혁신이 그랬다. 선형에서 복잡계로, '폭포수'에서 '점진적 반복'으로 넘어가는 금융 기술과 현대 소프트웨어 개발 트렌드가 그랬다.

지금까지는 철두철미한 전략 실행과 집행으로 대자본을 투하하고 가용 자원을 총동원하는 사업전략이 주였다. 이 전략하에서 혁신이란 개선하고 고도화하는 것이었다. 더 싸게 더 가볍게 더 효율적으로 만들고 고치고 발전시켜 경쟁제품을 이기는 것이었다. 시장은 정해져 있었고 선수도 정해져 있었다. 발전은 선형적이어서 분석하고 설계하고 구현하고 테스트하는 컨베이어벨트식 폭포수 모델이 적합했다.

그러나 구글이 20%의 시간을 자유롭게 쓰게 한다거나, 스마트워크와 같은 자율적 업무 풍토가 주류가 되어 가는 배경에는 우발적으로 피어나는 아이디어가 대박의 씨앗이 된다는 깨달음이, 그리고 이를 본능적으로 직감한 이들의 용기가 있다.

공급업자에서 플랫폼으로

현대 사회는 수많은 서비스와 인프라 제공자들에 의해 지탱되고 있다. 그 제공자들은 서비스들을 모아 인프라 위에 태워 유통하는 규모의 힘을 발휘했고 그들의 시대가 펼쳐졌다. 그러나 그렇게 직접 수집하여 조달하는 역할 이외에, 전혀 생각하지도 못한 이가 뿌려 놓은 씨앗이 거목이 되는 사건이 빈발하기 시작했고, 이 트렌드가 롱테일에서부터 웹2.0 그리고 프리미엄 freemium 까지 이어지는 플랫폼 경제의 논지가 되었다.

우리를 흥분시키는 것들이란 얼마나 사소한 것인지 또 얼마나 예측 불가능한 것인지 그래서 상사에게 올리는 보고서에 왜 미리 담길 수는 도저히 없는 것인지 깨닫게 되었다. 특히 포털과 통신사와 같은 기간사업자들에게까지 적잖은 교훈을 주고 말았다.

창조적인 것은 발견되는 것이지 투지로 만들어질 수 있는 것이 아니다. 그리고 그 대상은 많은 경우 이런저런 전략적 궁리를 하는 우리 자신이 아니라, 우리가 미처 신경 쓰지 못하고 스쳐 지나간 저 구석의

무명씨에 의한 것이라는데 냉정한 반전이 있다.

모두 고민이 많은 시대일 것이다. 지금까지 각자의 역할과 필요를 자처해 왔으나, 지금 그 역할이 수많은 신참과 신흥 사업자들에 의해 도전받고 있기 때문이다.

알고리즘 시대, 기업이 가야 할 길이 있다면 모두에게 언젠가는 '뜬금없는 얻어걸림'의 행운이 찾아오기를 기대할 수 있는 '가치의 증폭시스템'이 되는 길이다.

무엇보다도 그 플랫폼 자체가 창조력의 가치 증폭을 스스로 증명해야 함은 두말하면 잔소리다. 창조성은 마치 자기장과 같아서 다른 창조적인 모든 것을 끌어당기기 때문이다. 구글도 그렇고 페이스북도 그렇고 21세기의 인프라가 되고 싶은 모든 기업이 왜 하나같이 즐겁고 재미있고 자유로운 이미지로 포지셔닝하려 하는지는 여기에 답이 있던 것이었다.

알고리즘 시대. 대기업의 낙수 효과란?

대기업은 개인이나 중소기업의 가치를 탐하고 빼앗는 것이 아니라 함께 가치를 만들어내 서로 존중받으면서도 이윤을 얻는 환경을 만들 수 있다. 플랫폼이란 결국 이런 환경이다. 개인과 중소기업이 의지할수록 수익이 나는 플랫폼을 위해 어떤 아이디어를 더해야 할까? 국내 대기업 역시 이상의 전제 조건들을 잘 살릴 수 있는 위치에 있고, 동시에 잘 살려야 하는 책임이 있다. 조금 더 구체적으로 지금 어떤 일을 할 수 있을까? 단적으로 이야기하자면, '창조자들의 플랫폼'이 되라, 라는 주문을 할 수 있을 것이다.

1) 창조적 API가 달린 플랫폼이 되자

먼저 지금까지의 제조업의 상식이었던 벨류체인을 의심하는 일부터 시작할 수 있을 것이다. 이 체인의 기본적인 흐름은 바로 '조달'에 의해 움직인다. 그리고 이 조달이란 바로 공급업자의 유통력에 의해 선별되고 낙점되는 것. 그러나 앱스토어나 유튜브와 같이 '배급이 아닌 시장'으로의 이행은 이미 시작되었다.

특히 대기업은 많은 소비자와 접점을 가지고 있는 만큼 수많은 개인 정보들이 흐르고 또 모이고 있다. 즉 동시대 사람들의 욕망과 의지와 생활 패턴이 분석될 수 있다는 뜻이고, 이미 이와 같은 빅데이터는 알고리즘의 자양분이 된다. 이와 같은 소중한 정보가 고객 자신의 정보라면 고객을 위한 고층위 서비스로 거듭날 수 있다. 그리고 사회적 정보라면 익명화하여 통찰을 줄 수 있는 트렌드 정보가 될 수 있다. 이 알찬 정보들을 오픈 API로 제공한다면 이들을 물고 새로운 혁신들이 싹틀 수 있다. 마치 지도 API를 둘러싸고 생각하지 못한 혁신이 퍼져 나간 것처럼.

2) 롤모델을 찾아 더 높은 표준을 제시하는 플랫폼이 되자

플랫폼은 중의적이다. 위와 같이 프로세스가 가동되고 이를 지원하기 위한 시스템을 의미할 수도 있지만, 동시에 창조자들이 뛰어놀 수 있는 터전을 의미할 수도 있다. 대기업의 위치에서 창조자를 자극할 수 있는 다양한 문화 제도를 설계할 수도 있을 것이다. CSR 활동과의 연속성도 있을 수 있을 것이다. 지금까지 3D라 치부되고 있는 다양한 창조분야, 예컨대 프로그래밍, 만화, 방송영상 등에서 페스티벌이나 문화상과 같은 권위 있는 상을 마련하는 것도 좋다. 플랫폼은 평평함을 제공하는 것만으로는 완성되지 않는다. 플랫폼은 보고 배울 그리고 따라잡고 싶은 목표이자 롤모델이자 강력한 경쟁상대의 등장을 통해 북적거리게 된다. 굴지의 실력과 창조성은 추종자를 끌어들이고, 또 도전자를 모으게 되기 때문이다. 대기업은 이러한 원석을 발굴해 내 이들을 빛나게 하고 모두가 이들처럼 빛나게 할 꿈을 꾸게 할 힘이 있다. 이 힘을 아끼고 있는 것은 안타까운 일이다.

미주

1 펜실베이니아 대학의 모클리(J.W Mauchil)와 에커트(J.P Eckert) 교수에 의해 발명된 최초의 컴퓨터, 18,000여 개의 진공관이 사용되었는데, 높이 5.5m, 길이 24.5m, 무게가 30톤이나 되는 거대한 계산기였음(국립중앙과학관).

2 컴퓨터가 마치 사람처럼 생각하고 배울 수 있도록 하는 기술.

3 유진상, "빅데이터는 어떻게 인공지능이 됐나", 조선일보, 2016.3.8.

4 딥러닝 기반의 인공지능 자율주행 기술 경쟁의 핵심을 바꾼다, LG경제연구원, 2017.11.22.

5 신동진 · 신수정, "5조 표준기술 선점' 中 272투자하는데 한국은 1조원", 동아일보, 2017.9.1.

6 정부의 4차 산업혁명 추진방향, 4차 산업혁명위원회, 2018.12.
김원철, "중국 경찰이 5만 군중 속에서 수배자를 찾아내다", HUFFPOST, 2018.4.13, https://www.huffingtonpost.kr/entry/china-facial-recognition_kr_5ad03833e4b0cdca2cb8350f

7 정주호, "中 얼굴인식기술로 무단횡단 사범 적발…" IT로 통제 강화", 연합뉴스, 2017.7.4, https://www.yna.co.kr/view/AKR20170704104300089

8 일본 총무성, 빅데이터/AI가 가져오는 사회변혁 보고서

9 토머스 쿤 Thomas Kuhn, 〈과학혁명의 구조〉, 이화여대출판부, 1980.

10 탐스 홈페이지 https://www.toms.com/choose-give

11 사실 이 사업은 블룸버그 시장의 재단이 실패에 대한 보증을 섰고, 실제로 예상보다 재범률 감소가 약간 부족하여 결국 실패하였다. 자세한 논의는 운영사였던 MDRC의 홈페이지(www.mdrc.org) 등을 참고하라.

12 이종원, 「4차 산업혁명과 농업부문 해외 관련 기술 및 연구동향」, 한국농촌경제연구원, 2017.

13 오상록, 「지능정보사회 신서비스육성」; 장필성(2017) 「4차 산업혁명의 기술적 특징과 농업 적용기술」에서 재구성, 2017.

14 해상도가 10m×10m(100㎡)인 경우, 6,000 에이커는 구역을 2,400분의 1로 세분화된 맞춤 관리를 받게 된다.

15 자연철학의 수학적 원리(1687년)

16 그래프와 네트워크의 용어차이에 대한 명확한 규정은 없다. 위상과 구조가 강조되는 정적인 모형에서는 그래프라는 표현을 사용할 수 있고, 노드간의 상호작용과 같은 동적인 변화를 강조할 경우에는 네트워크라는 표현이 더 적정할 수 있다.

17 Data Encryption Standard.

18 Advanced Encryption Standard.

19 실재하지 않지만 현실보다 더 현실 같은 극사실주의적 경험

20 텔레그래프는 Emily Howell이라는 클래식 뮤직을 작곡할 수 있는 컴퓨터 프로그램을 소개한 바 있다. 이 프로그램은 캘리포니아 음악 교수인 David Cope에 의해 만들어졌고, 단순히 기존의 음악을 모방하는 것뿐만 아니라, 그 스스로의 스타일대로 창작할 수 있도록 구성되었다. 2016.10.23, http://www.telegraph.co.uk/culture/music/music-news/6404737/Emily-Howell-the-computer-program-that-composes-classical-music.html.

21 송윤정, "경기필하모닉, AI 작곡가 곡으로 공연…알고리즘 작곡가 김택수도 참여", 아시아경제, 2016. 7. 31.

22 버즈피드, "Google Is Feeding Romance Novels To Its Artificial Intelligence Engine To Make Its Products More Conversational", 2016. 5. 4, https://www.buzzfeed.com/alexkantrowitz/googles-artificial-intelligence-engine-reads-romance-novels?utm_term=.mbEAnp8Gv#.cgwNwA1D7) 2016.10.23.

23 음성원, "소설 쓰는 알파고는 없었다.", 한겨레, 2016.6. 26, http://www.hani.co.kr/arti/science/science_general/749770.html

24 "Computer paints 'new Rembrandt' after old works analysis", Chris Baraniuk, BBC 뉴스, 2016.4. 6.

25 "Sony develops algorithm based AI music", Michaela Cabrera, 로이터, 2016.10.18.

26 이석원, "인공지능이 올해 해낸 창작활동들", 테크홀릭, 2016.12.20.

27 다만, '인공지능에 의한 창작'이라는 점이 호평을 받아 크라우드 펀딩에 성공하여 2018년에 공개할 예정이다.

28 "AIの創作を過大評価する人間。人工知能はアートの主体か、単なる計算機か(AI의 창작을 과대평가하는 인간. 인공지능은 예술의 주체인가, 단순한 계산기인가)", abcxyz, 2018.4.24. Fuze https://www.fuze.dj/2017/05/ai-scenario-benjamin.html

29 https://en.wikipedia.org/wiki/DeepDream, 2018.4.17.

30 이승선, "인공지능 저작권 문제와 각국의 대응", 관훈저널, 통권 제139호(2016), 52면.

31 이정현, 지디넷(Zdnet), "이젠 작곡까지…인공지능, 팝송도 만들었다", 2016.9.29.

32 노르웨이계 영국인 소설가, 시인, 시나리오 작가로 『찰리와 초콜릿 공장』, 『마틸다』 등의 인기작품을 다수 발표했다.

33 '자동으로 글을 써 주는 기계'라는 SF소설에나 나올 법한 소재를 바탕으로 돈벌이에 눈이 먼 소설가들 모습을 풍자한 소설로 1948년 처음 출판되었다.

34 John F. Weaver, Robots Are People Too: How Siri, Google Car, and Artificial Intelligence Will Force Us to Change Our Laws, Praeger(2014), p.172.

35 삼호뮤직 편집부, 파퓰러음악용어사전 & 클래식음악용어사전, 삼호뮤직, 2002.1.28.
    양적·질적 그리고 역사적으로 미국의 대중 음악 대부분을 출판하고 있는 대중 음악 출판계의 중심지인 뉴욕 지역을 말한다. 또 의미가 조금 바뀌어서 전문가적인 대중 음악 작곡가 그룹도 틴 팬 앨리라고 부르기도 한다.

36 Martin L. Klein, Syncopation in Automation, RADIO-ELECTRONICS, June 1957, at 36.

37 Annemarie Bridy, "The Evolution of Authorship: Work Made by Code", 39 COLUM. J.L & ARTS 395 (2016) pp.395-396.

38 Mark Rose, Authors and Owners: The Invention of Copyright, Harvard Univ. Press, 1993, pp.32-34.

39 Miller v. Tayler, 4 Burr 2303, 98 ER 201(1769).

40 Mark Rose, Authors and Owners : The Invention of Copyright, Harvard Univ. Press, 1993, p.79.

41 Bruce W. Bugbee, Genesis of American Patent and Copyright Law, Public Affairs Press, 1967, p. 113.

42 J. Köhler, Urheberrecht an schriftwerken und Verlagsrecht", Stuttgart, 1907. S. 1.

43 허희성, 저작인격권의 이론과 효용에 관한 연구, 국민대학교 대학원 박사학위논문, 1995, 69면.

44 William M. Landes, & Richard A. Posner, "An Economic Analysis of Copyright Law", 18 J. Legal Stud. 325, 1989, p. 328.

45 中山信弘, 〈著作權法〉 법문사, 2008, 30-31면.

46 오승종, 〈저작권법〉, 박영사, 2016, 69면.

47 Pamela Samuelson, "Allocating Ownership Right in Computer-Generated Works", 47U.Pitt.L.Rev. 1985, p. 1199.

48 Emily Dorotheou, "Reap the benefits and avoid the legal uncertainty : who owns the creations of artificial intelligence?", Computer ad Telecommunications Law Review 21(4) 2015. at 85-93.

49 Pamela Samuelson, "Allocating Ownership Right in Computer-Generated Works", 47U.Pitt.L.Rev. 1985 p. 1207.

50 Id at 1204.

51 이러한 경우 데이터베이스제작자의 권리와 같은 권리를 통하여 투자 보호 내지 투자 유인의 역할이 가능하다는 견해도 제기될 수 있다. 그러나 이러한 논의는 데이터베이스제작자의 권

리가 투자나 노력을 보호하는 부정경쟁방지적 성격의 제도인지, 저작인접권의 일환인지, 혹은 저작인접권이라면 이를 저작권제도내에서 보호하는 것이 타당한지, 부정경쟁방지법제에서 다루어지는 것이 타당하지에 대한 별도의 논의를 통한 논증이 필요한 부분이다. 본 고에서는 저작권의 귀속법리에 한정하여 논의의 초점을 맞추고자 하므로 이 부분에 대하여는 후일 별도의 연구를 통해 다루는 것이 바람직하다고 사료된다.

52 손승우, "인공지능 창작물의 저작권 보호", 정보법학 제20권 제3호, 97면.

53 손승우,"인공지능 창작물의 저작권 보호", 정보법학 제20권 제3호(2016. 12.), 101–106면 참조.

54 차상육,"인공지능(AI)과 지적재산권의 새로운 쟁점 – 저작권법을 중심으로–", 법조통권 제723호, 법조협회(2017. 6.) 222면.

55 윤선희 · 이승훈, "4차 산업혁명에 대응한 지적재산권 제도의 활용–인공지능 창작물 보호제도를 중심으로–", 산업재산권 제52호, 한국지식재산학회(2017. 4.), 186–189면.
    〈http://www.kantei.go.jp/jp/singi/titeki2/tyousakai/kensho_hyoka_kikaku/2016/jisedai_tizai/hokokusho.pdf〉

57 김윤명, "인공지능과 지식재산권 문제: 인공지능이 만들어낸 현상에 대한 우답(愚答)", 경계와 와해: 사회, 산업, 미디어의 새로운 지평』, 한국정보사회학회 · 한국미디어경영학회 2016년 하계학술대회, 코엑스 컨퍼런스룸, 2016.6.3, 348면.

58 저작권법 제93조제1항 및 제95조제1항

59 저작권제도는 1차적으로 인간의 사상 또는 감정을 표현한 창작물(copyright work)을 보호하는 제도이나 문화 및 관련산업 발전의 취지상 저작물은 아니지만 그와 인접한 객체를 보호하는 저작인접권(copyright–related rights)이라는 제도를 두고 있다. 저작권법이 인정하고 있는 저작인접권자로는 가수, 무용수, 성우 등 실연자(performer), 음반의 제작에 투자하고 책임을 부담하는 음반제작자(phonogram producer), 방송을 공중에 전달하고 프로그램 편성과 관련된 책임을 부담하는 방송사업자(broadcasting organization) 등이 해당된다. 실연자는 그 예술성에 근거하여 보호를 받지만, 음반제작자와 방송사업자는 다분히 투자에 대한 대가로서 일종의 재산권을 부여 받는 것이라고 평가되고 있다.

60 이일호 · 김기홍, "빅데이터는 누구의 소유인가?", 한국지역정보화학회지, 19(4), 2016, 43면.

61 이 분은 저자가 작성한 논문(김현경, 인공지능 창작물에 대한 법적취급 차별화 방안 검토 – '방식주의'의 도입을 중심으로 –, 忠南大學校 法學研究 第29卷 第2號, 2018)을 토대로 축약, 정리한 것임.

62 인공지능에게 인격권 부여할지 여부에 대한 논의는 별론으로 한다.

63 변종필, "〈아트톡톡〉 예술과 비예술①–창조적 행위의 기준과 추상화", 김달진미술연구소 외부칼럼

64 온라인의 모든 콘텐츠에 고유의 식별자를 부여하는 한국형 URN(Uniform Resource Name)

식별체계로서 식별체계 구성요소인 구문구조, UCI 메타데이터, 운영절차, 운영시스템의 네 요소가 서로 유기적으로 결합되어 있다. URN은 정보자원을 위치와 관계없이 식별하고 영구적으로 참조할 수 있는 세부 항목으로 구성되어 있으며 한국저작권위원회가 UCI 총괄기구로서 국가표준 디지털콘텐츠식별체계(UCI) 사업을 운영하고 있다. 2018.5.1, http://www.uci.or.kr/kor/file/intro/new_intro_01a.jsp

65   김대원(2018. 1. 31), 표로 재구성

66   한국언론진흥재단 "뉴스트러스트 운영", 2018.11.1.

67   사람중심의 4차산업혁명 추진 방안, 4차산업혁명위원회, 2018.

68   구본권, "블랙박스 인공지능, 유리상자로 만들면 불안 사라질까", 한겨레, 18.9.20.

69   캐시오닐, 〈대량살상 수학무기〉, 흐름출판, 2017.

70   일반개인정보보호규정, 한국정보화진흥원, 2018.

71   주영재, "결과만 알려주는 AI 넘어… "왜"까지 설명해주는 XAI(설명가능 인공지능) 뜬다", 경향신문, 18.2.19.

72   강맹수, KDB 주간 리포트, 18.05.08.

73   컴퓨터 운영체제와 응용프로그램 사이의 통신연결에 사용되는 언어나 메시지 형식, 두산백과

74   분류, 추출과 같은 인간의 개입 없이 바탕이 되는 데이터를 그대로 주고, 알고리즘이 인공신경망(Convolutional Neural Network, 이미지 이해부터 높은 수준의 추상화된 정보를 추출하거나, 새로운 질감을 가진 그림을 그리는 등의 다양한 영상처리, 컴퓨터 비전 분야에서 많이 연구되고 있는 회로망)을 이용해 스스로 분석한 후 답을 내는 방식. 머신러닝의 일종.

75   Big Data: A Report on Algorithmic Systems, Opportunity, and Civil Rights, Executive Office of the President, 2016.

76   사람의 개입이 필요한 기존의 지도 학습(supervised learning)에 보다 능동적인 비지도 학습(unsupervised)이 결합돼 컴퓨터가 마치 사람처럼 스스로 학습할 수 있는 인공지능 기술. 이세돌 9단과 겨룬 알파고 리가 지도 학습 중심의 인공지능인 반면에 중국의 커제 9단과 겨룬 알파고 마스터 그리고 최강의 버전인 알파고 제로는 딥 러닝 기술이 더 발전한 알고리즘이다.

78   박수현, "가심비 등 신조어로 돌아본 유통 트렌드", 조선비즈, 2017.12.1.

79   프랭크 파스콸레, 〈블랙박스 사회〉, 안티고네, 2016, p.18.

80   인공지능의 신뢰 이슈와 대응방안, 김문구 · 박종현, 전자통신연구원, 2018.2.

81   강동철, "백지수표로 모셔간다… AI 전문가 스카우트 전쟁", 조선일보, 2018.4.6.

82   ICT 수출입 통계, 과기정통부. 2010.1.

83   2017 ICT 수출동향, e-나라지표, 2018.

84   The 2018 IMD World Competitiveness Ranking, International Institute for Management

Development.

85 국방부 CALO 프로젝트('03~'08, 2억$ 투자) 中 '음성개인비서 연구 부문'을 독립시켜 벤처 기업 Siri 설립('07.12), 애플이 2억 달러 인수 후 아이폰4S에 탑재, 2011.10.

86 민관협력 '차세대 AI발전계획위원회'을 설립('17.11), 3년간 1,000억위안(약 18조원) 투입.

87 Preparing for the Future of Artificial Intelligence – the White House

88 AI Super-Powers ; China, Silicon Valley and the New World Order, Kai-Fu LEE, HMH, 2018.

89 The Trump Administration Plays Catch-Up on Artificial Intelligence, WIRED, 2018.5.11.

90 인간의 개입 없이 사전에 입력된 프로그램에 따라 독립적으로 전투 등을 수행하는 기계. 전투 용 드론, 무인 잠수정/전차 등이 있다.

91 26개국 AI · 로봇 전문가 116명, 유엔에 "킬러로봇 개발 금지하자" 공개서한, 경향신문, 2017. 8.21.

92 2015년~2025년 사이 베트남(70%), 캄보디아(57%), 인도네시아(56%), 필리핀(49%), 태국 (44%)의 노동생산직 일자리가 자동화로 감소할 것으로 추산(괄호안은 감소율) ASEAN in Transformation, 국제노동기구(ILO).

93 인간 위협 우려 초지능 AI를 막을 방법은?, 머니투데이, 2018.3.1.

94 김대식, "인간 vs 기계" 〈동아시아〉, 2016.

95 인공지능을 기반으로 문자 또는 음성으로 대화를 나누는 프로그램. 기술의 발전으로 최근에 는 기본 대화를 넘어서 쇼핑 · 결제를 대신하는 등의 비서 역할도 수행

96 '미래 기술의 영향을 숙고하는 사람들은 종종 세가지 생각의 단계를 겪는다. 첫째는 오래된 골칫거리들을 극복할 수 있으리라는데서 오는 경의와 놀라움, 둘째는 새로운 기술에 수반할 심각한 위험들에 대한 두려움, 마지막은 우리가 책임감있게 택할 수 있는 유일한 길은 위험을 적절히 관리하며 편익을 극대화 할 수 있는 조심스런 방향으로 나아가는 것뿐이라는 깨달음 이다.' 레이 커즈와일(Ray Kurzweil), '특이점이 온다,' 김영사, 2007, 570면.

97 이영호, 전자신문, "안전 · 속도 다 잡아라. 정부, 협동로봇 세부 규정 마련한다.", 2017.10.25.

98 국제적인 지식기반 전문가 네트워크. 당면 문제의 분석과 해결책 발견, 정책 결과 평가를 통 해 정책결정자의 의사결정을 지원하는 역할 수행. [위키피디아]

99 인터넷에 연결된 컴퓨터, 기기간의 데이터 송수신을 원활하게 하기 위한 규약.

100 인터넷에 연결된 컴퓨터를 사람이 쉽게 기억하고 입력할 수 있도록 문자(영문, 한글 등)로 만 든 인터넷주소.

101 김대호, "인터넷 거버넌스", 커뮤니케이션북스, 2015, viii면.